제국의 그늘

미국사 산책

16 ★

미국사 산책 16 : 제국의 그늘

ⓒ강준만, 2010

1판 1쇄 2010년 12월 31일 펴냄 1판 2쇄 2018년 3월 6일 펴냄

지은이 l 강준만 **펴낸이** l 강준우 **기획편집** l 박상문, 박효주, 김예진, 김환표
디자인 l 최원영 **마케팅** l 이태준 **관리** l 최수향 **펴낸곳** l 인물과사상사
출판등록 l 제17-204호 1998년 3월 11일 **주소** l (04037) 서울시 마포구 양화로 7길 4(서교동) 2층
전화 l 02-471-4439 **팩스** l 02-474-1413 **홈페이지** l www.inmul.co.kr l insa@inmul.co.kr
ISBN 978-89-5906-170-9 04900 ISBN 978-89-5906-139-6 (세트)
값 14,000원

제국의 그늘

미국사 산책

16

강준만 지음

인물과
사상사

차례

• 일러두기

외국인의 인명은 생존한 경우 괄호 안에 본래 이름만 넣었고, 사망한 경우 본래 이름과 생몰연도를 함께 실었다.
그 외에 인명과 연도를 괄호 안에 함께 묶은 것은 책의 끝에 있는 참고문헌의 길라잡이로 밝히고자 함이다.

제1장
폭력문화의 악순환

2004년 대선
조지 부시 재선

'이라크전쟁의 숨겨진 진실'

이 지구상에 당파주의가 없는 나라는 없겠지만, 한국과 미국은 당파주의가 심하다는 점에선 말 그대로 혈맹(血盟)이라 해도 좋을 정도다. 미국의 정치 컨설턴트인 딕 모리스(Dick Morris 2000)는 1999년에 출간한 『VOTE.com』이라는 책에서 "당파주의는 민주주의와 정치에 수반하는 불가피한 부속물이라고 생각했지만, 당파 간 투쟁이 점점 악의적으로 변해 가고 워싱턴 내의 모든 것들을 물들이면서 당파주의는 미국민과 정부 사이의 연결고리를 차단시키는 가장 큰 요인이 되었다"며 다음과 같이 주장했다.

"워싱턴의 당파주의가 제한되고 절제되어 있는 동안은 미국인들이 그것을 관대하게 보면서 참을 수 있었다. 하지만 지금은 당파주의가 사안마다, 절차마다, 거의 모든 비준관련 투표마다 침투해 있을 정도로 비대해졌기 때문에, 국민들은 인내심을 잃고 있는 것이다. 한때 일반 대중은 당파 간의 대결을 관대하게, 그저 정치가들이 어쩔 수 없이 하는 일 정도로 취급했었다. 그러나 이제는 그들 자신들의 요구를 실제적으로 방해하는 것으로 보는 것이다."

모리스가 지적한 당파주의의 폐해는 2000년 및 2004년 대선에서 적나라하게 드러나 이제 민주주의를 망치는 주범으로까지 거론되었다. 특히 2004년 대선은 "미국은 과연 민주주의 선진국인가?" 하는 근본적인 의문을 제기하기에 충분할 정도로 극단적이고 광적이기까지 한 당파주의와 그에 따른 부정선거 시비로 얼룩졌다.

그런 당파적 갈등의 한복판엔 이라크전쟁이 있었다. "이라크전쟁은 부시가 재선을 위해 9·11 동시 테러의 '공포'를 밑천으로 상품화한 '정치적 생산품'이다." 2004년 1월 14일 에드워드 케네디(Edward M. Kennedy, 1932~2009) 상원의원은 이라크 침공과 관련해 조지 부시(George W. Bush) 정권을 그토록 맹비난했다. 케네디 의원은 이날 진보적 색깔의 연구소 '미국의 전진을 위한 센터'가 후원하는 연설에서 이라크 침공은 2002년과 2004년 미국 선거에 영향을 주어 공화당의 정치적 이득을 챙기기 위해 계산된 것이었다고 주장했다. 케네디 의원은 이어 "이라크전은 세계에서 미국을 더 혐오스러운 나라로 만들었다"며 "그래서 우리 국민이 국내외에서 공격에 더욱 취약하게 만들었다"고 말했다.

1962년부터 상원의원으로 활동해온 그는 2003년 9월 AP통신과의 인터뷰에서도 이라크 침공을 "텍사스에서 조작된 사기"라고 말한 바 있다. 그는 이번에도 부시와 그의 "전쟁의 축"—딕 체니(Dick Cheney) 부통령, 도널드 럼스펠드(Donald H. Rumsfeld) 국방장관, 폴 월포위츠

2003년 이라크전에서 적용된 작전명은 '충격과 공포'였다. 작전명에서도 드러나듯, 미국은 적군의 저항의지를 꺾기 위해 심리전에 공을 들였다.
(위)생포된 이라크 반정부군. (아래)이라크 경찰관들을 지휘하는 미 특별경찰팀 대장. ⓒ RUSSELL LEE KLIKA

부시(가운데)는 2010년 자서전 『결정의 순간들』에서 이라크 침공 과정을 공개했다. 당시 럼스펠드(왼쪽)와 체니(오른쪽)가 침공에 찬성하자, 콜린 파월과 콘돌리자 라이스는 기다려야 한다며 대립했다. 2002년 크리스마스에는 아버지 조지 H. W. 부시가 전쟁 개시를 주문했고, 2003년 초 침공은 시작됐다.

(Paul D. Wolfowitz) 국방부 부장관—이 의회를 양분하고 경제 불황과 오사마 빈 라덴(Osama Bin Laden)으로부터 미국민의 관심을 분산시키기 위해 이라크를 침공했다고 강조하면서 "우리가 사랑하는 이 땅에 이런 짓을 한 어떤 대통령도 재선될 가치가 없다"고 역설했다.(강김아리 2004)

2004년 4월에 열린 9·11테러 진상조사 청문회에서 부시 대통령의 테러담당 특별보좌관이었던 리처드 클라크(Richard A. Clarke)는 "내게는 (백악관을 포함한) 어떤 정파에 대한 충성보다 미국민에 대한 충성이 우선한다"는 신조를 밝히면서, "오사마 빈 라덴의 위협에 대해 백악관에 거듭 경고했지만 무시됐다"고 증언했다.

클라크(Clarke 2004a)의 저서 『모든 적들에 맞서: 이라크전쟁의 숨겨진 진실(Against all enemies: inside the white house's war)』은 그의 청문회 증언을 전후로 『뉴욕타임스(The New York Times)』 베스트셀러에 올랐다. '모든 적들에 맞서'는 미국 공직자들의 취임 선서 구절이다. 클라크는 "미국 헌법의 수호를 위해" 이 선서의 정신을 새롭게 가다듬어야 한다며, 놀랍고도 흥미로운 사실을 밝혔다.

　클라크에 따르면, 부시 대통령은 자동차 스티커 광고처럼 아주 단순한 해법을 요구했다. 부시는 독서도 좋아하지 않았다. 일부 고위 보좌관들과의 대화에서 정보를 얻었으며, 10시만 되면 잠자리에 들었다. 9·11 직후에는 알카에다(Al-Qaeda) 지도부의 사진들을 백악관 벽난로 옆에 걸어놓고 한 사람이 잡힐 때마다 빨간 펜으로 X표를 그렸다. 클라크는 그 모습을 보고 있노라면 뭐라 표현할 수 없을 정도로 혼란스러웠다고 말했다. 부시 대통령이 X표를 그리는 동안 알카에다 조직원은 계속 새로 생겨나고, 미국은 항상 뒷북만 칠 것이기 때문이었다.(권기태 2004)

'민주주의의 심장을 찢어내는 무력감'

2004년 5월, 부시 대통령이 이라크전에 앞서 "하늘에 계신 아버지와 협의했다"고 밝힌 사실이 밥 우드워드(Bob Woodward 2004)의 신작 『공격 시나리오(Plan of Attack)』에서 공개되면서 미국 사회가 종교적 논란에 휩싸였다. 공영 PBS-TV는 부시 대통령의 종교·신념 문제를 분석한 다큐멘터리 〈지저스 팩터(The Jesus Factor)〉를 4월 29일 프라임타임 대에 방영했다. 공영라디오 NPR의 〈모닝 에디션(Morning Edition)〉은 4월 30일 "가톨릭 신자였던 존 F. 케네디는 개인적인 종교적 신념

국가조찬기도회에서 기도 중인 부시. 〈지저스 팩터〉에 따르면, 부시는 젊은 시절 알코올중독 자였으나 기독교를 접한 뒤 주지사에 출마하는 것으로 정치 인생을 시작했다고 한다.

과 국정을 분리했다"면서 부시 대통령의 특정종교 편향성을 비판하고 나섰다. 〈지저스 팩터〉의 프로듀서 래니 애런슨은 "역대 미국 대통령 중 신앙심이 가장 강한 인물이 바로 부시"라면서 대선정국에서 기독교 바람이 더욱 거세질 것으로 전망했다. 부시 대통령의 공공연한 종교적 발언에 대해 E. J. 디온 브루킹스 연구소 선임연구원은 NPR과의 인터뷰에서 "헌법에 명시된 정교분리 원칙을 부시가 어기고 있

다"고 비판했다.(이미숙 2004b)

종교적 논란과 더불어 빈부격차 논란도 벌어졌다. 2004년 6월 7일 미국 정치학계의 대표적인 학자 15명은 워싱턴의 내셔널프레스클럽(National Press Club) 기자회견을 통해 발표한 「불평등이 심화하는 시대의 미국 민주주의」 보고서에서 미국 내 인종 간 부(富)의 격차가 정치적 불평등을 야기하고 있다고 지적했다. 미국정치학회(APSA)가 로런스 제이콥스 미네소타대학 교수 등 15명으로 구성한 '불평등과 미국 민주주의 태스크포스'는 지난 2년간의 연구 결과를 담은 이 보고서를 통해 "미국의 소득과 부, 기회에 대한 접근의 불균형이 유럽과 캐나다 등 다른 나라보다 빠른 속도로 심화하고 있다"고 밝혔다.

보고서에 따르면 경제적 불균형의 심화는 미국 국민 다수가 정부에

제 목소리를 내는 것을 막고 있었다. 인터넷 등 기술 발전은 미국민의 정치참여 기회를 늘리고 정책 결정자에게 의견 전달을 수월하게 할 것이라는 예상과 달리, 교육을 많이 받은 부유층 백인이 더 자주 접하게 됨에 따라 불균형을 오히려 심화했다. 태스크포스의 조사 결과 부유층 선거권자는 상원의원 선거에서 하류층보다 거의 세 배나 더 많은 영향력을 행사하고 있는 것으로 밝혀졌다.

보고서는 이에 따라 미국 국민은 투표에서 정부관리 접촉에 이르기까지 더욱 활동적인 부유층과 그렇지 못한 저소득층이라는 두 계급으로 나뉘어 있다고 지적했다. 또 노동조합원 수 감소는 노동자를 정치에 참여시키는 전통적인 노조 역할을 약화시킨 반면 가진 자는 공직 선거에 출마해 선출된 후 정부 정책을 자신들에게 유리하게 만들어 사회를 지배하고 있다는 게 보고서의 분석이었다.

제이콥스 교수는 "민주주의의 심장을 찢어내는 무력감이 증가하고 있다"며 "부익부 빈익빈 현상 심화에 따른 무력감이 깊어질 때 체제 차원의 혼돈이 없을 것이라고 장담할 수 없다"고 밝혔다. 보고서는 이 같은 위협에 대처하기 위한 조치를 서둘러 취해야 하며, 그렇지 않을 경우 미국 국내의 민주주의 이상뿐 아니라 외국에 민주주의를 확산시키려는 노력도 위태로워질 것이라고 강조했다.(박완규 2004a)

그러나 지식인들과는 달리 일반 미국인들은 자국 시스템과 삶의 질 등에 대한 만족도가 전반적으로 매우 높은 것으로 나타났다. 2004년 7월 『월스트리트저널(Wall Street Journal)』과 여론조사기관 해리스 폴(Harris Poll)이 미국인 2200여 명을 대상으로 전 세계 주요 10개국의 국정 시스템 등을 설문조사한 결과, 미국의 평가치가 가장 높게 나왔다.

국정 시스템, 삶의 질, 현 정부 지지 여부, 경제 전망, 환경, 의료보건 체제의 여섯 개 항목에 걸친 조사 결과 미국은 의료보건을 제외한 다섯 개 항목에서 긍정적 답변을 얻어 압도적 1위에 올랐다. 특히 국정 시스템과 삶의 질 평가에서는 77퍼센트가 만족을 표시한다고 답했다. (염기석 2004)

"리버럴 아메리카도 없고 보수 아메리카도 없다"

"리버럴 아메리카도 없고 보수 아메리카도 없습니다. 아메리카 합중국(合衆國)이 있을 뿐입니다. 흑인 아메리카도 없고 백인 아메리카도 없고 라틴 아메리카도 없고 아시안 아메리카도 없습니다. 아메리카 합중국이 있을 뿐입니다. …… 우리는 냉소의 정치에 참여해야 할까요 아니면 희망의 정치에 참여해야 할까요?"

일리노이(Illinois) 주 연방상원의원 민주당 후보인 버락 오바마(Barack H. Obama)가 2004년 7월 27일 민주당 전당대회 기조연설에서 한 말이다. 이 자리는 민주당 대통령후보 존 케리(John F. Kerry)의 출정식이었다. 이런 자리에서 연설을 할 수 있었다는 것도 행운이었지만, 더 큰 행운이 오바마를 기다리고 있었다.

오바마는 케냐 출신 흑인 아버지와 캔자스 주 출신 백인 어머니 사이에서 태어난 혼혈인이었지만, 미국식 법칙에 따라 흑인으로 분류되었다. 케냐의 가난한 집안에서 태어난 그의 아버지는 20대에 우연히 미국 교육자들을 만나 미국 유학 기회를 얻게 된다. 하와이에서 유학하던 중 오바마의 어머니를 만나 결혼을 했고, 오바마가 두 살 되던 해 하버드대학으로 떠나 박사학위를 따고는 케냐로 사라져버렸다. 오바

2006년 상원의원 시절의 오바마.

마의 어머니도 인도네시아인과 재혼을 하는 바람에 오바마는 자카르
타로 가 잠시 어린 시절을 보냈다. 하지만 열 살 때 다시 하와이로 건
너와 외할아버지, 외할머니 밑에서 생활했다. 거의 아버지 없이 자란
셈이다. 케냐로 돌아간 아버지는 장관을 두 번이나 지냈지만 죽을 때
까지 어린 오바마를 딱 한 번 찾아왔다.(여시동 2008)

　　오바마는 이미 죽은 줄로만 알았던 '아메리칸 드림'의 화신으로 나
타났다. 오바마의 연설을 지켜본 공화당 상원의원 밥 돌(Bob Dole)은
옆에 있던 방송인 래리 킹(Larry King 2009)에게 몸을 숙이면서 "미국 최
초의 흑인 대통령감이로군"이라고 말했다. 사실 이 16분짜리 연설 하
나로 무명의 오바마는 하루아침에 유명해졌다. 『타임(Time)』은 '녹아
웃(KO) 연설'이라고 격찬했는데, 실제로 그의 연설은 많은 유권자들
을 녹아웃 시켰다. 그는 그 덕분에 상원의원에 가볍게 당선되는 동시
에 그로부터 불과 4년 4개월 만에 제44대 미국 대통령 선거에서 승리

하게 된다.

오바마의 연설을 지켜본 프랑스 지식인 베르나르 앙리 레비(Bernard-Henry Levy 2006)의 평가가 재미있다. 그는 "오바마의 태평스러운 태도, 그의 뻔뻔스러운 유머에는 뭔가 흑인 클린턴 같은 데가 있다"며 이렇게 말한다. "어쩌면 그는 이제는 죄의식에 호소하길 그만두고 매력을 행사해야 함을 이해한 최초의 흑인이 아닐까? 아메리카에 대한 비난 대신 아메리카의 희망이고자 한 최초의 흑인이 아닐까? 투쟁하는 흑인에서 안심시키고 결집시키는 흑인으로의 변화를 구현하고 있는 인물? 미래의 혼혈 대통령? 언젠가 힐러리와 함께 티켓을 거머쥐지는 않을까? 정체성을 바탕으로 한 이데올로기들의 종말이 시작된 것일까?"

'이데올로기들의 종말'이 지식인들로부터 선언된 것은 오래 되었지만, 정당의 대선 출정식에서, 그것도 흑인이 그런 취지의 발언을 한 것은 확실히 주목할 만한 일이었다. '리버럴리즘(liberalism)'과 '보수주의'의 차이를 부정하면서 아메리카 합중국만이 있을 뿐이라는 오바마의 자세는 당파싸움에 염증을 내면서도 미국 시스템에 대해 만족하는 미국인들에게 어필할 수 있는 최상의 무기는 아니었을까? 미국역사학자 리처드 호프스태터(Richard Hofstadter)는 "미국은 이데올로기가 필요 없다. 미국 자체가 이미 하나의 이데올로기다"라고 주장한 바있는데, 오바마는 바로 이런 '미국 예외주의'의 정신에 충실하고자했던 건지도 모르겠다.

사실 '리버럴'이나 '리버럴리즘'은 오바마 자신도 회피하는 일종의 '회피 단어(guilty word)'로 전락했다. 2008년 초 『내셔널저널

힐러리는 『아이 하나를 키우려면 마을 전체가 필요하다』라는 책을 썼으며 낙태 찬성론자였으나, 그를 비롯한 다른 경선 후보들도 '리버럴'로 분류되기를 꺼려하기는 마찬가지였다.

(National Journal)』이 그를 '2007년 가장 리버럴한 의원 1위'로 평가하자 오바마는 대변인 명의로 반박한다. "대선 준비 때문에 99개의 표결 중 67개밖에 참가하지 못했고 그중 63개가 힐러리 클린턴(Hilary Rodham Clinton) 상원의원과 같은 내용이었는데 힐러리 클린턴 의원은 16위이고 내가 1위라는 건 납득할 수 없다"는 내용이었다.

2008년 대선에서도 오바마 후보의 공식 선거 홈페이지에서 그를 소개하는 코너는 "소수민족과 흑인 등 약자의 편에 서서 커뮤니티 조직가로 활동하고 전쟁에 반대했다"고 강조하지만 정작 리버럴이란 표현은 사용하지 않았다. 이와 관련해 뉴욕·뉴저지 한인유권자센터의 김동석 소장은 "시민사회에선 '리버럴'을 훈장처럼 여기는 분위기가 남아 있고 (유권자의 지지를 잃을) '리스크'가 없는 대학·언론·문화계는 여전히 리버럴이 강한데도 정치권은 리버럴이란 표현을 한사코 기피하는 현상은 과거 극단적 리버럴들이 남긴 부정적 이미지 때문"이라고 진단한다.(이기홍 · 하태원 2008)

'리버럴리즘'과 '보수주의'의 차이는 무엇인가? 리버럴리즘은 국내에선 '자유주의'로 번역되곤 하니, 이후 '자유주의'로 부르면서 좀 더 자세히 알아보자. 자유주의를 제대로 알아야 나중에 미국 대통령이 될 오바마의 전략과 더불어 그런 전략을 낳은 미국 사회의 변화상을 제대로 이해할 수 있기 때문이다.

자유주의는 개인의 자유가 주요 관심사인 이데올로기다. 사회철학적으로는 개인의 합리성을 신봉하는 이념체계로서 의회민주주의와 시장경제를 주창하면서 방법론적으로는 사회현상에 대해 개인의 행동이 기반이 된다는 것을 기본 입장으로 삼는다. 좌파는 자유주의를 곱게 보지 않는다. 예컨대, 이매뉴얼 월러스틴(Immanuel Wallerstein)은 자유주의가 갖는 보편주의적 성격을 강자가 약자를 이중으로 얽어매기 위해 "강자가 약자에게 주는 '선물'"로 표현했다.(홍훈 1992, Baylis & Smith 2003)

그런데 자유주의는 나라마다 각기 다른 의미로 쓰여 혼란을 초래하고 있다. 김지석(2004)은 미국 내 정치세력을 나누는 방법은 여러 가지가 있지만 가장 일반적인 것이 보수(Conservative)와 리버럴(Liberal)로 구분하는 것이라며 다음과 같이 말한다.

"리버럴은 미국에서만 통용되는 용어다. 말 그대로라면 '자유주의자'지만 유럽의 자유주의자와는 다르다. 미국에는 사회주의로 대표되는 진보 정치세력이 독자적인 정당으로 뿌리를 내리지 못했다. 따라서 자유주의자와 진보세력을 아우르는 개념이 리버럴이라고 보면 대체로 맞다. 그래서 리버럴을 진보자유주의자로 번역하는 경우도 있다. 그냥 자유주의자라고 하면 보수적인지 진보적인지 알 수가 없다. 특히 경제적 자유주의자는 보수에 속한다. 보수는 우파(Right), 리버럴은 좌파(Left)로 불리기도 한다."

자유주의와 보수주의의 수렴

그런가 하면 자유지상주의(libertarianism)라는 것도 있다. 개인을 통제하는 어떤 권위도 부정하고 최소 정부를 정치적 목표로 하며 자유경쟁 시장을 본질적 제도로 삼는 이념이다. 자유해방주의, 자유의지주의, 절대자유주의 등 다양하게 번역되며 또 다양하게 분류된다. 자유지상주의를 보수주의의 한 유파로 그리고 아나키즘을 자유지상주의의 좌파로 보는 입장도 있다. 리버테리언 사회주의, 리버테리언 공산주의, 리버테리언 공동체주의 등의 용어도 쓰인다. 배우 출신 감독 클린트 이스트우드(Clint Eastwood)는 "1950년대 군 복무 시절부터 공화당에 표를 던지긴 했지만 나는 어느 정파에도 잘 맞지 않는 것 같다. 차라리 리버테리언에 가깝다"고 했고, 미국 좌파의 정신적 지주인 노엄 촘스키(Noam A. Chomsky)는 자신을 '리버테리언 사회주의자'라 부른다.

대표적인 자유지상주의자인 로버트 노직(Robert Nozick, 1938~2002)의 『애너키, 국가 그리고 유토피아(Anarch, State and Utopia)』(1974)는 근로 소득에 대한 과세까지도 강제 노동과 동등한 것으로 본다. 노직은 아담 스미스를 이어받아 '야경국가론(night watch theory of state)' 또는

'최소국가론(minimal state)'을 주장하면서 국가와 정부는 필요악에 불과하다고 역설했다. 노직은 사회적 약자뿐 아니라 사회적 강자의 권리도 동등하게 보장되어야 한다고 주장했다.

김비환(2007)의 해설에 따르면 "노직의 자유지상주의가 갖는 매력과 한계는 공히 권리에 대한 강력한 옹호에 있다. 권리의식이 팽배해 있는 현대사회에서 권리 중심 자유지상주의는 강력한 호소력을 지니며, 무엇보다 공리주의적인 공공정책이 유린하기 쉬운 소수집단의 권리보호를 위한 강력한 논거를 제공한다. 하지만 그의 권리 일방주의는 사회를 결속시키는 공동선(善)이나 유대와 같은 다른 가치들 및 다른 분배원리들을 통해 균형 잡을 필요가 있다."

한국 사회에서 '자유주의'라는 말만큼 혼란스러운 개념이 또 있을까? 오죽하면 '자기 마음대로 하는 게 자유주의'라는 말까지 나왔을까? 경제적 자유주의자가 정치적 자유주의자인 경우도 있지만, 한국에선 경제적으로 자유주의자이면서도 정치적으론 자유주의자가 아닌 사람들이 많다. 한국의 개혁·진보세력은 정치적 자유주의자와 더불어 모든 자유주의를 거부하는 급진진보 세력이 혼성돼 있어 많은 문제를 낳고 있다.

네오콘 논객인 로버트 캐플런(Robert D. Kaplan 2001)은 "진정한 보수주의자는 사회적 투쟁을 싫어한다. 그는 봉합될 수 없는 분열을 피하려 노력한다. 왜냐하면 안정된 사회구조는 승리가 아니라 화해를 바탕으로 하는 것임을 알기 때문이다"라는 헨리 키신저(Henry A. Kissinger)의 발언에 근거해 "미 의회의 다수를 점하고 있는 공화당과 종교적 우파는 진정한 보수주의자들이 아니다"고 주장했다. 그는 "진정한 보수주의자는 사실 조심스러운 진보주의자다. 사회가 지나치게 빨리 개혁될 때는 변화의 속도를 늦추고, 사회가 전혀 개혁되지 않을 때는 온건한 변화를 촉진하는 사람이다"라고 말했다.

부시를 흉내 낸 것인지는 알 수 없지만, 한국의 보수 정치인들도 자주 자신의 보수주의가 '따뜻한 보수주의'임을 역설하곤 한다. 그러나 '따뜻함'을 말하기 전에, 한국엔 보수주의 자체가 없었다는 견해가 유력하다. 김성호(2004a)는 보수주의의 4대 특성으로 ①개혁의 이상에 공감하면서도 그 비용을 현실적으로 따져보는 현실주의 ②해방의 명분 뒤에 숨어 있는 사익의 준동을 경계하고 공동체의 규범적 통합을 중시하는 공동체주의 ③어떤 물질적, 도덕적 성과도 수단과 과정을 정당화할 수 없다고 믿는 원칙론 ④항상 권리 주장에 앞서 자기 의무를 돌아보는 의무론 등을 들었다. 그는 "이렇게 보았을 때 한국에는 진정한 보수가 없었다. 기회주의를 현실주의로, 국가주의를 공동체주의로 호도하면서 수단, 방법을 가리지 않고 일신영달에 일로매진해온 보수는 보수의 자격이 없다. '노블레스 오블리주'는 기득권의 겉치레가 아니다. 그것은 보수적 미덕의 실천이자 보수의 존재이유다"라고 말했다.

미국에서건 한국에서건 온정적이지 않아도 좋고 따뜻하지 않아도 좋으니, 보수주의의 원래 정신만 제대로 지킨다고 해도 문제될 건 거의 없을 것이다. 자유주의도 마찬가지다. 둘 다 원래의 정신을 제대로 지키지 못한 채 '타락' 또는 '변질'의 양상을 보이면서, 상호 수렴되는 결과를 초래했다. 오바마가 위와 같이 말한 것을 '잔꾀'로만 볼 수 없는 이유이기도 하다.

공화당의 홍보술

민주당은 공화당을 흉내 낸 반면, 공화당은 민주당을 흉내 냈다. 2004년 8월 30일 뉴욕에서 열린 공화당 전당대회로 가보자. 전당대회의 테마는 '온정에 가득 찬 사람들(People of Compassion)'이었다. 이 전당대회에서 부시는 '소유권 사회(ownership society)'라는 용어를 처음으로 사용했다. 이는 정부나 고용주에 의존하는 대신 스스로 미래를 소유하게 될 것이란 얘기였다. 부시는 "소유권이 안전 · 존엄 · 독립을 가져다줄 것"이라고 주장했다.

부시의 비전에 따르면, 미국민들은 독자적인 사회보장 계좌, 강화된 은퇴 · 저축계좌, 건강보험 계좌를 소유할 수 있을 것이다. 그러나 소유권 사회론의 핵심인 개인적 사회보장 계좌를 갖기 위해선 막대한 개인적 · 사회적 비용이 들어간다. 기존의 보장된 복지혜택을 포기하고, 가장 중요한 사회안전망에 구멍을 뚫어야 한다.

『뉴스위크』 기자 앨런 슬로언(Allan Sloan 2004)은 "그러나 부시는 이 모든 것을 위해 국민들이 부담해야 할 비용에 대해선 언급하지 않았다. 뛰어난 홍보술이다. 사람들에게 상품의 장점만을 보여주고 가격표는 보여주지 않는 식이다"라고 꼬집었다.

그런 홍보술의 일환으로 전당대회 둘째 날인 8월 31일 아널드 슈워제네거(Arnold Schwarzenegger) 캘리포니아 주지사가 연단에 올랐다. 슈워제네거가 "나의 모든 꿈은 미국에서 이뤄졌으며 그것이 바로 내가 공화당과 부시 대통령을 믿는 이유"라고 열변을 토하자 대회장은 요란한 환호성과 기립박수로 떠날갈 듯했다. 그 순간, 미국 텔레비전 방송 카메라들은 로열박스에 앉아 있던 슈워제네거의 아내 마리아 슈

2008년 대선 시에도 슈워제네거는 공화당의 매케인을 지지했으나, 슈라이브(왼쪽)는 민주당의 오바마를 지지해 케네디가의 입장을 대변했다.

라이버(Maria Shriver)를 일제히 비췄다. 이와 관련해 오애리(2004)는 "미국 정치문화를 이해하기가 생각보다 쉽지 않은 일이란 것을 새삼 깨닫게 된다. 좋은 말로 하면 신선한 충격이요, 부정적으로 보자면 도무지 오리무중이다"라며 다음과 같이 말했다.

"슈라이버는 NBC의 명앵커 출신인데다가, 무엇보다 존 F. 케네디 전 대통령의 누이 유니스의 딸이다. 케네디 조카면 민주당 성골(聖骨) 중의 성골이다. 본인 자신도 물론 민주당 지지자다. 전국 정치무대에 데뷔한 남편을 향해 박수를 보내는 건 아내로서 당연하다. 하지만 앞서 연설한 루돌프 줄리아니 전 뉴욕시장이 9·11테러 소식을 듣자마자 '신이시여, 부시를 우리의 대통령으로 보내주셔서 감사합니다' 라고 부르짖었다고 고백했을 때, 슈라이버의 머릿속에는 도대체 무슨 생각이 스치고 지나갔는지 궁금해진다."

전당대회 사흘째인 9월 1일에도 흥미로운 홍보술 이벤트가 펼쳐졌다. 민주당 현역 상원의원인 조지아 주의 젤 밀러(Zell B. Miller)가 공화당 전당대회에 연사로 등장해 "민주당이 미국을 잘못 이끌고 있다"고 신랄하게 비판하고 나선 것이다. 이와 관련해 오애리는 "민주당 입장에서는 '변절자' 요, 공화당 입장에선 '돌아온 탕아' 다. 이건 미국 정치문화의 탄력성일까, 아니면 '강한 미국' 이 모든 것에 우선하는 미국 우월주의를 보여주는 일례일까"라면서 다음과 같이 말했다.

"이날 관심을 끈 또 한사람은 딕 체니 부통령의 딸 메리였다. 메리는 미국의 유명한 레즈비언 페미니스트다. 부시 대통령이 결사반대하고 있는 동성결혼 찬성자다. 그러면서도 당적은 공화당이다. 메리는 동성애인과 함께 전당대회에 참가해 아버지의 부통령 지명 수락연설을 경청했다. 그는 동성애자라면 무조건 진보주의자이며 민주당 지지자일 것이란 고정관념을 깨버린다. 우리는 '가장 가까운 우방국' 미국을 잘 알고 있다고 생각한다. 하지만 미국 정치문화, 보면 볼수록 참 어렵다."

미국의 나르시시즘인가?

보면 볼수록 참 어려운 미국 정치문화의 묘한 특성은 부시의 전당대회 연설에서도 나타났다. 부시는 "미국의 일대기는 자유 확대의 일대기입니다. 멈추지 않고 넓어지는 원이 저 멀리까지 자라나 더 많은 세상을 아우릅니다. 우리나라의 건국 공약은 아직도 가장 굳은 약속입니다. 이 세계와 국내에서 우리는 자유의 테두리를 넓힐 것입니다"라면서 다음과 같이 말했다.

"우리는 저 넓은 중동지역에서 자유를 발전시키고자 노력 중입니다. 자유는 우리 모두가 염원하는 희망찬 미래와 평화를 가져다줄 것이기 때문입니다. …… 자유는 진행 중입니다. 저는 세상을 변화시키는 자유의 위력을 믿습니다. 그러한 자유를 발전시키는 것이야말로 우리 미국의 힘을 가장 현명하게 쓰는 방법입니다."(Ferguson 2010)

부시는 5개월 전인 4월 13일에도 "우리의 힘은 제국의 힘이 아니라 자유의 힘입니다"라고 주장했다. 미국을 웬만큼 아는 사람이라면 짜증을 낼 법한 수사(修辭)다. 그런데, 부시만 그러는가? 아니다. 거의 모든 미국인이 실제로 그렇게 생각하고 그렇게 말한다.

위선인가, 기만인가? 아니면 위선과 기만의 감지 능력조차 없는 나르시시즘인가? 부시가 그렇게 아름다운 말을 한 지 1개월여가 지난 2004년 10월 6일 '이라크 서베이그룹(ISG)'이 미 상원에 제출한 보고서는 그런 의문을 갖게 하기에 족했다. ISG는 미국과 영국의 과학자와 군사정보 전문가 1400명으로 구성돼 이라크 내에 대량살상무기(WMD; Weapons of Mass Destruction)가 존재하는지를 조사해온 기구다. ISG의 단장인 찰스 듀얼퍼(Charles A. Duelfer)는 이 보고서에서 사담 후세인(Saddam Hussein, 1937~2006)의 이라크 정부는 1991년 걸프전 이후 수개월 사이 WMD를 폐기했으며 2003년 3월 미국이 이라크를 공격할 당시엔 WMD를 재생산할 능력을 상실했다고 밝혔다. 이는 이라크의 WMD 위협을 후세인 정권 축출의 명분으로 삼았던 대통령 조지 부시의 주장과는 상반되는 것이어서 이라크전쟁의 정당성 논란을 더욱 부추겼다. 그러나 듀얼퍼 보고서는 후세인이 언제든지 WMD 프로그램을 살리기 위한 기회를 엿보고 있었다는 점을 동시에 지적함으로써 부시에게 빠져나갈 여지를 남겼다.

2004년 10월 14일 『뉴욕타임스』의 보수 칼럼니스트인 토머스 프리드먼(Thomas L. Friedman)은 「9·11에 중독되다」라는 제목의 칼럼에서 "부시 대통령은 세금이나 환경, 사회적 문제들에 대한 자신의 극우적 정책을 관철시키는 데 9·11을 정치적으로 활용함으로써, 현대 미국 정치사에서 가장 편 가름이 심한 대통령이 돼버렸다"고 비판했다. 그는 "부시 대통령은 테러 문제를 낙태나 총기규제·동성결혼 문제 등과 마찬가지로 자신의 지지기반 강화를 위한 정치적 목적에 이용하고 있다"며, 중동 전문가 스티븐 코언의 말을 따 "부시 행정부는 미합중국을 '대테러합중국'으로 전락시켰으며, 분노만 표출했을 뿐 희망을 보여주지 못했다"고 지적했다.

그는 또 "테러리스트들이 우리 삶의 중심이 아니라 단지 귀찮은 존재였던 시절로 되돌아가야 한다"는 존 케리 민주당 대통령후보의 발언을 '지도자 자격이 없음을 보여주는 증거'라고 주장하는 부시·체니 선거 캠프의 비판을 정면 반박했다. 그는 "이런 주장은 부시 행정부가 9·11 동시테러에 얼마나 중독돼 있는지 보여주는 단적인 사례"라며 "다른 사람은 몰라도 나는 테러가 우리 삶에 있어 그저 귀찮은 존재였던 시절로 되돌아갈 수 있기를 바라고 있다"고 적었다. 프리드먼은 이어 "대테러 전쟁은 테러범들을 소탕하고 그들의 사회를 바꾸기 위한 것이었지만, 되레 미국인과 미국 사회를 바꿔놓고 있다"며

"케리 후보의 발언은 상당수 미국인들이 공유하는 문제의식을 건드린 것"이라고 덧붙였다.(정인환 2004a)

신제국주의 옹호론

앞서(15권 5장) 보았듯이, 2001년 9·11테러 이후 일부 네오콘(Neo-Conservative; 신보수주의자)들이 '제국 긍정론'을 내놓긴 했지만, 여전히 미국인들은 미국이 '제국'임을 부인하고 싶어 했다. 부시의 전당대회 연설도 그런 심리의 연장선상에 놓여있는 것이었다. 2004년 6월 이라크의 미군정 최고행정관인 폴 브리머(L. Paul Bremer III)가 바그다드(Baghdad)를 떠나는 순간 『뉴욕타임스』가 내놓은 다음과 같은 주장도 미국인들의 그런 특성을 잘 보여주었다.

"이라크에서의 경험을 통해 여실히 드러났다. …… 미국이 제국의 본색을 갖추지 못하고 식민지식 총독을 내세워 '점령정권(occupying power)'을 좌지우지하는 순간 변명의 여지가 없게 되었다. 그럴 수밖에 없는 세 가지 이유가 있다. 피점령국 국민이 그런 지배를 받아들이지 않으며, 다른 나라들이 그런 미국의 행위를 용납하지 않고, 미국인 스스로도 이를 지지하지 않기 때문이다."(Ferguson 2010)

과연 그럴까? 미국인들이 저지르고 있는 집단적 위선은 아닐까? 뉴욕대학 역사학과 교수이자 신제국주의 옹호론자인 니알 퍼거슨(Niall Ferguson 2010)이 2004년에 출간한 『콜로서스: 아메리카 제국 흥망사(Colossus: The Rise and Fall of American Empire)』는 그런 집단적 위선에 정면 도전하고 나선 책이다. 퍼거슨은 제국주의를 찬양한 영국의 시인 루디야드 키플링(J. Rudyard Kipling, 1865~1936)이 역설한 '백인의 의

무(The White Man's Burden)' 개념에 대해 이렇게 말했다.

"오늘날 그처럼 정치적으로 부적절한 단어를 감히 사용하는 사람은 없다. 그러나 미국이 인정하건 하지 않건 미국이 키플링이 촉구한 것과 같은 전 지구적 의무를 짊어지고 있는 것이 현실이다. 미국은 테러와 불량국가에 대한 전쟁을 수행하는 것뿐 아니라, 해외에 자본주의와 민주주의의 혜택을 확산시키는 일 또한 자신의 책무라고 여긴다. 이전에 대영제국이 그랬던 것처럼 미 제국은 분명 자신의 이익이 최우선인 경우에도 자유의 이름으로 일한다."(Foster 2008)

퍼거슨의 주장은 다음 네 가지로 요약된다. ①미국은 스스로 의식하지는 못했지만 항상 제국이었다, ②미국이 자신의 제국주의를 스스로 의식하는 일이 다른 대안보다 더 나을 수 있다, ③하지만 재정·인간·문화적 제약 때문에 그런 자의식이 생겨날 가망은 거의 없다, ④그러므로 미 제국이 그 상태로 존속하는 한 제대로 기능하지 못하는 나라가 되고 말 것이다.

미국이 스스로 제국임을 부인하는 게 왜 문제가 된단 말인가? 퍼거슨은 "강압에만 의존하는 제국치고 성공한 제국은 없다. 지배자뿐 아니라 피지배자들에게도 경제적 배당을 주어야 한다. 그리고 그러한 배당은 상당 기간 유지될 필요가 있다. 그래야 현지 엘리트의 충성을 얻을 수 있다"며 다음과 같이 주장했다.

"부인되는 제국에 따르는 문제점은 작은 나라 문제에 개입할 때 두 가지 실수를 저지르는 경향이 있다는 것이다. 첫째로 비군사적인 부문에 자원을 충분히 배당하지 않는다. 둘째, 이것이 더 심각한 사항인데, 비현실적으로 짧은 시간 내에 경제적·정치적 변화를 달성하려고 한다. 이 책을 쓰는 동안, 미국은 이라크와 아프가니스탄에서 두 번째 유형의 실수를 저지르려는 모양이다. 민주 정부가 수립되자마자 '단 하루도 더 머물지 않고' 이라크를 떠날 것이라는 언급(그리고 실제 그러한 의도)으로, 미국은 자기도 모르게 현지 주민들의 협력이라는 인센티브를 없애버렸다. …… 터미네이터(미국)에게 프로그램 되지 않은 행동은 재건이다. 그가 지나가는 길에는 폐허만이 남을 뿐이다."

퍼거슨의 이런 신제국주의론에 대해 펄펄 뛸 필요는 없다. 어떻게 보면 이 책은 거창한 국제관계가 아니라 인간의 위선에 관한 책이기 때문이다. 어떤 지도자나 유명인사가 "직업에 귀천은 있다"고 말한다고 가정해보라. 욕먹기 십상이다. 그러나 진실을 말하자면, 직업에 귀천이 있지 왜 없단 말인가? 왜 우리는 위선을 예찬하고 진실을 꺼리는가? 영원히 실현될 수 없다 할지라도 이상을 포기할 수 없기 때문이다. 충분히 이해는 할 수 있지만, 이게 과연 현실적으로 현명한 것인가 하는 건 별개의 문제다.

아름답고 숭고한 뜻을 지닌 사람들이 광신도 집단으로 전락할 수 있는 것도 '위선 관리'의 문제일 수 있다. 이들은 오직 자신들의 '아름답고 숭고한 뜻'에만 몰두하느라 자기 객관화 능력을 상실하기 쉽다. 그 뜻을 이루는 과정에서 현실적으로 자신들이 취하거나 누리는 세속적 이익이 매우 큼에도 그들은 그마저 희생하거나 봉사하고 있다고 자신을 속인다. 그래서 자신들에 대한 정당한 비판에 대해서도 핏대를 올리며 목숨 걸고 달려든다. 이들과는 달리 적당히 타락했으되 자기 객관화 능력을 지닌 사람이 사회적으로 훨씬 유용할 수 있는 건 바로 이런 이유 때문이다. 미국인들을 광신도 집단으로 볼 수는 없지만, 이는 왜 미국인들이 미국을 바라보는 미국 바깥의 싸늘한 시선을 이해하지 못하는가에 대한 실마리를 던져줄 수 있지 않을까?

폭스의 번영, 소로스의 반격

미국인들의 자기 객관화 능력을 방해하는 건 미디어다. 이 공화당 전당대회 시청률에서 폭스뉴스(FOX News)는 CNN뿐 아니라 세 개 공중파 방송들을 모두 제쳐 미국을 깜짝 놀라게 했다. 폭스뉴스의 간판 토크쇼 〈오릴리 팩터(O' Reilly Factor)〉가 CNN의 〈래리킹 라이브(Larry King Live)〉를 앞선 지는 이미 오래였다. 폭스뉴스 성공의 비결은 간단했다. 노골적인 진보 공격으로 보수파들의 마음을 후련하게 하는 것이었다. 폭스뉴스의 최고경영자인 로저 에일스(Roger E. Ailes)는 2003년 한 잡지와의 인터뷰에서 "당신이 공화당 방송을 경영한다는 비판에 화나지 않는가"라는 질문에 "우리를 그렇게 부를수록 더 많은 보수 성향 시청자들이 우리 방송을 볼 것"이라고 응수했다.

폭스뉴스는 그런 '편 가르기 마케팅'의 일환으로 민주당 후보 존 케리가 북한 김정일의 총애를 받는다고 주장했다. 2008년 6월엔 한 '뉴스쇼'의 고정 출연자가 "북한의 김정일이 오바마를 지지한다"고 주장하는 선까지 나아간다. 그렇게 김정일에 대한 병적 집착을 드러내면서 증오를 부추겨야 장사가 잘 되니, '증오 마케팅'이라고도 할 수 있겠다. "공산당에게는 프라우다가 있고, 공화당에게는 폭스가 있다." 미국의 한 진보단체가 폭스뉴스의 공화당 편향성을 비판한 광고 문구다. 이처럼 진보단체들은 폭스뉴스를 극단적 보수, 극우라고 비난했다. (강인규 2008, 전영우 2006)

폭스뉴스는 1996년 루퍼트 머독이 창립하고, 공화당의 홍보 컨설턴트인 로저 에일스가 사장으로 취임하며
방송을 시작했다.
(위)공항에 자리한 폭스뉴스 가판대. (아래)폭스뉴스 빌딩. ⓒ Jim.henderson, Rae Whitlock

미국의 당파적 분열엔 이런 식의 편 가르기 문화가 밑바닥에 깔려 있었는데, 역설 같지만 공화·민주당의 상호 수렴 현상은 편 가르기 이전투구(泥田鬪狗)를 더욱 치열하게 만드는 결과를 초래했다. 이념이나 정책으로 싸울 것이 줄어드니, 남는 건 인신공격이었던 셈이다.

2004년엔 보수 쪽의 '편 가르기'가 우세를 보이고 있었다. 한때 진보주의 거점으로 불린 미국외교협회(CFR)는 2003년 온건보수 성향의 리처드 하스(Richard N. Haass)를 회장으로 영입했으며, 폭스뉴스에 대항하기 위해 CNN과 MSNBC는 더욱 많은 보수적 진행자를 영입했다. (박찬수 2005b)

물론 자유주의파와 진보파가 이런 사태를 팔짱 끼고 구경만 한 건 아니었다. 또 조지 소로스(George Soros) 퀀텀펀드(Quantum Fund) 회장이 나섰다. 그는 2004년 10월 28일 워싱턴 내셔널프레스클럽에서 열린 오찬연설에서 "부시 대통령을 재선시키는 것은 그의 선제공격론과 이라크전을 승인하는 꼴"이라면서 "궤도에서 이탈한 미국을 제자리로 돌려놓는 새 지도자가 필요하다"고 말했다. 소로스의 이날 연설은 10월 초부터 펜실베이니아, 오하이오, 플로리다, 미네소타, 아이오와 등 대선 최대 격전 주의 12개 도시를 돌며 진행해온 순회강연을 결산하는 자리였다. 소로스는 각국 취재진과 외교관 등 200여 명이 참석한 이날 연설에서 "부시 시대 미국은 열린 사회의 리더 역할을 못하고 있다"면서 "미국의 미래를 위해 새로운 선택을 해야 한다"고 거듭 주장했다. 그는 특히 "9·11테러 이후 18개월간 부시 대통령은 이라크에 집착하며 전쟁을 강행했고 이에 대한 비판을 비애국적 행동으로 규정하며 미국을 닫힌 사회로 만들어왔다"고 강조했다.

헝가리 유대인 출신의 미국 이민자인 소로스는 월스트리트에서 펀드 매니저로 두각을 나타낸 후 퀀텀펀드를 설립해 투자가로 이름을 알렸다. 시장만능론을 비판하고 적절한 시장규제를 강조해온 인물이다. ⓒ Jeff Ooi.

20분간에 걸친 연설에 이어 40여 분간에 걸쳐 질의응답 자리가 마련됐는데, 소로스가 존 케리 민주당 대선후보를 지지하는 이유에서부터 억만장자가 돈으로 선거판을 매수하는 게 아니냐는 따끔한 질문 등이 이어졌다. 소로스는 우선, 민주당 성향 시민단체에 돈을 기부한 이유와 관련해 "나는 유권자들의 표를 돈 주고 산 게 아니라, 시민들의 정치참여 및 투표를 권장하는 시민단체를 지원해왔다"고 반박했다.

그는 부시 대통령과 케리 후보에 대한 평가에서 "요즘처럼 복잡한 세상에서는 단순한 사고를 하는 부시 대통령보다는 복합적 사고를 하는 케리 후보가 지도자로 더 적합하다"며 케리 후보에 대한 지지 이유를 밝혔다. 케리 후보가 당선될 경우 지나치게 백악관에 영향력을 발휘할 게 아니냐는 지적에 대해 소로스는 "미국이 잘못된 방향으로 가고 있는 것을 시정하기 위해 케리 후보를 지원하는 것"이라면서 "케리 행정부에 어떤 영향력도 행사하지 않을 것"이라고 말했다.

그는 그간 시민사회 저변에서부터 부시 낙선 운동을 벌여야 한다며 풀뿌리정치운동기구인 '함께 가는 미국(ACT; America Coming Together)', 무브온 닷오르그(MoveOn.org) 투표센터, 미국진보센터(Center for America Progress) 등에 1550만 달러를 기부했다. ACT와 무브온 닷오르그는 오하이오 등에서 유권자등록 운동을 주도하고 있는 대표적 단체였다. 2004년 1월 『미국 패권주의의 거품(The Bubble of American Supremacy)』을 출간하며 반(反)부시 운동을 본격화한 소로스는 10월 26일자 『뉴욕타임스』 두 개면에 반부시광고를 게재하는 등 격전 주의 지역신문에 300만 달러를 들여 반부시 광고 캠페인을 벌여 공화당 측으로부터 '공적 1호'로 꼽혔다. 보수적 비정부기구인 전미법률정책센터(NLPC)는 이날 오찬장 옆에서 특별기자회견을 갖고 "소로스는 헤지펀드로 벌어들인 돈을 민주당에 퍼붓는 위선자"라고 비난했다.(이미숙 2004a)

미국인들의 '광신적 당파주의'

2004년 10월 전 대통령 지미 카터(Jimmy Carter)는 2004년 대선에 대해 "선거 관리자들의 불편부당성과 선거 절차의 일관성 등 공정한 투표를 위한 초보적인 국제 규범들을 찾아볼 수가 없다"고 개탄했다. 이와 관련해 정동식(2004)은 미국 언론이 전하는 탈법·편법 선거의 유형은 신규등록 방해, 투표 방해, 개표조작 가능성, 관권 개입 등 네 가지라며 다음과 같이 말했다.

"미국의 선거를 감시하기 위해 이미 유럽의 감시단이 미국에 와 있다. 그것도 부족해 각 주의 시민단체들은 유엔에 또 다른 감시를 요청하고 있다. 미국의 이런 사례들은 아무리 민주주의가 발전한 나라라 하더라도 선거엔 항상 불법과 부정이 개입할 소지가 많음을 보여준다. 민주주의는 두 눈을 부릅뜨고 지켜서 쟁취하는 것이지 제도가 저절로 가져다주지 않는 것임을 미 대선은 우리에게 다시 한번 일깨우고 있다."

부재자 투표용지 수만 장이 허공으로 사라지는가 하면, 가짜 선거인 명부가 등장해 당국이 수사에 착수하는 등 상상을 초월하는 일들이 전국적으로 벌어졌다. 10월 31일 플로리다(Florida) 주 리언 카운티(Leon County)의 선거관리관 아이온 산초는 "이건 정당활동이 아니라 거짓말, 속임수, 도둑질이다. 수단방법 가리지 않고 이기면 만사형통이란 말인가. 16년간 선거감독을 해왔지만, 이런 황당한 일들을 겪긴 처음이다"라고 말했다.

투표율에 영향을 주기 위해 선거일정을 오도하는 시도도 빈발했다. 펜실베이니아 주에서는 엉뚱하게 투표시간 연장을 알리는 전단이 행인들에게 배부되거나 가정에 우송됐다. 위스콘신(Wisconsin) 주에서는 '밀워키 흑인유권자연맹'이라는 유령단체의 이름으로 흑인 거주지에 배포된 전단에 "올해 어떤 선거든 한 번 투표한 사람은 이번 대선에서 투표할 수 없으며, 이를 어길 경우 10년형에 처해지거나 자식들과 격리된다"는 무시무시한 내용이 담겨 있었다. 오하이오 주에선 "민주당과 전미 유색인종지위향상협회(NAACP)를 통해 유권자등록을 한 사람은 투표권이 박탈된다"는 내용의 가짜 선거위원회 문서가 유

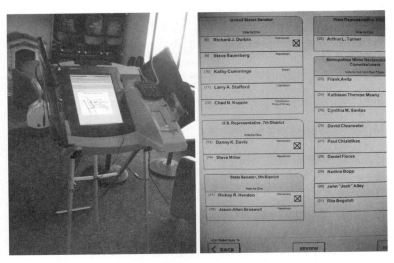

터치스크린 투표기 외관(왼쪽)과 화면. 선관위의 진행훈선과 유권자의 기기조작 미숙, 시스템 불안정성 등으로 인해 2004년 선거에서도 전자투표제는 취약성을 드러냈다. ⓒ eyspahn, swanksalot

권자들에게 전달되었다. 이에 대해 공화당 측은 "너무나 명백한 거짓 정보를 공화당원을 사칭해 유포한 것을 보면 민주당 외곽단체들이 흑인 유권자 투표참여를 높이기 위해 '분노 촉발작전'을 쓴 것 같다"고 주장한 반면, 민주당 측은 "방귀 뀐 놈이 성낸다고 유권자들은 그렇게 단순치 않다"고 반박했다.

이미 2004년 여름, 경제학자 폴 크루그먼(Paul R. Krugman)은 『뉴욕타임스』에 기고한 칼럼에서 미국의 민주주의는 '위험 상태'에 있다고 경고했다. 그는 새로 도입한 전자투표기 회사와 정당의 유착관계도 의혹의 대상이 되고 있다고 주장했다. 오하이오 주의 투표기를 제작한 다이어볼드(Diebold)의 사장인 월든 오델(Walden O' Dell)은 부시를 위해 정치자금을 모았고 공화당에 보낸 모금편지에서 2004년에는

"오하이오 표가 대통령에게 가도록 도울 것을 다짐한다"고 서약했다는 것이다. 크루그먼은 투표를 확인할 수 없는 전자투표기가 또 다시 부시에게 승리를 가져다줄지 모른다면서 컴퓨터 전문가를 파견해서 사전 검사하고 그 작동을 감시해야 한다고 주장했다.

이런 주장에 자극을 받은 탓인지 민주당은 플로리다 주 한 곳에만 2500명의 변호사를 파견해 투표 상황을 감시하는 등 전국적으로 수많은 감시인단을 파견하였으며, 이는 공화당도 마찬가지였다. 그 어느 쪽이건 광신적 당파주의에 매몰된 사람들을 믿을 수 없다는 것이었다.

'미국 유권자에 대한 배신'

또 이미 2004년 초 『뉴욕타임스』는 「미국 유권자에 대한 배신」이라는 제목의 사설에서 미국 선거제도가 민주주의 국가에서 기대되는 역할을 제대로 하지 못하고 있다고 비판하였는데, 부정 시비가 불거지면서 선거제도 자체의 결함도 새삼 비판의 도마 위에 올랐다.

미국에서는 투표절차를 연방정부가 관리하지 않고 각 주정부와 시 및 카운티가 별도로 관리하고 있어 수천 종의 투표용지가 사용되고 있다. 투표방법만 해도 펀치카드 투표, 기계식 투표, 터치스크린 투표, 종이 투표 등 전국적으로 일곱 종류가 있다. 1만 3000개의 선거구마다 각기 다른 규정을 따르고 있어 혼란은 말할 것도 없고 수많은 실수가 발생해 곧잘 음모론으로 비화되곤 한다.

유권자등록제도도 문제였다. 19세기 말 이 제도를 도입할 때의 명분은 복수투표 등 부정선거를 방지한다는 것이었지만 실제로는 하층민의 선거를 제한하기 위해서였다. 이 제도에 따라 투표를 희망하는 유권자가 스스로 유권자등록 절차를 밟아야 하는데 등록과정의 실수로 선거인 명부에서 이름이 누락되는 경우가 많다. 2000년 대선에서 150만~300만의 유권자가 절차상 실수로 선거인 명부에서 이름이 빠져 투표하지 못하는 사건이 발생하자, 이를 보완하기 위해 2004년 대선에선 잠정투표제가 처음 도입되었다. 잠정투표란 선거인 명부에 없는 유권자가 투표하러 나왔을 때 일단 투표를 하게 한 뒤 나중에 그 유권자의 '투표 자격' 여부를 따지는 제도다.

승자독식 방식의 선거인단제도도 비판의 도마 위에 올랐지만, 콜로라도 주에선 대선과 함께 실시된 득표별 선거인단 배분방안에 대한 주민투표가 부결되었다. 한양대학 미국학과 교수 데니스 프로리그는 "선거인단제도는 미국의 각 주들이 몸값을 올릴 수 있는 제도"라고 말했다. 그는 "이번 선거에서도 보여주었듯이 후보들이 기를 쓰고 각 주를 한 번씩 더 가려고 하고 그 주 유권자들의 애로사항에 관심을 가지고 하나라도 더 많은 공약을 내놓는 것은 한 표라도 지면 선거인단을 통째로 잃기 때문"이라며, "9명이나 되는 선거인단 전체가 걸려 있으니까 후보들이 로키산맥 골짜기까지 찾아오려고 기를 쓰지 후보별 득표율대로 선거인단을 나눠 가진다면 선거인 한두 자리 때문에 찾지는 않을 것"이라고 말했다.

그러나 『뉴욕타임스』(2004.11.6) 사설은 "이제는 선거인단제도를 폐지하고 대통령 직선제를 채택해야 할 때"라면서 "총득표로 대통령을 선출하면 (인구가 적은) 시골은 관심을 끌지 못할 것이란 주장이 있지만 캔자스나 오클라호마와 같은 시골지역은 올해 선거에서도 공화당이나 민주당 가운데 어느 한 정당의 텃밭으로 간주돼 후보들이 관심을 기울이지 않았다"고 주장했다.

　유럽안보협력기구에서 파견된 미 대선감시단은 미국 대선의 투표 현장 접근도가 카자흐스탄의 선거보다 못하고, 전자투표제의 안전장치는 베네수엘라의 그것보다 더 못했으며, 투표용지는 그루지야공화국만큼이나 복잡했다며 "전 세계 어떤 나라도 이보다 더 복잡한 전국 선거시스템을 갖춘 나라는 없을 것"이라고 지적했다.

　극단적인 당파주의의 결과로 나타나는 미국의 분열상을 빗대 '신(新)남북전쟁 시대'라는 말까지 나왔다. '내 편 아니면 모두 적'이라는 적대와 증오가 미국 사회에 만연해 있다는 지적이다. 펜실베이니아대학 부설 아넨버그 공공정책센터 연구원 캐슬린 홀 제미이슨(Kathleen Hall Jamieson)은 "최근 비행기를 타고 가다 곁에 앉은 이가 조지 부시를 비난한 마이클 무어(Michael Moore)의 책을 읽자 옆 좌석 승객이 자리를 바꿔달라고 하는 모습을 보고 충격을 받았다"며 "정치가 워낙 일상과 연결되다보니, 자신이 싫어하는 책을 읽는 사람 곁에는 앉기조차 싫어진 것"이라고 말했다.

분열을 이용하는 '로비즘'

이런 분열상에 대해 시사주간지 『유에스뉴스앤드월드리포트(U.S. News & World Report)』(2004.10.25)는 "이제 누군가 당신과 의견을 달리한다면, 그 사람은 그저 당신과 의견만 다른 게 아니다"라며 "그는 당신이 믿고 있는 신념을 모욕하고, 당신의 사는 방식을 위협하는 것으로 바뀌었다"고 지적했다.

　그러나 분열과 갈등은 공화당의 선거 전략이었다. 대선이 부시의

뉴올리언스 카니발 기간 중 축제를 반대하는 기독교 근본주의자들. © Infrogmation

승리로 끝나자, 선거 운동을 지휘한 백악관 정치고문 칼 로브(Karl Rove)가 부각되었는데 그의 핵심전략이 바로 분열과 갈등이었다. 분열이 돼야 지지기반이 커진다는 로브의 전략을 가리켜 로비즘(Rovism)라는 말까지 생겨났다.

『뉴욕타임스』 등 미국 언론은 부시 진영이 2000년 선거 때 투표하지 않은 복음주의 기독교도들이 400만 명에 이르는 것으로 보고 이들을 투표장으로 이끌어내는 데 온힘을 다했다고 보도했다. 복음주의 기독교도들을 투표장으로 이끌어내는 데에 사용된 주된 방법이 바로 그들의 분노와 공포를 자극하는 것이었다.

역사학자 게리 윌스(Gary Wills)는 『뉴욕타임스』(2004.11.4)에 기고한 글에서 다른 유럽 나라들은 미국 선거에서의 기독교 근본주의(전투적 복음주의) 문제를 이해하지 못하며 미국은 그런 유럽 나라들을 닮기보다 세속에 대한 분노, 종교적 불관용, 현대화에 대한 공포가 판치는 이슬람 세계나 알카에다와 더 닮아 있다고 주장했다.

다큐멘터리 감독 마이클 무어.

부시의 재선은 복음주의 기독교인들을 겨냥한 선거전략의 승리라는 분석이 나온 가운데, 초교파적 국제기독교단체인 세계교회협의회(WCC)는 미국 대선에서 일부 보수적 기독교회가 당파성에 함몰됐다며 본연의 자세로 돌아갈 것을 촉구했다.

부시 낙선 운동의 선봉에 섰던 〈화씨 911(Fahrenheit 9/11)〉의 감독 마이클 무어는 자신의 홈페이지에 올린 '그래도 우리가 자살하지 않아도 되는 17가지 이유' 라는 글에서 부시에게 표를 던진 88퍼센트가 백인이지만 50년만 기다리면 흑인이 미국의 다수인종이 될 것이라고 주장했다.

그러나 부시는 그런 비판을 무력화시키는 최상의 방법이 국가주의라는 듯, 당선 이후 계속 호전적인 '미국 제일주의' 메시지만 쏟아냈다. 그는 11월 3일 승리선언 연설에서 "우리가 단결하면 미국의 위대함에 한계는 없다"고 주장했으며, 11월 4일 재선에 성공한 뒤 연 첫 기자회견에선 "나는 미국 대통령이 그렇게 하겠다고 일단 말을 하면, 그렇게 하는 것이 세계평화를 위해 낫다고 본다"고 주장했다.

미국의 당파 전쟁이 얼마나 치열했으면, 결코 선진적이라 할 수 없는 일본 언론이 부러움의 대상이 되었을까. 2004년 11월 미국 유일의 전국지 『USA투데이(USA Today)』의 창업자 앨런 뉴하스(Allen H. Neuharth)는 "일본 신문이 미국 신문보다 뉴스를 더 많이 싣고, 더 독자 친화적이며, 더 공정하고, 사설의 논평이나 비판이 더 점잖기 때문에 미국 신문보다 잘 하고 있는 것"이라고 말했다. 그는 "요미우리는 정치적으로 중도우파이고 아사히는 중도좌파지만, 미국의 많은 보수나 진보 신문들처럼 그런 (이념의) 망치를 휘두르지 않는다"고 덧붙였다. 그는 "더 많은 뉴스를 싣고, 친구와 적에게 똑같이 공정하고 예의를 갖춘다면, 신문 값을 올려도 독자가 더 늘어날 것"이라며 미국 신문 자성론을 폈다.(서울신문 2004)

'돈 전쟁'과 '종교전쟁'

초당파적인 비영리 조사기구인 CPI(The Center for Public Integrity)의 찰스 루이스(Charles Lewis)는 『2004년도 대통령 매수하기(The Buying of the President 2004)』에서 "백악관을 향한 선거전은 실제로 투표가 이루어지기 전에 결정된다. 미국 대통령 정치의 더러운 비밀은 최고 부유층이 선거 1년 전에 자기들끼리 비밀리에 투표를 해버린다는 점이다"라고 주장했다.(Trippi 2006)

과장된 주장이지만, 미국의 모든 선거가 그렇듯이 2004년 대선도 '돈 전쟁'이었다. 『워싱턴포스트(Washington Post)』(2004.12.4)는 2004년

부시의 정치 컨설턴트 칼 로브(왼쪽)와 오바마의 정치 컨설턴트 애니타 던. 이들은 후보자
의 이미지 메이킹부터 선거, 당선 이후의 정책방향까지 총괄하는 숨은 실세라 할 수 있다.

대선에서 공화당과 민주당은 사상 최고의 정치자금을 모금해 17억 달
러 이상의 선거비용을 지출했다고 보도했다. 총 비용이 10억 달러에
약간 못 미쳤던 지난 2000년 대선에 비해 두 배 가까이 늘어난 셈이다.
특히 선거로 먹고사는 정치 컨설팅업이 성황을 누렸는데, 미 전역에
선거용역업에 매달려 있는 고급 인력이 7000명에 달한다고 했다.

　선거 후 의회 전문 계간지 『CQ 리서처(Congressional Quarterly
Researcher)』는 2005년 1월에 개회하는 제 109대 의회의 상원의원 100
명과 하원의원 435명의 통계분석 자료를 발표했다. 이 자료에 따르면
의원의 평균연령은 상원이 60.35세, 하원이 55.08세였다.(한국 국회의
원의 평균연령은 51.4세다.) 미국의 여성의원은 상원 14명(14퍼센트), 하
원 68명(15.6퍼센트) 등으로 지난 회기보다 하원만 다섯 명이 늘었
다.(한국의 여성의원 비율은 13.04퍼센트다.)

　의원들의 당선 당시 직업은 상원의 경우 변호사가 58명으로 압도적
으로 많았다. 이어 정치인 · 관료 등 공직자가 32명, 기업인 30명 등의

순서였다. 하원의 경우에는 공직자가 163명, 기업인이 162명, 변호사가 160명으로 엇비슷했다. 대학원 이상의 학력을 지닌 의원은 상원 78명, 하원 280명으로 고학력 추세가 두드러졌다. 군 복무 경험이 있는 미국 의원은 상원의 경우 39명, 하원은 109명으로 1970년대까지 징병제였던 점을 감안해도 상대적으로 군 복무자의 비율이 높았다.

인종별로는 백인이 압도적으로 많았다. 상원에서는 일리노이 주에서 당선된 '흑인 클린턴'으로 불리는 버락 오바마가 유일한 흑인이었다. 하원에는 42명의 흑인 의원이 있으며 모두 민주당 출신이었다. 하원의 흑인 의원 숫자는 10퍼센트가 안돼 흑인 인구 비율(12퍼센트)보다 약간 떨어졌다. 히스패닉(Hispanic and Latino Americans)은 상원에 두 명이 입성했으며 하원에는 22명이 당선됐다. 아시아계는 여섯 명으로 일본과 중국계가 대부분이며, 인도와 원주민 출신도 각각 한 명씩 하원에 진출했다. 종교는 양원 모두 대부분 기독교였으나 종파별로 나뉘져 단일 종파로는 가톨릭이 가장 많았다. 유대인은 상원에 11명, 하원에 26명이 당선됐다.(이도운 2004a)

2004년 대선은 '종교전쟁'이기도 했다. 오하이오(Ohio) 주 애크런 대학 블리스 연구소의 「미국의 종교지형과 2004 대선: 심화되는 양극화」란 보고서는 미국 대선에서는 기독교 종파별로 지지 후보를 달리하는 현상이 더욱 심화됐으며 이는 결국 민주당의 백악관 입성 기회가 줄어들게 됨을 의미한다고 밝혔다.

2004년 대선에서 종교별 투표 결과는 ①백인 복음주의(남침례교 등) 기독교도(전체의 26.3퍼센트, 투표율 63퍼센트)는 부시 78퍼센트, 케리 22퍼센트 ②백인 주류교단(감리교 등) 기독교도(16.0퍼센트, 69퍼센트)

는 부시 50퍼센트, 케리 50퍼센트 ③히스패닉 기독교도(2.8퍼센트, 49퍼센트)는 부시 63퍼센트, 케리 37퍼센트 ④흑인 기독교도(9.6퍼센트, 50퍼센트)는 부시 17퍼센트, 케리 83퍼센트 ⑤일반 가톨릭교도(17.5퍼센트, 67퍼센트)는 부시 53퍼센트, 케리 47퍼센트 ⑥히스패닉 가톨릭교도(4.5퍼센트, 43퍼센트)는 부시 31퍼센트, 케리 69퍼센트 ⑦유대인(1.9퍼센트, 87퍼센트)은 부시 27퍼센트, 케리 73퍼센트 ⑧무종교(16.0퍼센트, 52퍼센트)는 부시 28퍼센트, 케리 72퍼센트 등이었다.

연구를 이끈 정치학과 교수 존 그린은 "2008년 선거에서도 복음주의자 및 보수파 기독교인은 공화당을 강력 지지할 것으로 보인다"며 "지지세력이 분산된 민주당이 공화당을 따라잡으려면 두 배의 노력이 필요할 것"이라고 말했다.

어느 쪽이 더 바람직하건 간에 유럽은 종교에서 더욱 멀어지고 있는 반면 미국은 더욱 가까워지고 있었다. 그래서 이른바 세속주의 (secularism) 논쟁도 끊이질 않았다. 세속주의는 정치와 종교의 분리주의로 구체적으로는 공공기관 및 학교가 특정한 종교색을 띠어서는 안 된다는 원칙으로 나타난다. 프랑스의 '공공장소 안 종교상징물 착용 금지법'이 학생과 교사, 공무원 등이 특정 종교를 상징하는 머릿수건, 모자, 십자가 착용을 금지한 것도 바로 이 세속주의 원칙에 따른 것이었다.

유럽과 달리 미국은 성경에 손을 올려놓고 하는 대통령의 취임 서약("나는 미국의 대통령직을 성실히 수행하며 최선을 다해 헌법을 준수·보호·방어할 것을 맹세한다")이 보여주듯이 세속주의 문화가 매우 약한 편이었다. 부시 대통령은 2005년 1월 11일 『워싱턴타임스』와의 인터

모든 달러에 새겨진 'In God We Trust'. ⓒ Themanwithoutapast

뷰에서 "신과 아무런 관계를 맺지 않은 사람이 어떻게 (미국) 대통령
이 될 수 있는지 모르겠다"고 말했다.

대통령 혼자만 그러는 게 아니다. 미국의 어린이들은 학교에 가면
매일 "하나님 아래 한 국가"에 대해 충성을 맹세하며, 미국의 화폐에
는 "하나님이 살아 계신 것을 믿습니다(In God We Trust)"라는 문구가
들어 있다. 미국인의 48퍼센트는 미국이 하나님의 특별한 보호를 받
고 있다고 믿으며, 58퍼센트는 미국 사회의 힘이 국민들의 신앙심에
입각한 것이라고 본다.(우성규 2005b)

종교와 정치적 당파성의 결합은 당파싸움을 종교전쟁처럼 목숨 거
는 전쟁으로 만들게 마련이다. 미국에서건 한국에서건 과거 초당파주
의는 양다리 걸치기 또는 비겁한 양비론으로 비판받기도 했지만, 이
젠 달리 볼 때가 온 것처럼 보였다. 당파주의의 폐해가 질릴 정도로 드
러났기 때문이다. 선거가 이전투구(泥田鬪狗)의 축제가 되면, '민주주
의의 심장을 찢어내는 무력감'도 커질 수밖에 없다. 미국의 2004년 대

선이 한국에 주는 최대의 교훈도 바로 그 점일 것이다.

참고문헌 Avrich 2004, Baylis & Smith 2003, Clarke 2004a, Current Biography 2005c, Ferguson 2010, Foster 2008, Kaplan 2001, King 2009, Levy 2006, Morris 2000, Obama 2007, Rifkin 2005, Sloan 2004, Trippi 2006, Woodward 2004, 강김아리 2004, 강인규 2008, 고성호 2004, 고종석 2000, 권기태 2004, 권용립 2001, 김광호 2004a, 김만권 2007, 김봉중 2001, 김비환 2007, 김성호 2004a, 김지석 2004, 박완규 2004a, 박찬수 2005b, 박흥규 2004, 배명복 2004a, 서울신문 2004, 양성희 2007, 여시동 2008, 염기석 2004, 오애리 2004, 우성규 2005b, 이기홍 · 하태원 2008, 이도운 2004 · 2004a, 이동준 2004a, 이미숙 2004a · 2004b, 장학만 2005a, 장행훈 2004, 전영우 2006, 정동식 2004, 정인환 2004 · 2004a, 주성원 2004a, 최형두 2004a, 함재봉 1998, 홍권희 2004, 홍훈 1992

'범산복합체'의 탄생인가?
폭력 제도화의 악순환

상위 20퍼센트가 전체 부의 83퍼센트 소유

2004년 대선에서 불거진 미국의 빈부격차 논란은 이미 2003년부터 왕성하게 제기된 것이었다. 미국에서 가장 역사가 오래된 월간지 『애틀랜틱먼슬리(Atlantic Monthly)』 2003년 1·2월 합병호는 "상위 20퍼센트의 가구가 미 전체 부의 83퍼센트를 소유하고 있다" 면서 "빈부격차는 역사상 가장 최대 규모로 벌어졌다"고 보도했다.

2003년 1월 22일 미국 연방준비제도이사회(FRB)는 1990년대 미국 경제 호황이 빈부격차를 더욱 확대했다는 내용의 소비자 재무 상태에 관한 보고서를 발표했다. FRB는 2001년 말 4000여 가구를 상대로 광범위한 설문조사를 벌인 결과 1998년부터 2001년까지 3년 동안 중간가구의 순자산은 10.4퍼센트 오른 8만 6100달러(약 1억 300만 원)로 나타났다고 밝혔다. 중간가구란 가구 분포에서 중앙에 있는 가구를 뜻한다. 이 기간 순자산 상위 10퍼센트의 중간가구 순자산은 49만 2400달러에서 83만 3600달러로 69퍼센트나 껑충 뛴 반면 하위 20퍼센트의 중간가구 순자산은 6300달러에서 7900달러로 24퍼센트 느는 데 그쳤다. 3년간 고작 1600달러(190만 원) 늘어난 셈이다.(홍은택 2003a)

2003년 9월 23일 비영리단체인 '예산 및 우선정책 센터(CBPP)'가 미 의회예산국 통계를 분석해 발표한 보고서를 보면, 미국의 빈부격차가 1979년에서 2000년 사이 갑절 이상 늘어난 것으로 나타났다. 1979년 소득규모 최상위 1퍼센트의 소득은 하위 40퍼센트의 절반에 미치지 못한 데 비해 2000년에는 이들의 소득이 하위 40퍼센트의 소득을 넘어섰다. 또 1979년에는 최상위 1퍼센트의 소득이 전체 국민소득의 7.5퍼센트였던 데에서 2000년에는 15.5퍼센트로 증가한 반면, 하위 40퍼센트의 소득 비율은 19.1퍼센트에서 14.6퍼센트로 줄어들었다. 마찬가지로 지난 20년 동안 하위 40퍼센트의 수입은 약 11퍼센트 증가한 데 비해 최상위 1퍼센트의 수입은 세 배가 늘어난 것으로 나타났다.

센터 쪽은 이 보고서가 의회예산국이 관련 통계를 집계하기 시작한 1979년 이후 최대 빈부격차를 보여주는 것이라고 전했다. 한편, 같은 통계를 분석한 미 국립경제연구소는 '2000년도 최상위 1퍼센트가 총 국민소득에서 차지한 비율이 29년 이래 최고 수준'이라고 밝혔다.(강김아리 2003)

FRB의 소비자재무조사 자료에 따르면, 2004년 미국 내 상위 1퍼센트 부자 가정의 순자산이 미국 전체 순자산의 33.4퍼센트를 차지한 것으로 나타났다. 지난 1989년의 경우 상위 1퍼센트 갑부들의 자산 비중이 30.1퍼센트였던 것과 비교하면 지난 15년간 미국의 부는 최고

부자들에게 더 집중된 것으로 분석되었다.(최형두 2006)

그렇게 빈부격차가 커지면서 최대 300만 명에 달하는 노숙자가 샌프란시스코 등 주요 도시의 한구석을 차지하고 있었다. 노숙자 수는 갈수록 증가하는 추세를 보였다. 노숙자의 40퍼센트는 버젓이 가정을 갖고 있었지만, 이들 중 30퍼센트는 마약 등 약물 복용 전력자들이었으며, 23퍼센트는 정신질환을 앓고 있었다. 10퍼센트는 재향군인이며 일자리가 있는 사람도 17퍼센트에 이르렀다.(국기연 2004d)

'범산(犯産)복합체'

빈부격차가 커질수록 범죄율은 늘게 마련이었다. 2003년 9월 『워싱턴 포스트』에 따르면, 워싱턴 일대에서는 240여 개 조직에 3000여 명의 갱들이 활동하고 있는 것으로 파악되었다. 이들 대부분은 흑인이나 라틴 이민계가 밀집한 지역의 일정 구역을 기반으로 느슨하게 묶여진 패거리 집단(Crew)이지만 이젠 보다 체계적인 조직망을 갖춘 갱단들이 빠르게 생겨나고 있는 추세를 보였다. 경찰 당국은 "워싱턴 시 구역에서 발생한 살인 사건의 70퍼센트가 갱 활동과 직·간접적으로 관련돼 있다"고 밝혔다.(김승일 2003a)

2004년 6월 미국 의회 전문지 『CQ』는 갱들이 전국적으로 활동 반경을 넓혀 가고 치밀하게 조직화하는 경향을 보이고 있다고 지적했다. 미국에서 폭력조직은 2만 1500개가량이며, 이들 조직에서 활동하는 폭력배 숫자는 73만 1000명가량으로 추정되었다. 미국 법무부 산하의 한 연구기관 조사에 따르면 2001년에는 폭력조직 증가율이 전년 대비 27퍼센트에 이르렀고, 2002년에는 40퍼센트로 껑충 뛰었다. 미국에서 조폭들은 대부분 소수인종 출신이다. 미국의 조직 폭력배 중 중남미 출신 이민자들인 라티노가 전체의 절반가량인 49퍼센트를 차지했으며, 그 뒤를 이어 흑인 34퍼센트, 백인 10퍼센트, 아시아 출신 6 퍼센트 등의 구성비를 보였다.

미국의 조폭들은 자신의 범죄행위 목격자를 살해하거나 폭행·강간하는 등 보복을 일삼았으며, 심지어 조폭 단속에 나선 경찰이 살해되는 사건도 속출했다. 일반 시민은 보복이 두려워 조폭의 범죄행위를 목격하고도 신고하지 않는 경향을 보였다. 2004년 미국 조지아(Georgia) 주 사바나(Savannah) 시에서 조직폭력배 한 사람이 300여 명의 시민이 지켜보는 가운데 살해됐으나 아무도 목격자로 나서지 않았다.(국기연 2004c)

미국은 살인 발생률만 세계 1등을 하고 있는 게 아니었다. 2002년 현재, 인구 10만 명당 교도소 재소자 비율도 690명으로 세계 1등이었다. 2등이 러시아(670명), 3등이 벨로루시(554명)였는데, 미국의 비율은 프랑스(85명)의 여덟 배, 일본(48명)의 15배에 달하는 기록이었다.

2003년 6월 말 기준 미국 내 교도소와 구치소 수감자 수가 전년 같은 기간에 비해 4만 8452명(2.3퍼센트)이 늘어났다. 총 수감자 수는 213만 1180명으로, 2003년 6월 말부터 1년 간 매주 900명이 수감되었다. 이는 인구 10만 명당 726명으로 전년 같은 기간(716명)보다 늘어난 수치이며, 미국인 138명당 1명꼴로 수감된다는 뜻이다. 수감자 가운데 61퍼센트는 유색인종과 소수민족이 차지했다. 20대 후반 흑인 중 12.6퍼센트가 수감돼 같은 연령대의 히스패닉(3.6퍼센트)과 백인(1.7퍼센트) 비율을 훨씬 앞질렀다.(신동주 2005)

미국과 유럽의 수감률(1997년)

나라	실제 수감자 수	인구 10만 명당 수감자 수
미국	178만 5079	648
포르투갈	1만 4634	145
영국	6만 8124	120
스페인	4만 2827	113
독일	7만 4317	90
프랑스	5만 4442	90
네덜란드	1만 3618	87
이탈리아	4만 9477	86
오스트리아	6946	86
벨기에	8342	82
덴마크	3299	62
스웨덴	5221	59
그리스	5577	54

출처: 사법통계국(미국), 피에르 투르니에(유럽)

교도소 재소자 중 흑인의 비율은 65퍼센트로, 반세기 전인 1950년의 35퍼센트에 비해 크게 높아졌다. 교도소에 수감돼 있는 흑인 남자의 수는 흑인 남자 대학생의 수보다 많았다. 19세부터 25세까지의 흑인 청년 가운데 세 명 중 한 명이 복역, 집행유예 아니면 보호감찰 중이었다.(우수근 2004) 2004년엔 재소자가 더 늘어났다. 재소자 수는 10만 명당 715명으로 세계 최고기록이었다. 러시아(638명), 벨로루시(554명), 카자흐스탄(522명) 등 구소련을 능가했으며 한국(133명)에 비해서는 6배가 넘었다.(한윤정 2005)

2006년엔 교도소 수감 인구가 232만여 명으로 늘어, 성인 인구가 약 2억 3000만 명인 것을 고려하면 성인 99.1명 중 1명꼴로 감옥살이를 하고 있는 것으로 나타났다. 인구 10만 명당 수감자 수도 751명으로 세계 최고의 자리를 굳건히 지켰다.(한국은 10만 명당 97명이다.) 미국 각 주는 평균 7퍼센트의 예산을 수감자 교정(矯正) 활동과 의료, 교육 등에 지출했는데, 2007년 수감자 교정 비용에만 총 440억 달러(약 41조 3000억 원)가 소요됐다. 물가상승률을 감안해도 20년 전보다 127퍼센트 증가한 액수였다.(이석호 2008) 교도소마다 재소자가 넘쳐 2009년 8월 정원의 두 배를 수용한 캘리포니아(California) 주의 한 교도소에서는 재소자들 간 인종 충돌로 200여 명이 다친 사건이 일어나기도 했다.(구정은 2009b)

미국의 48개 주에서는 투옥된 범죄자에게 투표권을 주지 않는다. 14개 주는 전과자들에 대해 영구적으로 투표권을 제한하며, 그들은 공직에 출마할 수도 없다. 이런 이유로 440만 명의 미국인이 공민권에 제한을 받았다. 2000년 대선에서 플로리다 주에서는 흑인 네 사람 중 한 사람은 투표권이 없었다. 민주당 대통령후보 앨 고어가 공화당 후보 조지 부시에게 패배한 이유도 바로 여기에 있었다.

감옥은 연방정부의 보조를 받는 민간기업의 형태로 운영되고 있으며 민간 감옥의 목적은 이윤 추구이기 때문에 흑인 재소자가 늘어나는 것은 좋은 사업거리가 되고 있었다. 죄수들은 저임금 노동력의 주요 원천이었다. 게다가 죄수들은 투표를 할 순 없지만 인구 통계엔 잡히기 때문에 교도소를 유치하면 그 지역의 예산과 각종 보조금이 늘어난다. 미국의 교도관 노동조합은 정치 운동에 많은 돈을 기부하는 강력한 로비단체다. 미국에선 이를 가리켜 '범산(犯産)복합체'라고 부른다.

미국 민영 형무소 수감자 수

연도	수감자 수
1983	0
1988	4630
1993	3만 2555
1998	13만 2572
2001	27만 6655

출처: 플로리다대학 법률·범죄학연구소

흑·백 간 (성인 10만 명당) 수감자 대비

	1985	1990	1995
흑인	3544	5365	6926
백인	528	718	919
백인 1명당 흑인 수	6.7	7.4	7.5

출처: 미국 사법통계국(1997년)

보수주의자들의 입장에서는 범죄행위로 인해 투표권을 빼앗기는 흑인의 수가 많아지면 일거양득의 효과를 거둘 수 있다. 민주당에 표가 안 가서 좋고, 범죄에 대한 공포로 공화당에 표가 더 몰려서 좋은 것이다. 한 사람을 1년간 감옥에 가둬두는 데 드는 비용은 매년 2만 5000~4만 달러다. 이 돈을 범죄예방과 직업교육, 가난구제에 쓴다면 얼마나 좋을까 하는 생각은 '범산복합체'의 존재로 인해 실현될 수 없게 되었다.(Roszak 2004)

총기문화의 민중주의

미국이 그처럼 높은 살인율과 범죄율을 기록하고 있는 이유로는 극심

전미총기협회의 강사가 수병들에게 한 손으로 총 다루는 법을 가르치고 있다.

한 빈부격차 외에 자유로운 총기 소지와 이와 관련된 폭력적 문화를 들 수 있다. 미국의 연방수정헌법 제2조는 무기 소지의 권리를 침해하는 법률을 의회가 만들 수 없게 규정하고 있다. 이 조항이 헌법에 들어가게 된 것은 18세기 민병대의 역할과 관련해서였다. 군사주의적 보수주의자들은 이 조항을 과장되게 해석해 자동소총, 수류탄, 대(對)탱크 무기, 심지어는 미사일까지도 소지할 권리를 헌법이 보호한다고 주장했다.

미국에서 가장 강력한 로비집단 중 하나인 전미총기협회(NRA; National Rifle Association)는 '단일이슈 정치(single-issue politics)'의 정수를 보여주었다. 단일이슈 정치란 다른 모든 문제들은 무시하고 단 하나의 목표에 가치를 부여하는 것을 말한다. 450만 명의 회원을 거느리고 있는 전미총기협회는 공화당의 주요 지원세력으로 연간 1억 달러의 로비자금을 썼다. 이 또한 '범산복합체'의 일면으로 볼 수 있다.

총기 소지는 미국인들의 프런티어에 대한 강렬한 향수(鄕愁)와도 맞물려 있다. 미국에서 전쟁 게임이 늘 호황을 누리는 이유도 바로 여기에 있다. 공화당 후보들은 총기 소지로 법집행기관의 횡포에 대항할 수 있어야 한다는 민중주의적 논리까지 구사해 지지를 얻어냈으며, 민주당 대통령후보들조차 다소의 규제는 주장할 수 있어도 총기 소유 자체를 반대하지 않는다는 표시로 사냥총이나 소총을 들고 사진을 찍는 행사가 거의 필수처럼 되었다.(Roszak 2004)

폭력방지정책센터(VPC)의 톰 디아즈 선임연구원은 "미국의 총기문화는 과거 건국·서부개척 시대에 자기보호를 위해 출발했지만 그동안 스포츠화를 거쳐 지금은 현실도피·과시욕, 반(反)사회를 표현하는 하위문화 수준으로 왜곡·타락했다"고 비판했다. 디아즈 연구원은 "1990년대 초를 고비로 호신용 권총 시장이 포화상태에 이르자 총기 생산업자들이 라이플 소총 시장에 눈을 돌렸다. 이들은 전미총기협회를 중심으로 뭉쳐 1992년부터 〈스나이퍼(Sniper)〉(1992) 같은 할리우드 영화 제작을 지원하고 '레밍턴 톱샷(Remington Top Shot)'이나 '스와트(SWAT)' 등 관련 비디오게임을 공동 개발하는 식으로 문화적 미끼를 먼저 뿌렸다"고 말했다.(이효준 2002)

2003년 7월 유엔(UN)의 불법무기거래 감축회의에서 발표된 「2003년 소형화기보고서」에 따르면 미국은 전체 인구에 가까운 2억 3800만에서 2억 7600만 정의 총기를 민간이 보유해 세계 최고의 개인 '중무장' 국가로 조사됐다. 인구 100명당 총기수가 83~96정에 달하는 것으로 집계될 정도로 미국인 개인들의 총기 보유실태는 심각한 것으로 나타났다. 유엔 회의에서는 지금까지 소형화기 감축을 위한 유엔의 노력이 실패한 것으로 평가하고 각 회원국의 협조를 촉구했다. 코피 아난(Kofi Atta Annan) 유엔 사무총장은 "소형화기 불법 거래가 시간당 60명을 죽이는 사회악"이라고 비판했다. 총기 반대 연합체인 '소형화기 국제행동네트워크(IANSA)'는 "경무기 불법제조 및 판매를 금지하는 새로운 법을 제정하도록 촉구한 2001년 유엔협정에도, 지금까지 국내법을 재검토한 국가가 19개국에 불과하다"며 "특히 미국의 반대가 큰 장애물"이라고 비판했다.(한국일보 2003a)

총기 공개 휴대 허용

"콜트 45구경 권총을 허리에 찬 사나이 여섯 명이 들어와 손님들이 불안해한다. 빨리 와 쫓아달라." 2004년 7월 2일 수도 워싱턴 바로 아래에 있는 버지니아 주의 레스턴(Reston)에 자리한 한 음식점 주인이 다급한 목소리로 경찰에 전화했다. 출동한 경관들은 이들을 체포하려고 했지만 "우린 합법적 권리를 행사하고 있는 것"이라는 사나이들의 설명을 듣고 발길을 돌려야 했다. 경찰은 이에 앞서 인근 타이슨스코너(Tysons Corner) 시의 스타벅스(Starbucks) 커피점에 권총을 차고 들어온 대학생 두 명을 경범죄로 구금했으나 하루 만에 '실수'를 사과하고 석방했다.

전미총기협회 본부가 있는 버지니아 주는 총기를 옷 속에 숨기는 등 비밀리에 휴대하려면 지방법원의 허가를 받아야 하지만, 총기를 공개 휴대하는 경우는 아무런 사전허가 절차가 필요 없다. 1607년 버지니아 주에 첫 영국 식민지가 건설될 당시부터의 전통이다. 게다가 이 주는 2004년 7월 1일 '주 내의 어떤 자치단체도 총기 구입 · 보관 · 휴대에 아무런 제한을 가할 수 없다'는 더욱 강력한 총기 휴대 보장법을 발효했다. 군경의 무기고가 있는 알렉산드리아 시 등 버지니아 내 일부 자치단체는 안전문제를 이유로 총기의 공개 휴대를 제한해왔다. 하지만 새 법으로 이런 규제마저 없어지게 됐다.

그러나 공개 휴대가 이전부터 합법이란 사실은 주민들은 물론 경찰에조차 잘 알려지지 않았다. 이에 따라 버지니아 주의 총기 규제 반대론자들은 새 법 발효를 앞둔 지난달부터 음식점 · 상가 등 공공장소에서 총기를 휴대하고 다녔다. 사람들의 이목을 끌어 공개 휴대가 합법임을 홍보하려는 '시위성' 행동이었다. 놀란 주민들의 신고로 경찰이 출동했다가 도리어 이들에게 '교육' 받고 돌아간 사례가 네 건에 이르렀다.

"총기를 공개 휴대하는 사람들은 법을 잘 지키는 시민들이며, 공개 휴대함으로써 더 조심하게 된다"는 게 이들의 주장이었다. 공화당의 케네스 스톨 버지니아 주 의회 상원의원은 "총을 차고 다니면 주변에 불안감을 안겨줄 수도 있겠지만 그렇다고 헌법상 보장된 '무기 휴대의 권리'가 부인돼야 할 정도는 아니다"며 이들을 옹호했다. 『워싱턴포스트(The Washington Post)』는 "버지니아 주 외에도 미국 내 21개 주에서 총기 공개 휴대가 허용되고 있다"고 집계하고 "여기에는 총기 판매를 늘리려는 무기업체들과 총기협회의 로비가 작용한 측면도 있다"고 분석했다. (강찬호 2004a)

빌 클린턴(Bill Clinton) 행정부가 10년 전 한시법으로 입법화한 '공격

총기상점을 살펴보는 총기수사국 경감.

용 무기 판매금지법'이 의회에서 연장되지 않아 2004년 9월 13일로 만료함에 따라, AK-47 자동소총과 AR-15 사제권총 등 19종의 공격용 무기 판매가 다시 허용됐다. 2004년 대선에서도 '총기규제' 문제가 다시 대선 이슈가 되었다. 케리 후보는 부시 대통령이 총기 제작 및 판매 업체 로비 때문에 공격용 무기 판매금지법이 자동 폐기되도록 방치했다고 비난했지만, 케리 후보 측은 총기 규제를 주장하면서도 5000만 명에 이르는 총기 소유자 및 사격 애호가들의 표에 신경을 쓰는 모습을 보였다. 보수 논객 로버트 노박(Robert Novak, 1931~2009)은 "지난 대선에서 앨 고어 민주당 후보가 낙선한 것은 엄격한 총기 규제를 주장한 것이 큰 요인이었을 것"이라고 진단했다. 바로 그런 이유 때문이었겠지만 민주당 후보 존 케리는 사냥을 즐기는 모습을 텔레비전 화면을 통해 열심히 홍보했다.(김동원 2004a)

"미국은 단연 세계 최고의 '범죄' 국가다. 세계 인구의 5퍼센트를 차지하고 있으면서도 죄수의 25퍼센트를 점하고 있지 않은가. 교도소 개혁을 부르짖는 상원의원 짐 웹(Jim Webb)이 2009년에 한 말이다. 미국에선 매년 교도소 유지비용으로 680억 달러를 지출하고 있는데, 수감자의 3분의 1이 비폭력적인 마약관련 범죄자다. 또 경찰·법원 유지에 1500억 달러를 쓰는데, 모든 체포의 47.5퍼센트가 마리화나 관련 범죄 혐의 때문이라고 한다. 미국 특유의 '범산복합체'로 인해 고착화된 폭력 제도화의 악순환이 낳은 기묘한 풍경이다.

미국 건국의 역사가 '폭력'에 대한 '폭력적 응징'을 정의로운 것으로 간주해왔다는 것도 미국인들의 별난 폭력 사랑과 무관치 않다. '폭력'에 대한 '폭력적 응징'을 정의로운 것으로 보는 한 '응징 폭력'의 크기나 강도가 그리 중요하게 다가올 것 같진 않다. 오히려 폭력의 재발을 막기 위한다는 명분하에 '원래의 폭력'보다 수십 배 아니, 수백 배 강한 폭력을 가해도 정의롭다고 생각하는 건 아닐지. 이는 미국 국내는 물론 국제관계에도 적용되는 '미국적 방식'은 아닐까?

참고문헌 Roszak 2004, Wood 2004, 강김아리 2003, 강준만 2004, 강찬호 2004a, 구정은 2009b, 국기연 2004c · 2004d, 김동원 2004a, 김승일 2003a, 신동주 2005, 이효준 2002, 최형두 2006, 한국일보 2003a, 한윤정 2005, 홍은택 2003a

"입대하면 성형수술 공짜"
고교생 · 키즈 마케팅

"조국을 지키기 위해 군대에 지원하라"

9 · 11테러 이전까지 미군은 심각한 인력난에 봉착해 있었다. 2000년 민간 실업률이 30년 만의 최저치인 4퍼센트로 떨어져 군대에 지원하는 인적자원도 격감해, 적정병력 유지 및 관리에 차질이 빚어지고 있었다. 9 · 11테러는 이 문제까지 해결하는 데에 도움을 주었다. 2002년 1월 교육개혁법(No Child Left Behind)이 발효됨에 따라 모든 고등학교가 펜타곤에 1, 2학년 학생에 관한 신상정보를 제출해야 했기 때문이다. 미국은 1973년에 징병제를 폐지하고 지원제로 전환했지만, 모병에 큰 어려움을 겪고 있었기 때문에 취해진 조치였다.

당초 교육개혁법은 조지 부시 대통령이 교육의 질을 개선하기 위해 일부 시장원리를 도입한 것이 그 핵심이었다. 성적을 올리지 못하는 공립학교를 퇴출하고 학생들의 사립학교 선택을 지원하는 것이 골자였다. 그런데 부시 행정부가 9 · 11테러의 분위기에 편승해 이 법에 고

이라크를 출발해 독일 람슈타인 공군기지로 향하는 구급수송기 내부. 미군은 병력이 부족해지자 입대 연령을 늘리고, 외국인 및 미국 내 이민자에 대한 모병 계획도 마련했다.

등학교의 펜타곤 모병 업무 지원의무를 슬쩍 삽입한 것이다.

이에 따라 전국 2만 2000여 개 학교는 남녀 1, 2학년생들의 명단과 주소, 전화번호를 의무적으로 펜타곤에 통보했다. 이 법은 군대 예비 등록 연령을 종전 18세에서 15세로 낮췄다. 또 펜타곤 모병 담당자의 고등학교 캠퍼스에 대한 접근권을 대학과 기업의 고등학생 선전 담당과 동등하게 부여하게 했다. 고교 1, 2학년생이 있는 전국의 가정엔 "조국을 지키기 위해 군대에 지원하라"는 내용의 펜타곤 편지가 날아들었다.(민병두 2002)

공립 고등학교들은 학생들의 연락처는 물론 성적표까지 군에 제출했는데, 이를 거부하면 보조금이 삭감되는 불이익을 받아야 했다. 그런 자료를 근거로 모병관들은 전화 공세를 퍼부었다. 한 명을 입대시키기 위한 평균 전화 횟수는 50여 회였다. 모병관들은 할당량을 못 채우면 호된 기합을 받는데다 보직 불이익 등 보복을 감수해야만 했다.

국방성은 15세부터 18세까지를 대상으로 JROTC(Junior Reserve Officer Corps) 프로그램도 운영했다. 2만 2000여 고등학교가 이 프로그램을 시행했는데, 이 군사교육을 받은 학생 중 40퍼센트가 고교 졸업 후 군에 입대했다. 그중 80퍼센트 이상이 마이너리티 학생들이었다. 성적이 나쁘거나 출석일 수가 모자라 낙오되는 학생들, 운동부에도 못 들어갈 정도로 소외된 학생들이 소속의 안도감을 주는 장점 때문에 JROTC에 참여하는 것으로 밝혀졌다.(츠츠미 미카 2009)

이라크전쟁이 개시된 2003년 미군이 모집한 신병의 수는 21만 2000명이었는데, 그중 3분의 1이 고등학교를 막 졸업한 아이들이었다. 고등학생을 신병 모집의 주요 타깃으로 삼는 것에 대해 국방부의 '신병 모집 전략' 담당자인 커트 길로이(Kurt Gilroy)는 이렇게 말했다. "군은 연간 26억 달러의 비용을 신병 모집에 쏟아붓고 있습니다. 물론 '모든 학생들에게 평등한 학문의 기회를' 이라는 말을 내걸고 있지만, 현실적 문제나 마케팅적으로 생각할 때 가장 효율적인 대상을 목표물로 정하는 것은 당연한 일입니다." (츠츠미 미카 2008)

미군은 오랫동안 입대자 모집을 위해 '당신이 되고 싶은 것은 무엇이든 될 수 있다(Be All You Can Be)' 란 슬로건을 내세웠다. 이에 따라 국방성은 입대하면 군에서 대학 진학비용을 전액 제공한다고 선전했는데, 이는 교묘한 속임수라는 주장도 있다. 돈이 크게 모자라 자기 비용을 많이 들여야 하기 때문이다. 이런 이유 때문에 실제 군에서 대학

진학 비용을 받은 병사는 35퍼센트였지만, 그중 졸업한 사람은 15퍼센트에 불과했다. 입대했다가 중간에 나오면 개인정보에 '비국민'으로 기록돼 취업하기가 어려웠다. 2004년 미국에는 약 350만 명의 노숙자가 있는데 그중 50만 명이 중도 귀환병인 것으로 추산되었다.(츠츠미 미카 2009)

'무료 성형수술'과 '영웅 만들기'

미 육군의 모병 광고는 상업 광고의 뺨을 칠 정도로 세련되었다. 고교생들이 좋아하는 무료 전쟁 온라인게임으로도 입대를 유혹하기도 했다. 그런데 2003년 3월부터 시작된 이라크전쟁으로 인해 미군 사상자가 속출하자 모병이 크게 어려워졌다. 그러자 2004년부터는 모병을 위한 다양한 혜택 중 하나로 무료 성형수술을 새롭게 채택했다.(노성열 2004)

팻 틸먼 상병.

앞서(15권 4장) 보았듯이, 제시카 린치(Jessica Lynch)의 경우처럼 '영웅 만들기'도 모병 홍보술의 일환으로 이루어졌는데, 2004년의 '영웅'은 전 미식축구 스타 팻 틸먼(Pat Tillman, 1976~2004)이었다. 9·11 사건이 발생하자 거액의 연봉을 포기하고 미국 육군에 자원입대한 틸먼은 2004년 4월 22일 27세의 나이에 아프가니스탄에서 사망했다. 이틀 뒤 미 육군은 틸먼 일병이 파키스탄 국경 인접지역인 아프가니스탄 산악지역에 잠복해 있던 탈레반 반군과 총격전을 벌이다 사망했다고 발표했다. 국민적 영웅이 탄생하는 순간이었다.

미식축구 스타가 9·11 이후 3년간 360만 달러에 달하는 계약을 포기하고 연봉 1만 8000달러를 받는 특수부대에 자원해 이라크와 아프간에서 군생활을 하다 전투 중 사망했으니 영웅의 필요충분조건은 충분했다. 더구나 군 입대자가 부족해 민간업체를 통한 용병을 쓰는가 하면, 시민권을 주겠다는 미끼로 외국인들을 입대시키며 인력 확보에 허덕이던 미군에 틸먼은 더할 나위 없이 훌륭한 군 홍보맨이었다. 미군은 그를 상병으로 1계급 특진 추서하고 실버스타와 퍼플하트 훈장을 수여했다. 그의 장례식은 미국 전역에 생중계되었다.

하지만 몇 주 후 틸먼의 부모는 아들의 죽음에 대해 의문을 제기했다. 아들이 아군 오폭으로 사망했는데 미군 당국이 틸먼을 애국주의의 홍보 포스터에 쓰기 위해 사실을 감췄다는 것이다. 그제야 미군은 적군의 총탄에 맞은 것이 아닐 수도 있지만 교전이 악화되며 사망한 것은 맞다고 한 발 뺐다. 조사 결과 틸먼은 미군 동료가 쏜 총탄에 맞고 숨진 것으로 드러났다. 또 그의 사망 직후 부대원들이 그의 방탄복과 군복을 태우고, 아프간전에 대한 그의 생각이 적힌 공책을 태워 없애버렸다는 사실이 드러났다.

훗날(2007년 4월) 미 하원 산하 감독 및 정부개혁위원회(위원장 민주당 헨리 왁스먼 의원)가 연 청문회에서 틸먼이 숨질 때 함께 있었던 브라이언 오닐 상병은 "무슨 일이 있었는지를 팻의 가족들에게 절대로 말하지 말라는 상사의 명령을 받았고, 협박도 가해졌다"고 증언했다.

함께 참전했던 틸먼의 동생 케빈 틸먼(Kevin Tillman)은 군당국이 정치적 부담을 이유로 진상을 알면서도 조직적으로 은폐하려 했다며 "사기죄에 해당한다"고 주장했다. 중요한 증거자료가 될 형의 물품이 즉시 폐기됐다며, 군이 제대로 된 진상조사 요구를 묵살했다고도 했다. 사후에 은성 무공훈장을 수여한 것 역시 조작극의 일환이었다고 비판한 그는 "전쟁 지지 여론을 약화시킬 끔찍한 비극이 미국의 대외정책을 옹호하는 감동적인 메시지로 탈바꿈됐다"고 지적했다. 그는 "형의 죽음을 둘러싼 거짓말은 유가족에 대한 모욕이다. 더 심각한 것은 그 목적이 전 국민을 속이려는 데 있었다는 것이다. 우리는 펜타곤(미 국방부)의 프로파간다에 놀아난 것이다"라고 증언했다.(김유진 2007, 손제민 2010a)

모병관들의 허위 권유

무언가 좀 더 참신한 홍보술이 필요하다고 판단했던 걸까? 2005년 7월 초 미 육군은 뉴저지(New Jersey) 주 북부의 서머빌(Somerville) 시내 쇼핑센터 스타벅스 바로 옆에 모병소를 하나 열었다. 심상복(2005)은 "이곳 책임자인 데이비드 베너는 세일즈맨 정신이 충만하다. 사무실을 찾는 손님에게 피자를 배달시켜주는가 하면 제대 후 받을 다양한 사회보장 혜택에 대해 침이 마르도록 설명한다. 야구대회 등 타운 행사에는 후원금도 아끼지 않는다. 한 명이라도 더 군대에 끌어들이기 위한 노력이다"라며 다음과 같이 말했다.

　'다른 군대에 비해 지원자가 많이 몰렸던 해병대도 올 들어 비슷한 고민을 하고 있다. 해병대는 지난 1월 10년 만에 처음 모병 목표를 채우지 못했다. 상원 외교위원회 민주당 간사인 조지프 바이든 의원은 최근 NBC에 출연해 '목표 대비 모병 부족률이 40퍼센트에 달하면 다시 징병제를 검토해야 할 것'이라고 말했다. …… 국방부는 현재 민간 회사와 함께 16세 이상 고교생과 대학생 3000만 명의 신상자료를 데이터베이스로 만들고 있다. 학생의 생년월일, 사회보장번호, 이메일 주소, 성적, 인종 등의 정보를 망라하는 작업이다. 국방부는 이 자료를 활용해 모병 활동을 보다 효율적으로 진행할 수 있다고 주장했다."

그러나 모병관들이 늘 정당한 방법만을 쓰는 건 아니었다. 매달의 할당량을 채우지 못하면 자신이 전선에 나가 싸워야 한다는 강박관념에 사로잡혀 있기 때문에 수단과 방법을 가리지 않는 일이 자주 벌어졌다.

2006년 11월 3일, ABC 뉴스가 방송한 '미군 모병관이 학생들에게 행하는 허위 권유의 실태'는 미국 전체를 뒤흔드는 내용이었다. ABC가 뉴욕 주, 코네티컷 주, 뉴저지 주의 모병소 10곳에 몰래 설치해놓은 카메라에 찍힌 영상에는 학생들에게 사기나 다름없는 설명으로 입대를 권유하는 모병관들의 모습이 담겼다. 예컨대, 모집된 신병은 거의 전원이 이라크로 가게 돼 있는데도, 모병관은 이라크전쟁이 종결돼 미군이 철수 중이라고 거짓말을 하는 식이었다. 수입도 부풀려 홍보되었다. 신병의 급료는 평균적으로 연간 1만 5500달러로 빈곤선에 가까운 액수인데다, 생명보험료, 군복 대금, 학비 선급금 등 여러 가지 공제 비용을 제하고 나면 신병의 수중에 남는 게 거의 없었다.(츠츠미 미카 2008)

미군의 모병제를 심층 연구한 츠츠미 미카(2009)는 "모병제는 돈과 권력을 가진 자들은 아무런 거리낌이 없이 자신들을 언제나 살신성인의 애국자인 것처럼 으스대도 좋은 속 편한 제도다"라고 단언한다. 사실 이건 중요한 이야기다. 한국에서 진보적 지식인들 중에 모병제를 하자고 주장하는 이들이 있는데, 가난한 사람들만 군대에 가는 미국의 모병제의 문제를 어떻게 넘어설 것인지 그에 대한 대안을 제시하면서 그런 주장을 펴야 할 것이다.

키즈 마케팅

판단력이 미숙한 사람을 대상으로 한다는 점에서 고교생들을 대상으로 한 모병 마케팅은 오랜 역사를 자랑하는 '키즈 마케팅' 의 연장선상에 놓여 있는 것이었다. 엘리사 모지스(Elissa Moses 2001)는 『글로벌 틴에이저 대상 마케팅(The $100 Billion Allowance: Accessing the Global Teen Market)』(2000)에서 '틴에이저 인구 규모' 를 '돈의 향기' 라고 불렀는데, 기업들은 프리틴(PreTeen)이 내뿜는 '돈의 향기' 도 만만치 않다는 것에 주목한 것이다.

프리틴은 10~14세의 연령군에 속하는 어린이와 청소년들로 이들을 위한 소비가 매우 높아 마케팅의 주요 표적이 되고 있는 집단이다. 전 세계적으로 프리틴 소비자가 특히 의류시장의 주인공으로 떠올랐다. 제임스 트위첼(James B. Twitchell 2003)에 따르면 "모든 디자이너들이 아동복 브랜드를 소유하고 있다. 그러나 아무리 생각해보아도 아동용 호사품까지 만들어 파는 것은 해도 너무 했다. 그것은 아이들을 성장시키는 것이 아니라 성장기를 말살하는 짓이다. …… 너무나 돈이 많아서 자신이 아닌 가족들에게까지 호사를 강요하는 것은 혐오스러운 짓이다. 꼭 끼는 청바지에 양복 재킷을 입고 야구 모자까지 쓰는 갑갑함을 좋아할 아이가 어디에 있겠는가? 수백 달러나 나가는 소매에 가죽을 댄 베이비 게스 양복 재킷을 좋아할 아이가 어디에 있단 말인가?'

미국에서 1970년대에 이루어진 많은 연구를 통해 어린 아이들은 텔레비전 프로그램과 광고를 구분하지 못한다는 것이 밝혀졌다. 그들은 광고의 진짜 목적이 무엇인지 알지 못하며 광고 내용을 모두 사실이라고 믿는다는 것도 밝혀졌다. 이 같은 연구 결과에 근거해 1978년 미연방통상위원회는 7세 이하의 아동에 대한 직접적인 광고의 규제를 추진했으며, 다른 선진국들도 어린이를 대상으로 한 마케팅, 특히 텔레비전 광고엔 엄격한 규제를 가했다.

그러나 모든 부모들이 '키즈 마케팅'에 대해 반대하는 건 아니었다. 일부 부모들은 어린이를 대상으로 한 광고를 세상에 대한 일종의 학습기회로 생각하기도 했다. 어차피 달라질 게 없는 세상이고 애들이 나가서 살아야 할 세상인데 광고가 아이들에게 현실과 한계 등 삶에 대해 가르칠 수 있는 기회를 제공하지 않겠느냐는 것이다. 이는 어린이 시절만 '온실'에 보호하는 게 무슨 의미가 있느냐는 항변으로 볼 수 있겠다.

'키즈 마케팅'은 학교로까지 침투해 들어갔는데, 미국 정부는 이를 옹호하는 입장을 취했다. 1982년 레이건 행정부의 교육특별팀은 기업들이 학교에 간여해야 한다고 주장했다. 이와 동시에 연방정부는 주정부의 교육 프로그램 보조금을 삭감하기 시작했다. 이에 따라 교사들은 기업 후원으로 제작된 학습자료를 이용했다. 예컨대, 제너럴 모터스(GM)는 고등학교에서 자기들이 만든 경제 코스를 학생들에게 가르치게 했다. 독점권 계약도 문제였다. 코카콜라나 펩시 같은 대형 음료수 회사가 학교 안에서 자사의 상품을 홍보할 수 있는 독점권을 사는 것이다. 그래서 '코카콜라의 날'에 펩시콜라 티셔츠를 입고 등교했다가 하루 정학을 맞은 학생이 나올 정도로 이상한 일들이 벌어졌다.(Moore 2002)

'멍청해지는 법: 채널 원의 교훈'

테네시의 기업가 크리스 휘틀(H. Chris Whittle)의 후원으로 1989년 시작된 채널 원(Channel One)은 기업의 교육체계 침투를 보여주는 대표적 사례였다. 헬레나 노르베리-호지(Helena Norberg-Hodge 2000)는 "40퍼센트에 가까운 미국 중등학교에서 학생들에게 틀어주는 이 프로그램은 광고로 넘친다. 이 음모를 꾸며낸 영리법인인 위틀 커뮤니케이션스는 학생들이 이 프로그램을 매일 (광고 시간 2분을 포함해서) 12분 동안 시청하는 것을 보장한다는 조건하에 채널 원에 고정된 파라볼라 안테나와 비디오 장비를 학교에 제공한다. 결국 학생들은 1년에 하루는 학교에서 줄곧 광고만 들여다보는 셈이다"라며 다음과 같이 말했다.

"학생 대다수가 (학교에서 보았기 때문에) 이 프로그램의 광고상품은 틀림없이 자신들에게 좋은 상품일 것이라고 생각한다는 연구도 발표되었다. 교실에서 방송되는 상업 텔레비전의 부정적인 영향은 광고 메시지 자체를 훨씬 넘어선다. 그것은 또한 텔레비전이 신뢰할 수 있는 정보 제공원이며 실용적인 교육수단이라는 생각을 어린이에게 주입시키기 때문이다. …… 오늘날 기업들은 교사들에게 수업보조 자료, 잡지, 포스터를 비롯하여 교실에서 사용되는 많은 공짜 자료를

'후하게' 제공한다. 교육재료로서의 가치는 의심스러울지 몰라도 기업 메시지의 전달수단으로서는 매우 효과적임에 틀림없다. …… 훨씬 더 교활한 음모가 숨어 있는 경우도 있다. 노동문제에 관한 프록터앤드갬블(The Procter & Gamble Company)의 수업 보조자료 '성장에 맞서다'는 본질적으로 어린이들로 하여금 기업 규칙을 사회질서의 박애적인 일부분으로 받아들이도록 부추긴다."

채널 원은 2003년 미국 전역의 중·고교 1만 2000곳에 공급돼 800만명 이상의 학생들이 시청했다. 학교들은 계약조건에 따라 수업일수중 90퍼센트에 해당하는 기간 동안 전체 교실의 80퍼센트에서 이 프로그램을 방송해야 했으며, 교사들은 이 프로그램을 광고까지 포함해서 처음부터 끝까지 보여줘야 했다

그 대신 채널 원은 컬러텔레비전을 학생 23명당 한 대씩 학교에 제공했다. 이 밖에 방송을 위한 중앙제어장치의 일부인 VCR, 비디오테이프, 위성방송 수신을 위한 접시형 안테나 제공하고 케이블망을 무료로 깔아주었다. 학교당 2만 5000달러에서 5만 달러 수준이었다. 계약이 끝나면 케이블망을 제외한 모든 장비를 회사에서 회수했다.

1년 동안 학생들이 채널 원을 보는 시간을 모두 합하면 수업일수 5일에 해당된다. 기업이 채널 원에서 30초짜리 광고를 하루 동안 방송하려면 20만 달러를 지불한다. 가난한 학교들이 채널 원을 많이 시청하는 것으로 나타났다. 뉴욕대학의 마크 크리스핀 밀러(Mark Crispin Miller) 교수는 「멍청해지는 법: 채널 원의 교훈」이라는 글에서 채널 원이 보도하는 뉴스들에 대해 다음과 같이 말했다.

"지상파 방송국의 뉴스보다 훨씬 더 압축되어 피상적인 내용을 담

고 있다. 대형사고나 눈보라, 슈퍼볼 경기에 대한 기사 같지 않은 기사, 외국에서 발생한 테러 현장의 피투성이 이미지, 대중적인 이슈가 되고 있는 다양한 문제들(암, 에이즈 약물중독)로 고생하는 10대들의 이야기 등이 주로 방송된다."

그러나 광고는 효과가 있다고 했다. "성장기의 반항적인 청소년들이 교실 책상에 앉아서 몇 시간 동안 교사의 단조로운 이야기를 듣고 있는 모습을 상상해보라. 아니, 여러분 자신이 그때 어땠는지 생각해보라. 이럴 때 채널 원이 방송되면서 학생들이 그 멋진 화면과 흥미로운 록 음악에 빠져들 수 있다면, 환상을 불러일으키는 광고에 빠져들수 있다면 그것만큼 반가운 일이 없을 것이다."

미주리대학 신문방송학과 교수 레이 폭스의 연구에 따르면, 채널 원을 보는 학생들은 다음과 같은 생각을 갖고 있는 경우가 많았다. "돈이 모든 것이다. 좋은 차가 학교보다 중요하다. 고급 브랜드가 사람을 달라 보이게 만든다." 중요한 건 한 기업이 교사, 교장, 학교 이사회의 검토도 거치지 않은 채 학생 800만 명이 보는 교육자료의 내용을 마음대로 좌우할 수 있다는 것이다.(Linn 2006) 이런 비판에 대해 혹자는 이렇게 반문할 수도 있겠다. "미국에서건 그 어느 곳에서건 돈이 모든 것이 아니란 말인가? 고급 브랜드가 사람을 달라 보이게 만든다는 점을 부정할 수 있는가?"

참고문헌 Engelhardt 2008, Linn 2006, Moore 2002, Moses 2001, Norberg-Hodge 2000, Twitchell 2003, Vecchio 2003, 김유진 2007, 노성열 2004, 민병두 2002, 박광주 2000, 손제민 2010a, 심상복 2005, 츠츠미 미카 2008 · 2009

제2장

다문화주의의 명암

'서구문화 내부의 도전' 인가?
다문화주의 논쟁

다문화주의에 대한 반격

다문화주의(multiculturalism)는 하나의 사회나 하나의 국가 내부에 복수의 문화가 공존한다는 것을 긍정하면서 문화적 다양성을 존중하는 사상 또는 원칙이다. 앞서(13권 1장)도 보았듯이, 미국에선 다문화주의를 둘러싼 뜨거운 '문화전쟁'이 벌어지곤 한다. 더글러스 켈너(Douglas Kellner 1997)는 그 전쟁의 양상에 대해 다음과 같이 말했다.

"타자성과 차이를 긍정하는 이러한 접근방식(다문화주의)은 과거의 문화적 대화에서는 배제되었던 주변적이고 저항적인 소수집단의 목소리에 귀를 기울이려 한다. 보수주의자들이 다문화주의의 공격에 반대해서 위대한 유럽(대부분의 경우에) 남성들의 고전들을 무기로 삼아 전통적인 서구문화를 방어하려 함에 따라 다문화주의는 새로운 문화전쟁을 불러일으키고 있다. 이와 같이 다문화주의에 반대해서 단일문화주의(monoculturalism)를 (재)옹호하고 나섬으로써 보수주의자들은 격렬한 이론 전쟁과 문화 전쟁을 새로운 라운드로 이끌고 있으며 그 열기는 여전히 계속되고 있다."

그 '문화전쟁' 의 열기는 점점 뜨거워지고 있었다. 2005년 1월 뉴욕 시가 발표한 인구 및 이민관련 자료에 따르면, 뉴욕 전체 성인의 4분 1에 해당하는 150만 명이 영어로 말하지 못하는 것으로 나타났다. 영어를 못하는 뉴요커들이 집에서 사용하는 언어로는 스페인어가 51퍼센트로 가장 많고 중국어(13퍼센트), 러시아어(8퍼센트), 프랑스어(4퍼센트), 한국어·이탈리아어(3퍼센트), 폴란드어(2퍼센트) 등이 뒤를 이었다.(홍권희 2005)

바로 이런 현실에 대응해 미국의 보수 우파는 '영어만 사용하기 운동(English Only Movement)' 을 전개하고 나섰다. 다문화주의를 싫어하는 백인들의 인종차별주의 음악이 인기를 끌기도 했다. 이런 음악을 즐겨 듣는 한 젊은이는 "이 나라엔 백인에 대해 적대적인 기류가 휩쓸고 있다. 내가 백인 우월주의 록음악을 듣는 순간 '바로 이거야!' 란 생각이 들었다" 고 말했다.(Childress & Johnson 2004)

철학자 수전 하크(Susan Haack)는 『정열적인 온건주의자의 선언문(Manifesto of a Passionate Moderate: Unfashionable Essays)』(2000)이라는 책에서 보다 많은 여성과 흑인들을 고등교육에 참여시키려는 다문화주의의 시도는 분명히 좋은 취지를 담은 것이기는 하지만 이런 시도가 자칫 "진리가 이들에 대한 억압의 도구였다는 식의 잘못된 생각을 불러일으킬 수도 있다" 고 지적하며 "이런 생각은 황당무계한 발상일 뿐아니라 비극적이기도 하다" 고 주장했다. 하크는 "오늘날 대학들에서는 사심 없는 질문이 불가능하고 모든 지식이란 것은 권력의 표현이

며 증거와 객관성, 진리라는 개념들은 모두 이데올로기적 속임수일
뿐이라는 격한 목소리가 여기저기서 터져나오고 있다"고 말했
다.(Berman 2002)

새뮤얼 헌팅턴의 공격

『문명의 충돌(The Clash of Civilizations and the Remaking of World Order)』
의 저자인 새뮤얼 헌팅턴(Samuel P. Huntington 1996 · 1997)도 다문화주
의에 대한 대표적인 공격수였다. 그의 주장에 따르면 "서구 문화는 내
부의 집단들로부터 도전을 받고 있다. 그 도전 중 하나는 바로 동화를
거부하고 자기가 떠나 온 나라의 가치관, 풍습, 문화를 여전히 고수하
고 전파하려고 애쓰는 이민자들로부터 받는다. 이런 현상은 유럽에
거주하는 이슬람교도에게서 두드러지게 나타나지만 그들은 어디까
지나 소수 집단에 지나지 않는다. 정도는 덜하지만 미국에 사는 히스
패닉 집단도 비슷한 성격을 보인다. 그런데 히스패닉의 동화가 실패
로 끝나면 미국은 단절국이 될 가능성이 높으며 내전과 분열이 꼬리
를 물고 나타날 것이다."

헌팅턴은 기독교의 약화를 우려하면서도 그것보다 더 직접적이고
위험천만한 현상이 미국을 위협하고 있다고 경고했다. 그게 바로 다
문화주의라는 것이다. 그는 "20세기 말에 와서 미국의 정체성을 이루
는 문화적, 정치적 두 성분은 수적으로는 소수이나 만만치 않은 영향
력을 지닌 지식인과 정치평론가로부터 집중적이고 일관된 공격을 받
고 있다"며 다음과 같이 주장했다.

"다문화주의를 내건 그들은 미국을 서구 문명에 귀속시키려는 태

서구 내부의 쇠퇴 이유
로 다문화주의를 지목한
새뮤얼 헌팅턴.

도를 비판하고, 공통된 미국 문화의 존재를 부정하였으며, 국가보다
하위 단계에 있는 인종적, 민족적, 그 밖의 문화적 정체성과 집단성을
두둔하였다. 그들의 손으로 작성한 보고서의 표현을 빌리자면 그들은
교육 부문에서 나타나는 '유럽 문화와 그 파생물에 대한 체계적 편
견'과 '유럽–미국이라는 단일 문화적 관점의 만연'을 공격하고 있다.
다원 문화주의자들은 아서 슐레진저 2세(Arthur M. Schlesinger, Jr.)가 말
한 대로 서구의 유산에서 만연된 서구의 범죄 이상의 것을 보지 않으
려 하는 민족 중심적 분리주의자인 경우가 많다. 그들의 정서는 범죄
로 얼룩진 유럽의 유산으로부터 미국을 해방시키면서 비서구 문화의
유입을 통하여 속죄를 하자는 것이다."

　이어 헌팅턴은 "건국 강령과 서구 문명의 유산을 거부한다는 것은
우리가 알아온 미국의 종말을 의미한다. 그것은 또한 사실상 서구 문
명의 종말을 뜻한다. 만일 미국이 탈서구화 할 경우 서구는 유럽과 유
럽인들이 정착하여 세운 인구 밀도가 희박한 비유럽 지역의 몇 나라

로 축소된다. 미국을 잃을 경우 서구는 세계 인구에서 차지하는 비중이 점점 떨어지는, 유라시아 대륙의 한 귀퉁이에 조그맣게 붙어 있는 반도의 신세로 전락한다"고 주장했다.

좌파의 다문화주의 비판

보수주의자들만 다문화주의를 공격하는 건 아니었다. 일부 좌파들도 다문화주의를 공격했다. 물론 공격의 내용과 취지는 각기 달랐다. 좌파는 다문화주의에 분열주의적 경향이 있다고 비판했다. 앞서(10권 1장) 보았듯이, 이 분야의 가장 대표적인 인물이 사회학자 토드 기틀린(Todd Gitlin 1995)이다.

기틀린 이외에도 여러 논객들이 다문화주의 정치를 부정적으로 보았다. 존 터먼(John Tirman 2008)은 "다문화주의의 확산은 매우 곤란한 흐름이다. 다문화주의는 사실상 '분리'와 '문화적 구분'을 요구한다. 어떠한 범주로 특징지어지기를 원치 않는 사람들에게까지 일정한 정체성을 부여한다. 모든 형태의 보편주의를 거부하며, 보편적인 원칙 추구를 '패권그룹의 책략'으로 치부한다. 차이의 중요성을 강조함으로써 인간의 전체적인 유대를 폄하하고, 그 결과 다문화주의 옹호론자들이 그토록 치를 떠는 최악의 정치적 지배를 부른다"며 다음과 같이 주장한다.

"그들은 '모든 문화는 고유의 특권을 가진다'고 주장함으로써, 지난 수십 년 동안 힘들게 쟁취한 법과 정의의 진보적 기반(가령 시민권이나 페미니즘 등)을 해친다. 예를 들어, 어떤 문화는 여성에게 최소한의 동등권을 부여하는 것도 거부하며, 더 나아가 여자들에게 극도로

니캅을 쓴 이슬람 여성들. 니캅, 히잡, 부르카는 '종교·표현의 자유'와 더불어 국가 영향력의 범위, 여성의 권리 및 평등이 대립하는 이슈로 떠올랐다. ⓒ Marcello Casal Jr/ABr.

해로운 사회 관습을 장려하기도 한다. 과연 이런 문화가 보호받을 자격이 있을까? 그러나 다문화주의의 원칙에 따르면 그 대답은 '그렇다'이다. 아동 노동이나 어린이의 성적 보호, 강제 결혼 등에 대해서도 그들은 같은 이야기를 한다. 만약 그런 것들이 어떤 문화에서 받아들여지고 있다면 그것을 문화의 한 측면으로 존중해야 한다는 것이다. 물론, 식민주의와 인종차별의 역사를 올바르게 인식하고, 현존하는 인종적·성적 차별에 대해 솔직하게 논의하는 것은 중요하다. 또, 사회를 통합하고 사회 전체의 유대를 강화한다는 점에서 다양성은 존중되어야 한다. 하지만 극단적인 다문화주의는 분열을 조장하고 죄의식을 불러일으키며 새로운 형태의 스테레오 타입을 형성한다. 권리의 보편성을 획득하기 위한 투쟁은 아직 갈 길이 먼데, 안타깝게도 다문화주의는 그 길에 걸림돌 역할을 한다."

또 제프리 에스코퍼(Jeffrey Escoffier)는 "미국에서 정치적 대의제라는 고전적 도식은 붕괴된 반면 …… 다문화주의 프로젝트는 대표성을 부과하는 데 있어 오로지 제한적인 가능성만을 제공할 뿐이다"라고 말한다. 바바라 엡스타인(Barbara Epstein, 1928~2006)은 "보편적 프로그램이 없는 상황에서, 정체성의 정치는 폭 넓은 기반을 가진 사회적 변화의 요구에 기여하기보다는 해악을 끼칠 수도 있다"며 이렇게 말한다.

"미국 문화가 일련의 단절되고 잠재적으로는 전쟁상태에 있는 분파들로 분열되어, 갈가리 찢겨버린 시대에 …… 좌파란 이제 더 이상 존재하지 않는다. 좌파는 특수하고 한정된 관심사를 지닌 진보적 세력들의 집합으로 대폭 교체된 것이다."

데이비드 트렌드(David Trend 2001)는 그런 우려의 결과 정치적 통합을 진척시키기 위한 엄청나게 많은 구상들이 제출되었다고 말한다. 공동체주의자들로부터 자유민주주의, 법적 민주주의, 급진민주주의에 이르는 거의 모든 분파들이 각자의 대안을 내놓기 시작했다는 것이다.

"이 처방전들은 대부분 백인 지식인들로부터 나왔는데, 정치적 합의까지는 아니라 할지라도 윤리나 권리라는 우산 밑에 함께 모여 있는 집단들을 결속시키려 한다는 점에서 보편적 프로그램이 지닌 계몽주의적 비전을 공유한다. 하지만 비(非)백인 지식인들은 이들 대안이 불필요하게 경직된, 총체화 시도라고 비판했다. 그중에서도 코넬 웨스트는 사회적 윤리를 정식화하면서 '영원한 기준, 필수적인 기반, 보편적 토대'를 얻으려 애쓰는 것에 경계의 시선을 던진다."

트렌드는 우파뿐 아니라 강단좌파들까지도 인종적 정체성이나 성적 정체성이라는 문제에 관심을 갖는 활동가들의 노력을 부적절하다고 치부해버리거나 이들을 이기적이라고 꾸짖어 가며 비판하는 건 별로 드문 일은 아니라고 지적하면서 이렇게 말했다.

"어떤 면에서 이것은 자신들이 대표하고 있다고 믿는 사람들의 말을 경청하지 않는, 급진주의자들이 지닌 일반적인 역사적 경향성을 전형적으로 드러내는 것이다. …… 신좌파 운동에 여성, 인종적 소수 집단, 레즈비언, 게이들이 미친 영향력이 적지 않았음에도 불구하고, 운동은 대부분 남성 이성애자들이 정의했던 그대로 남아 있었다. 이들에게는 다양한 집단들의 관심을 획일적이고 자유가 없는 '좌파주의'로 동질화하는 경향이 항상 존재해왔던 것이다."

"이것저것 배려하다 교과서 망가진다"

다문화주의에 대한 좌우(左右)의 공격은 상당 부분 다문화주의 진영의 자업자득(自業自得)이기도 했다. 앞서(13권 1장) 지적했듯이, 특히 다문화주의의 전위라 할 '정치적 올바름(Political Correctness)' 운동 진영의 활동에 지나친 점이 있었다.

교육사학자인 다이앤 래비치 뉴욕대학 교육학과 교수는 2003년 5월에 출간한 『언어 경찰(The Language Police)』에서 미국 초·중·등학교의 교과서와 시험 예문들이 좌파와 우파로 가치관을 달리하는 집단의 주의, 주장을 무분별하게 수용하는 바람에 수준이 현격히 떨어지고 현실을 왜곡하기까지 한다고 주장했다. 『동아일보』(2003.5.23)가 자세히 소개한 내용을 살펴보자면, 이런 주장이다.

교과서 출판업체들은 '정치적 올바름'과 관련된 지침서를 갖고 있다. 다양한 인종, 종교, 문화에 대해 편견이나 고정관념을 심어줄 수 있는 내용을 걸러내기 위해서다. 이 지침서는 일반에 공개되지 않은 내부 자료이며 교과서 집필이나 집필 후 심의 과정에서 판단기준으로 활용된다. 교과서를 제작하는 사람들이 지켜야 할 수백 가지 지침 가운데 일부를 들자면 다음과 같다.

여성은 출근하는 남편을 배웅해서는 안 된다. 그녀가 직접 서류가방을 들고 출근해야 한다. 남성은 변호사나 의사가 될 수 없다. 아이를 돌보고 있어야 한다. 노인은 약한 존재가 아니다. 조깅을 하거나 지붕을 고치고 있어야 한다. 케이크는 몸에 해로운 음식이므로 등장해서는 안 된다.

스콧 포어스먼 애디슨 웨슬리(Foresman Scott Foresman Addison Wesley)사의 지침서는 분량이 161쪽이다. 이에 따르면 여성을 비논리적이고 상냥하다고 묘사하거나 남성을 거칠고 경쟁적이라고 해서는 안 된다. "1920년 여성은 투표권을 승인받았다"는 표현 대신 "여성은 1920년 투표권을 획득했다"고 해야 한다. 65세 이상의 노인에 대해 언급할 때도 빵을 굽거나 안락의자에 앉아 옛날을 회상하는 모습은 피한다. 노인에 대해 '외로운' '병든' '건망증이 심한' '완고한' 등의 형용사를 쓰는 것도 금지된다. 종교적 관행이나 믿음을 언급하면서 '이상한' '괴상한' '원시적인'이라는 가치중립적이지 않은 형용사를 써서는 안 된다.

맥그로 힐(McGraw-Hill)사는 29명의 직원과 63명의 컨설턴트가 참여한 가운데 다음과 같은 성차별관련 집필 지침을 정했다. 교과서의 삽화는 남녀의 등장 비율과 역할 비중을 1대 1로 맞춰야 한다. 부득이한 경우에는 별도의 설명을 곁들여야 한다. 예를 들어 조지 워싱턴(George Washington, 1732~1799) 장군이 이끄는 부대가 델라웨어(Delaware)강을 건너는 그림에는 "20세기 초 여성은 군대의 중요한 보직에서 배제됐다"는 설명이 뒤따라야 한다.

휴튼 미플린(Houghton Mifflin)사의 지침에 따르면 흑인들을 운동선수나 연예인으로 묘사하는 것, 히스패닉계 미국인을 불법이민자로 묘사하는 것은 편견으로 간주된다. 아시아계 미국인을 음악 신동이나 졸업식 때 고별사를 읽는 학교 모범생으로 소개하는 것도 금물이다. 아시아계가 소수민족으로서 성공 모델이라고 생각하는 것 자체가 '고정관념'이기 때문이다.

시험문제의 예문도 예외가 아니다. 주 단위나 전국 단위의 학력평가시험 문제를 출제할 때도 지침서가 있다. 특정 학생들이 민감하게 반응하거나 화낼 만한 내용의 예문을 삭제한다. 저자 래비치 교수가 1990년대 후반 초등학교 4학년용 학력평가시험 출제위원으로 참여했을 때의 일이다. 문제 가운데 땅콩에 관한 예문이 있었다. 심의위원들은 땅콩을 '건강에 좋은'이라고 표현한 대목을 시비했다. 땅콩에 알레르기 반응이 있는 학생들에게 편파적이라는 주장이었다.

20세기 초 백인 부호의 후원금을 받아 흑인 소녀들을 위한 학교를 세운 이야기는 백인들에게 우호적인 예문이라는 이유로 삭제됐다. 매킨리산 등정에 성공한 시각 장애인에 관한 예문은 ●평지나 바닷가에 사는 학생들이 산간지방 생활에 낯설어 문제를 푸는 데 불리할 수 있고 ●일반인들보다 시각 장애인의 산행이 더 힘들 것이라는 생각 자체가 편견이라는 이유로 삭제됐다.

이솝 우화인 『여우와 까마귀』를 인용한 예문도 문제였다. 이 우화는 수컷 여우가 치즈를 물고 있는 암컷 까마귀에게 "목소리가 예쁘다"고 칭찬하자 까마귀가 노래하려고 입을 여는 순간 떨어진 치즈를 여우가 갖고 달아났다는 것이 줄거리다. 심의위원들은 여우가 수컷, 까마귀가 암컷인 점에 주목해 ●남자는 지능적이고 여자는 남자의 아첨에 쉽게 속아 넘어가는 바보로 묘사한 점 ●여성을 외모나 목소리 등에만 신경을 쓰는 것으로 묘사한 점이 성차별적이라고 주장했다. 결국 출제위원과 심의위원들은 여우와 까마귀의 성(性)을 바꾸거나 아예 성을 통일하는 것으로 합의를 보았다.

우파와 좌파의 합작교과서 출판업체들이 '정치적 올바름'에 공을 들이는 이유는 공개 청문회를 통과해야 하기 때문이다. 미국은 주 단위로 공개 청문회를 열어 교과서 채택 여부를 결정한다. 좌와 우, 진보와 보수로 갈린 다양한 압력집단들이 청문회에서 자신들의 철학과 배치되는 내용에 대해 맹공을 퍼붓는다.

보수주의자들은 주로 소송을 통해 문제를 제기해왔다. 1980년대는 진화론으로 시끄러웠다. 기독교 근본주의자들은 학교에서 진화론뿐 아니라 창조론도 같은 비중으로 가르쳐야 한다고 주장했다. 루이지애나 등 보수적인 일부 주에서는 진화론과 창조론을 똑같이 다뤄야 한다는 내용의 법률을 통과시켰다. 그러나 이는 진화론과 창조론을 각각 과학과 종교로 규정한 헌법에 위배되는 것이었다. 미국 연방대법원은 1987년 7대 2로 루이지애나 주의 법률이 위헌이라는 판결을 내렸다.

수정헌법 제1조(종교 · 언론 · 출판 · 집회의 자유)부터 제10조는 1791년에 만들어진 이래, 시대 변화에 따라 다양하게 해석되었다. 수정헌법의 이 10개 조항은 권리장전(사진)으로 알려져 있다.

　　1983년 테네시 주에서는 기독교 근본주의자들이 '종교의 자유'를 내세워 다른 교과서를 읽을 수 있게 해달라고 소송을 제기했다. 초등학교 교과서에 세속적인 인본주의, 악마주의, 마술, 페미니즘, 진화론, 불복종, 텔레파시 등의 내용이 실려 있다는 이유였다. 1988년 미국 연방대법원은 부모의 종교적 신념과 다른 이념에 노출되는 것 자체가 종교의 자유를 보장하는 수정헌법 제1조에 위배되지 않는다는 판결을 내림으로써 소송을 건 부모들에게 패소판결을 내렸다.

　　1980년대까지만 해도 여러 주에서 존 스타인벡의 『분노의 포도』,

조지 오웰의 『1984』, 찰스 디킨스의 『위대한 유산』, 스콧 피츠제럴드의 『위대한 개츠비』, 어니스트 헤밍웨이의 『무기여 잘 있거라』 등이 신을 모독하거나 성·인종·종교·폭력 문제를 다룬다는 이유로 초·중등학생이 보아서는 안 될 금서 목록에 포함됐다. 『신데렐라』 『잭과 콩나무』 『백설공주와 일곱 난장이들』 『미녀와 야수』 『헨젤과 그레텔』 등의 동화도 성차별적이라는 이유로 진보적 단체들로부터 공격 받았다.

사회적으로 논란이 된 책들은 교과서로 채택될 가능성이 낮다. 이 때문에 출판사들은 법적 소송이나 여론 재판에서의 승소 여부에 관계없이 논란이 될 만한 내용은 피해왔고 그 전통은 지금의 교과서 제작 관련 지침서로 이어지고 있다. 우파들을 의식해 낙태, 죽음과 질병, 진화론, 아동학대, 실업, 버릇없는 아이들, 무기와 폭력 등에 대한 언급은 피한다. 좌파를 염두에 두고 본문과 삽화에서 성이나 인종차별적 이미지와 언어를 걸러내고, 논란이 되는 명작 대신 무명의 소수민족 출신 작가가 쓴 작품을 소개한다.

래비치는 좋은 의도에서 시작된 교과서의 '정치적 올바름'이 상식선을 넘어서면서 특히 문학과 역사 교과서에서 심각한 부작용을 낳고 있다고 주장했다. 전체적인 맥락이나 작품성과는 관계없이 신을 모독하거나 폭력, 성차별적인 표현이 나온다는 이유로 훌륭한 문학 작품들이 교과서에서 배제된다는 것이다. 미국 중심의 역사 서술을 배제하고 문화적 다원주의를 지향하다보니 타 민족의 역사 기술을 할 때도 부정적인 면을 외면해 결과적으로 학생들에게 왜곡된 역사 인식을 갖게 한다는 점도 지적했다.

래비치는 "학교를 사회와 동떨어진 섬처럼 고립시키는 검열을 중단해야 한다"고 역설했다. 또 교과서 심의 과정에서 무엇이 어떤 이유로 배제되는지 일반에 공개하고 주 정부가 아닌 학교나 지역 교육청 단위에서 교과서를 채택할 것을 주장했다. 예일대학 역사학과의 대니얼 케블스 교수는 『뉴욕타임스』 서평에서 "래비치 교수는 조지 부시 전 대통령 재임 때 교육부 차관을 지냈고 역사와 문학 교과에서 서구적 규범을 강조할 것을 주장해온 사람"이라며 저자의 보수성에 주목한 뒤 "역사 과목에서 '정치적 올바름'으로 인해 왜곡이 일어난다는 지적은 과장된 면이 있지만 모두를 만족시키기 위해 교과서의 질적인 면을 희생해서는 안 된다는 그의 주장은 새겨들을 만하다"고 평가했다.(이진영 2003)

과유불급(過猶不及)은 말은 쉬워도 지키기는 매우 어려운 것이다. 어떤 운동이건 일단 탄력을 받으면 브레이크를 걸기는 어려우며, 계속 앞으로 나아가려는 관성의 지배를 받기 때문이다. '정치적 올바름'과 다문화주의는 '서구문화 내부의 도전'인가? 아닐 것이다. 그 어떤 부작용에도 불구하고 '정치적 올바름'과 다문화주의는 '서구의 문화적 헤게모니'를 지속 가능케 하는 데에 기여한다고 봐야 하지 않을까? 세계 곳곳에서 빗발치는 반미주의의 목소리에도, 미국이 여전히 대표적인 이민·유학의 나라로 선망의 대상이 되면서 이른바 '지구촌 8학군'으로 군림할 수 있는 것도 그런 갈등의 덕택이기도 하다는 점을 인정해야 하지 않을까?

참고문헌 Berman 2002, Childress & Johnson 2004, Gitlin 1995, Huntington 1996·1997, Kellner 1997, Tirman 2008, Trend 2001, 이진영 2003, 홍권희 2005

미국은 지구촌 '8학군' 인가?
미국은 이민·유학의 나라

'팍스 아메리카나'의 원동력

유엔인구기금 연례보고서는 전 세계의 2000년도 이민자를 1억 7500만 명으로 추산하였다. 이는 세계인 35명당 1명꼴로 이민자임을 의미하는 것이다. 그런 이민의 물결 속에서도 미국은 타의 추종을 불허하는 대표적인 이민의 나라다. 이민은 미국 사회에 활력을 불어넣었을뿐더러 '팍스 아메리카나'를 가능케 한 가장 큰 원동력이었다.

김봉중(2001)에 따르면 "미국의 사회는 정체적일 수 없다는 배경이 있었다. 이민 인구가 끊임없이 유입된 것이 그 주요한 이유였다. 식민지 인구는 매 25년마다 두 배로 증가하였고 독립 후에 그 속도는 더욱 빨라졌다. 이민 2대, 3대를 거치면서 초기의 종교적 단결이나 열정은 식을 수밖에 없었다. 경제적 성장에 따라 종교보다는 세속적인 야망을 품고 미국에 건너오는 숫자가 많았다. 지역 간의 교류 역시 활발해졌다."

동시에 이민은 미국 사회의 불안 요소로 작용하기도 했다. 권용립 (2003)은 "미국처럼 신분 이동이나 공간 이동은 역동적이면서도 근본적 변화를 지향하는 혁명 운동이 없는 사회에서 급진주의는 항상 외부에서 들어온 이민이나 외국인의 탓으로 치부되었다"며 다음과 같이 말한다.

"즉 미국의 원초적 이념을 인종적·종교적으로 공유하지 못하는 집단이 전파해서 미국의 도덕성과 영혼을 파괴하는 것처럼 인식해왔다. 혁명가 집단이라기보다는 차라리 개혁가 집단이라고 할 수 있는 미국 사회당(Socialist Party)만 보더라도 1917년 당시 총 8만여 당원 중에 3만 3000여 명이 영어가 아닌 외국어를 쓰는 사람들이었다. 또 1920년대의 미국 공산당 경우는 전국적으로 당원 수가 겨우 1만 5000명 정도를 넘나들었는데 영어를 쓰는 사람은 그중에서도 15퍼센트에 불과했다. 이 사실만으로도 이민자들에게 급진주의라는 스탬프를 찍을 근거는 충분했다."

2003년 6월 미국 연방통계국이 발표한 인구동향자료에 따르면, 2002년 7월 미국 인구는 2억 8840만 명이었다. 이 중 히스패닉(스페인어를 쓰는 라틴계 민족) 인구는 전체 인구의 약 13퍼센트를 차지한 3700만 명으로 흑인 인구 3660만 명을 넘어섰다. 또한 자신을 히스패닉과 흑인 양쪽 모두에 속해 있다고 답한 170만 명을 합하면 히스패닉 인구는 3870만 명으로 미국 전체 인구의 약 13.4퍼센트를 차지하는 것으로 나타났다. 히스패닉 인구의 60퍼센트 이상을 점하는 멕시코인들은 미국이 대해 애증(愛憎)이 교차하는 이중감정을 갖고 있었다. 1986년 조사에서 멕시코인들의 40퍼센트가 기회가 주어진다면 미국에서 살 것이라고 응답했으며, 조사 대상자의 절반이 미국으로 건너간 친척이 있다고 답했다. 48퍼센트는 미국 정부에 대해 호의적, 27퍼센트는 비우호적이었다.(김진웅 2003)

'미국 내 작은 독립국가'는 가능한가?

미국은 멕시코인들의 불법이민에 대해 단호하게 대처했는데, 9·11테러 이후에는 미국 독립전쟁 시 활약한 민병대(minutemen)의 후예라 할 수 있는 민간단체들까지 가세했다. 예컨대 리오그란데(Rio Grande)강을 따라 멕시코 불법이민자들을 추적하는 '미니트맨(Minuteman; 즉시 동원 가능한 민병) 민방위대'는 8000여 명의 민간인들로 구성되었다. 그들은 "만약 개입을 하지 않는다면 멕시코 불법이민자들이 미국 내에 작은 국가를 형성할 것"이라고 주장했다.(Tirman 2008)

2003년 9월 7일 밤 애리조나 주의 툼스톤에서 남쪽으로 약 50킬로미터 떨어진 멕시코 국경의 한 장면을 보자. 사막 구릉지의 가시덤불 뒤쪽에서 대여섯 개의 시커먼 그림자들이 세 시간째 꼼짝하지 않고 어둠 속의 한 곳을 응시하고 있다. 군화에 위장복을 입고, 허리춤에는 권총을 찼지만 이들은 군인이 아니다. 인근 마을인 툼스톤·비스비·더글러스에 사는 백인 주민들로 이뤄진 '조국민간수호대(Homeland Civil Defense)' 대원들이다. 야음을 틈타 국경을 넘어오는 멕시코 밀입국자들을 잡아 국경수비대에 넘기는 일을 하고 있다. 무보수 자원봉사다.

멕시코 국경에서 이들처럼 자발적 국경감시활동을 벌이는 민간 조직은 목장구조대·미국국경감시단 등 10여 개로 모두 9·11테러 이후 결성됐다. 2003년 5월부터는 국경에서 멀리 떨어진 미주리 (Missouri) 주 주민들까지 단체를 조직해 야간투시경·서치라이트·망원렌즈·라이플까지 갖추고 애리조나로 '원정'을 왔다. 보수 성향의 지역신문인 『툼스톤데일리(Tombstone Daily)』 발행인인 심콕스 대장에게 『중앙일보』 기자가 "이렇게까지 할 필요가 있느냐"는 질문을 던지자 그는 "많은 미국인이 멕시코 불법이민자들에게 밀려 일자리를 잃고 있다. 이들은 세금 한 푼 안 내면서 아이들을 공짜로 학교에 보낸다. 이대로 두면 미국은 이민자 때문에 망한다"라고 열변을 토했다. (중앙일보 특별취재팀 2003d)

계속 히스패닉 인구가 늘면 정말 미국 내에 작은 독립국가를 건설하는 일이 벌어질까? 그러나 히스패닉 인구의 백인 동화율이 높아 그럴 가능성은 거의 없다는 주장도 있었다. 1990년 통계에 따르면 히스패닉계의 35퍼센트가 비히스패닉계와 결혼했다. 히스패닉이 정·관계 진출에 관심이 없는 것도 한계다. 2200명에 이르는 역대 미국 주지사 가운데 히스패닉은 단 네 명뿐이었고 2002년 주지사 중에는 한 명도 없었다.

2004년 3월 미국 인구조사국(United States Census Bureau)은 2050년엔 미국 인구 중 백인이 전체의 50퍼센트로 줄고 히스패닉계는 약 25퍼센트에 달할 것이라는 전망 보고서를 내놓았다. 당시 히스패닉계는 미국 전체 인구의 12.5퍼센트(3530만 명)였지만, 히스패닉계 인구 증가율은 매년 3퍼센트에 달해 다른 인종 평균(0.3퍼센트)의 10배가 넘기 때문이라는 것이다. 히스패닉계가 많은 상위 다섯 개 주는 뉴멕시코(42.1퍼센트), 캘리포니아(32.4퍼센트), 텍사스(32.0퍼센트), 애리조나

(25.3퍼센트), 네바다(19.7퍼센트) 등이었다.(정원수 2004)

  2005년 6월 9일 발표된 인구조사국 통계에 따르면 히스패닉은 2004년 7월 미국 전체 인구 2억 9370만 명의 14퍼센트인 4130만 명이었다. 이들은 2000년 이후 미국 인구 증가(2004년의 경우 약 290만 명)의 절반을 차지했다. 2003년 7월에서 2004년 7월까지 미국의 인구 증가율은 1퍼센트였지만 히스패닉 인구 증가율은 3.6퍼센트에 달했다. 가톨릭 신자가 대부분인 히스패닉은 낙태와 피임을 꺼리기 때문에 출산율이 매우 높았다. 미국의 18세 이하 인구 중 히스패닉 비중은 20퍼센트에 달하며, 미국 내 히스패닉 인구의 절반은 2세 이하인지라 히스패닉의 인구 증가세는 더욱 가속화될 것으로 분석되었다.(심상복 2005a)

  미국은 불법이민자가 2004년 기준 1100만 명 이상이었으며 연간 50만 명씩 늘어나고 있었다. 이 중 멕시코인이 57퍼센트(590만 명)로

애리조나 국경수비대(군모를 쓴 남자들)와 순찰대원들(왼쪽)의 모습. © jim.greenhill ·

1위를 차지했다. 매일 수천 명의 멕시코인이 국경을 넘어 미국으로 넘어오고 있었다. 멕시코 정부는 미국 국경을 불법으로 넘어가는 멕시코인들에 대해 호의적이었다. 심지어 국경을 불법으로 넘을 수 있는 방법을 담은 책자를 발간하기까지 했다. 멕시코 외교부가 2005년 1월에 펴낸 32쪽 분량 가이드북 『안전하게 국경 넘기』는 "강은 위험하다. 밤은 피하고, 혼자서는 건너지 말라" "옷은 가볍게 입어라. 두꺼운 옷을 입고 강을 건너다 젖으면 무거워서 멀리 못 걷는다" "사막에선 물에 소금을 타서 마셔라" 등등의 내용을 담고 있다. 이 책자는 미국 이민국에 체포됐을 때의 법적인 대처방안도 소개했는데, 멕시코 외교부는 "정부로서는 자국민의 희생과 위험을 줄이는 노력을 할 필요가 있다"고 설명했다. (오병상 2005)

2005년 5월엔 멕시코 대통령 비센테 폭스(Vicente Fox Quesada)는 미국 텍사스 기업인들을 만난 자리에서 미국의 반이민 조치를 비판하면서 국경지대 불법체류 멕시코인들의 역할을 변호했다. 그는 그 와중에 "미국의 멕시코 이민자들은 흑인들조차 하기 싫어하는 일을 하고 있다"고 말해 미국의 인권단체들로부터 인종차별적 발언이라고 비판을 받기도 했다. (천지우 2005a)

한국인의 눈물겨운 '원정출산'

한국에선 1903년 첫 이민자가 하와이로 떠난 이래로 오늘날까지 약 600만 명이 이민을 떠났다. 외교통상부의 2003년 재외동포 현황에 따르면, 미국 215만 7000여 명, 중국 214만 4000여 명, 일본 89만 8000여 명, 유럽 65만 2000여 명, 아시아(중국·일본 제외) 19만 6000여 명, 캐나다 17만여 명, 중남미 10만 5000여 명, 중동 6000여 명, 아프리카 5000여 명 등이다. 미국 이민연구센터의 집계에 따르면, 2000년 이후 4년간 한국을 떠나 미국으로 이민 간 사람은 17만 2000명이었다. 이는 1990년대 10년간 미국으로 이주한 한국인의 숫자 18만 3000명에 거의 맞먹는 수치다. 이런 이민 열풍에 이른바 '원정출산'까지 가세했다.

「출생신고 선택/미국 시민을 출산하기 위해 한국 임산부 수천 명이 미국 입국/이들을 위한 소기업 창출」『로스앤젤레스타임스(Los Angeles Times)』2002년 5월 25일자 1면을 장식한 기사 제목이다. 한국에선 월드컵 열기가 고조되던 때였다. 이 기사는 매년 한국 신생아의 1퍼센트에 해당하는 약 5000명 이상의 아기들이 원정출산으로 미국에서 태어나 미국 시민권을 취득한다고 보도했으며, 이회창 대통령후보 며느리의 원정출산 스캔들도 다루었다. 이 기사는 한국인들이 미 시민인 아이를 가지면 아이의 병역문제 혜택과 좋은 교육기회 등을 얻을 수 있을뿐더러 부모의 이민이나 미국 내 은행계좌 개설이 더 쉬울 것으로 믿고 있으며 극히 일부 산모들은 한반도전쟁 발발 시 탈출구로까지 여기고 있다고 보도했다.

최정무(2003)는 "미국에 원정출산하는 한국 임산부들은 많은 경우 관광비자로 늦어도 출산 2개월(임신 32~34주) 전에 입국하여 출산 후 아기가 미국 시민권과 여권을 발부받는 최단 기간인 한 달 후에 귀국하거나, 여유가 있는 이들은 비자를 연장하여 6개월 정도 체류하다가 돌아간다고 한다"며 다음과 같이 말했다.

"로스앤젤레스 한인타운 근처에 있는 한국인이 운영하는 H 병원 부설 산후조리원의 홈페이지는 주소부터 '미국에서의 탄생'으로 되어 있어서 이 H 조리원의 주된 업무가 원정출산 임산부를 대상으로 한다는 것을 알 수 있다. 실제 이 조리원의 홈페이지에는 1000달러를 추가로 지불하면 공항 마중에서부터 출생신고, 시민권취득 서류준비까지 도와주는 도우미가 준비되어 있다고 한다. 또 아기가 출생하기전 두어 달을 체류할 하숙집과 이곳을 방문하는 임산부들의 법적 문제를 상담하는 변호사까지 소개하고 있다고 하며, FAQ 페이지에는 원정출산에 필요한 기본정보에서부터 시민권취득의 법적인 문제, 나아가서 미국 국적을 받은 아기들이 성장해 부모를 이민 초청할 수 있는 (이른바 앵커 베이비[anchor baby]) 나이와 자격에 이르기까지 자세한 안내가 나와 있다."

H 산후조리원의 홈페이지 광고 문구는 "당신의 소중한 아이에게 더 넓은 세상을 열어드립니다"였으며 원정출산 최소 비용은 2만 달러였다. 최정무는 "한국의 사교육비가 이미 교육비의 반을 차지한 지 오래된 상황에서 이들 원정출산부들은 미국 시민권이 있는 자녀를 미국에서 교육시킴으로써 앞으로 들어갈 엄청난 (영어 과외비를 포함한) 과외비를 줄일 수 있고, 시험지옥뿐 아니라 점점 극심해지는 취업전쟁을 치르지 않아도 되며, 인생의 가장 중요한 시기에 26개월 동안을 한 달에 겨우 1만 원씩 받으며 병역의무에 바치지 않아도 되는 기반을 마련해주려는 것이다"라며 다음과 같이 말했다.

"그러므로 이들은 미국 시민권이 아기에게 줄 수 있는 최고의 선물이라고까지 여기며, 이런저런 부가가치를 생각할 때 2만 달러의 투자는 오히려 비싼 것이 아니라고 생각한다. 2001년 9월에 열린 이 산후조리원 게시판의 접속자 수가 1년 8개월 사이에 2만 2000에 이르는 것으로 보아 엄청난 숫자의 임산부들이 원정출산에 관심을 보이고 있음을 알 수 있다. 2001년 11월 31일자 『한국일보』 미주판 기사에 따르면 로스앤젤레스에만도 이러한 산후 조리원이 두 군데나 있고, 미국 내 다른 도시에도 이와 비슷한 서비스 기관이 생기는 추세여서 앞으로도 미국 원정출산은 계속 늘어날 것임을 예상할 수 있다."

2003년 9월 원정출산을 위해 관광비자로 미국을 방문하여 출산을 마친 한국 여성 10명이 '입국목적과 체류사유가 다르다'는 이유로 한때 미 이민당국에 의해 무더기로 체포·구금됐다가 조사를 받고 풀려나는 사건이 발생했다. 이 사건은 국내신문 1면 머리기사로까지 크게 보도돼 큰 논란을 빚었다. 『중앙일보』는 원정출산자의 수는 2001년 3000여 명, 2002년 5000여 명, 2003년 6000~7000명으로 추산되며 비용은 3000만 원이라고 보도했다.(장연화·조택수 2003)

대학은 '제국 인력의 양성소'

그 어떤 문제와 부작용에도 불구하고, 이민은 미국 국력의 원천이다. 이민 다음으로 미국을 키우는 젖줄 중의 하나는 유학이다. 1996년 대선에서 공화당 후보 밥 돌은 미국이 세계를 지배하는 힘의 원천은 미국의 대학에 있다고 말한 바 있다. 마이크로소프트(Microsoft)사 회장 빌 게이츠(Bill Gates)는 "우리의 대학 시스템은 세계 최고"라고 단언했다. 국제교육연구소(IIE; Institute of International Education) 총재 앨런 굿먼(Allan E. Goodman)의 주장에 따르면 "단과대학과 종합대학을 합쳐 미국에는 4000여 개의 대학이 있습니다. 미국을 제외한 전 세계 고등교육기관은 다 합쳐도 7768개에 불과합니다. 미국은 캘리포니아 주한 곳에만 130여 개의 단과대학과 종합대학이 있습니다. 이 정도의 대학을 소유한 나라는 전 세계에서 14개국에 불과합니다." (Friedman 2005)

2003년 자국을 떠나 다른 나라에 가서 공부를 하는 유학생의 수는 전 세계적으로 약 200만 명으로 추산되었는데, 이 중 4분의 1이 넘는 57만여 명이 미국에서 공부하고 있었다. 2위는 영국으로 27만 명, 3위는 독일로 22만 7000명이었다. 세계 500대 대학 가운데 170개가 미국에 있었기에(10대 대학 중 8곳, 20대 대학 중 17곳이 미국 대학), 미국은 유학생들 덕분에 매년 130억 달러를 벌어들였다. 그래서 세계에서 미국 유학열기가 가장 높은 한국에선 '미국이 지구촌 8학군' 이라는 말까지 나왔다. (안석호 2003)

미국이 지구촌 '8학군' 이 된 데에는 '영어 패권주의' 의 덕이 컸다. 특히 인터넷의 등장으로 영어의 세계 지배는 더욱 강화되었다. 영국 언어학자 데이비드 크리스털(David Crystal)에 따르면 인터넷 시대 초기에 영어 사이트는 전체의 80퍼센트를 차지할 정도였다. 2003년 그 비율이 50퍼센트 이하로 떨어지긴 했지만 양질의 사이트는 대부분 영어로 되어 있어 인터넷의 영어 파워는 여전히 막강했다. 검색엔진 구글에서 '컴퓨터' 를 영어로 치면 1억 3700만 건의 정보가 나온 반면, 한글로 치면 겨우 99만 건에 불과했다. 약 143배의 정보 격차가 난 셈이다. 케네스 케니스턴(Kenneth Keniston) 미 메사추세츠공대 교수는 "영어를 할 줄 모르는 국민은 정보화 시대에서 낙오될 위험이 높다" 고 경고했다. '정보화의 격차(디지털 디바이드)' 에 이어 '영어 능력의 격차(잉글리시 디바이드)' 가 정보화 시대의 성패를 가르는 새로운 변수

2007년 예일대학을 방문해 강연 중인 마이크 멀린 미 합참의장. © U.S. Department of Defence

로 등장했다는 것이다.(중앙일보 특별취재팀 2003k)

중앙일보 특별취재팀(2003j)은 미국 대학을 '제국 인력의 양성소'로 보는 특별 기획 기사를 썼다. 그 내용을 살펴보자. 2003년 10월 중앙일보 정보검색실이 196개국의 왕·대통령·총리를 조사한 결과, 주요국을 포함해 20개국 21명이 미 대학에서 공부하거나 학위를 땄다. 이라크전에 반대한 프랑스와 멕시코, 반미 노선의 선봉에 있는 말레이시아, 친미 국가인 바레인·필리핀·태국·싱가포르·콜롬비아의 국가원수가 모두 미국의 인재 양성소를 거쳤다. 왕족·각료·정치인과 학계·법조계·문화예술계·언론계까지 따지면 헤아릴 수 없을 정도였다.

현직 엘리트들만이 아니다. 차세대 리더들도 미국 교육을 받았거나 받고 있었다. 마잉주(馬英九) 타이베이 시장은 하버드 법학박사였고, 리콴유(李光耀) 전 싱가포르 총리의 아들이자 차기 총리로 거론되는 리센룽(李顯龍) 부총리는 케네디스쿨을 졸업했다. 미 명문 고등학교에는 각국 상류층 자녀들이 많았다.

미 대학에 인재가 몰리는 것은 무엇보다 교육경쟁력 때문이었다. 역대 의학·물리·화학 분야 노벨상 수상자 493명 중 약 40퍼센트인 218명이 미 대학 출신이었다. 2003년 7월 상하이교통대학이 발표한 세계 500대 명문대학 중 1위 하버드, 2위 스탠퍼드 등 상위 10위권 대학 중 여덟 개를 미 대학이 휩쓸었다.

세계의 문제를 직접 다뤄본 당사자들로부터 경험을 직접 전수받을 수 있다는 점은 미 대학만이 제공하는 특징이었다. 케네디스쿨의 조지프 나이(Joseph S. Nye, Jr.) 대학원장, 그레이엄 앨리슨(Graham T. Allison, Jr.) 전 대학원장, 애시턴 카터(Ashton B. Carter) 교수는 모두 국방차관보를 지냈다. 조지 부시 대통령의 비서실장을 지낸 존 수누누(John E. Sununu) 교수는 미 중앙정보국(CIA)이 미하일 고르바초프(Mikhail S. Gorbachev) 소련 대통령에게 새로운 국가(러시아) 창설을 위한 참고자료를 건네준 비화를 학생들에게 들려주었다.

"국방차관을 지낸 존 화이트 교수의 강의를 처음 듣는데 전율을 느꼈어요. 미국의 국방예산과 무기조달에 관한 강의를 듣고 싶었는데 바로 그 일을 담당했던 당사자가 교수였거든요." 프랑스 최신예 전투기 라팔(Rafale) 시험탑승 기록을 갖고 있는 한국 청년 이원익의 케네디스쿨 첫 수업 소감이다.

국제사회의 뉴스 메이커들로부터 직접 얘기를 들을 수 있다는 점도 미 대학이 내세우는 이점이었다. 하버드대학에서 2003년 9월 16일 하루에만 티베트의 종교지도자 달라이 라마(Tenzin Gyatso)가 강연을 했고, 이스라엘의 예루살렘 내각 장관 나탄 샤란스키(Natan Sharansky)가 토론회에 참석했다. 9월 하순엔 레흐 바웬사(Lech Wałęsa) 전 폴란드 대통령과 윌리엄 페리(William J. Perry) 전 미 국방장관이 연단에 섰다.

당장 현장에서 활용할 수 있는 살아 있는 지식을 전수하는 것도 미 대학 교육의 매력으로 꼽혔다. 케네디스쿨의 거시경제학과 교수인 수전 쿠퍼는 경제학자 폴 크루그먼이 부시 행정부의 감세정책을 비판한 『월스트리트저널(Wall Street Journal)』 칼럼을 슬라이드로 보여주며 학생들에게 이렇게 물었다. "여러분이 배운 정부지출-국민소득 그래프로 이것을 설명할 수 있습니까?"

이런 일화들을 소개한 뒤 『중앙일보』 특별취재팀은 다음과 같은 결론을 내린다. "선진교육이 인재들을 끌어들이고, 미국 물을 마신 인재들은 다시 세계로 흩어져 미국의 가치, 미국식 기준과 코드를 전파한다. 미국은 각종 혜택을 부여하면서 과학과 예술 분야에서 탁월한 능력을 가진 브레인들을 끌어모은다. 특별비자가 이들에게 발급되고, 미국에서 태어난 이들의 2세는 자동으로 미국 시민이 된다. 미국의 지적 토양이 그만큼 넓어지는 셈이다. '미국 유학'이란 브랜드는 각 나라에서 유용한 경력이 된다. 각 나라의 미 대학 동창회는 자연스레 미국과 말이 통하는 지미(知美) 그룹을 형성하면서 나름의 세력을 이룬다. 세계의 엘리트를 양성하는 미 고등교육에 대해 '제3세계 교육론'을 쓴 브라질의 교육가 파울로 프레리(Paulo Freire, 1921~1997)와 '문화적 식민주의론'을 설파한 마틴 케노이 스탠퍼드대학 교수는 종속이론적 관점에서 문제점을 제기해왔다. 그러나 비판론은 힘을 잃고 있다."

'서울대 미국 박사 세계 1위'의 명암

9·11테러는 '제국 인력의 양성소' 마저 변화시키는가? 『뉴욕타임스』(2004.12.21)는 영국, 독일, 호주, 캐나다 등 다른 선진국들이 최신 교육체계를 갖추고 학생들을 적극 유치하고 있는데다 9·11테러 이후 미국 대학 입학허가 절차를 받기 위한 절차가 매우 까다로워져 미국 내 외국인 학생의 수가 30년 만에 처음으로 감소했다며, 이제 전 세계 수재들을 끌어모았던 미국 대학교육의 지배 시대가 저물고 있다고 보도했다.

2005년 1월 30일 빌 게이츠도 스위스 다보스(Davos)에서 열린 세계경제포럼 연설에서 미국의 유학생 감소를 '재난'으로 표현하면서 "세계의 인재를 끌어들이는 자석으로서의 미국의 위상은 9·11테러 이후 강화된 입국 심사 규정으로 위기에 빠졌다"고 말했다. 그는 "미국 대학의 컴퓨터공학부로 들어오는 아시아인들이 35퍼센트나 줄었다"면서 인도, 중국 등 신흥시장 국가 학생들의 40퍼센트가 이공계열인데 반해 미국은 그 비율이 4퍼센트에 불과하다고 강조했다.

그러나 미국의 그런 변화에도 아랑곳하지 않고 여전히 미국 유학의 꿈을 뜨겁게 불태우는 나라가 있었으니, 바로 한국이었다. 2003년 한국의 대학생 이상 해외 유학생은 15만 9903명으로 대학·대학원 정규과정 학생이 9만 8331명, 어학연수생이 6만 1572명이었다. 국가별로는 미국 4만 9047명, 중국 1만 8267명, 일본 1만 7339명, 호주 1만 5775명, 캐나다 1만 4058명, 뉴질랜드 9870명 등으로 나타났다. 초·중·고교생의 해외유학은 10만 132명으로 집계되었다. 유학수지 적자는 2조 2000억 원으로 2년새 73퍼센트가 늘어났다. 산업자원부에 따르면 2004년 1월에서 11월까지 해외연수·유학 경비로 쓰인 돈은 모두 7조 3000억 원에 달하는 것으로 추산되었다.

2004년 11월 28일 교육인적자원부가 2004년 4월 1일 기준으로 발표한 국내외 유학생 통계에 따르면, 국외 한국 유학생은 18만 7683명으로 2003년 15만 9903명에 비해 17.4퍼센트 포인트 늘었다. 해외유학생 중 대학 및 대학원 정규과정 이수 비율은 56.4퍼센트, 어학연수생은 43.6퍼센트로 각각 조사됐다. 나라별로는 미국에 5만 6390명, 중국 2만 3722명, 호주 1만 7847명, 일본 1만 6992명, 캐나다 1만 3307명, 뉴질랜드 1만 3297명 등이었다.

2004년 11월 미국의 국제교육연구소가 발표한 통계에 따르면, 미국 내 외국인 유학생은 57만 2509명으로 전체학생 1338만여 명의 4.6퍼센트였으며, 이들이 한 해 등록금과 생활비 등으로 사용하는 돈은 130억 달러인 것으로 나타났다. 유학생의 출신 국가 상위 10개국은 ①인도 7만 9736명(13.9퍼센트) ②중국 6만 1765명(10.8퍼센트) ③한국 5만 2484명(9.2퍼센트) ④일본 4만 835명(7.1퍼센트) ⑤캐나다 2만 7017명 (4.7퍼센트) ⑥대만 2만 6178명(4.6퍼센트) ⑦멕시코 1만 3329명(2.3퍼센트) ⑧터키 1만 1398명(2.0퍼센트) ⑨태국 8937명(1.6퍼센트) ⑩인도네시아 8880명(1.6퍼센트) 등으로 한국은 3위를 차지했다.

인구 비례로 보자면 한국이 단연 1위였지만, 2006년부터는 굳이 인구 비례를 따질 필요도 없게 된다. 미 국토안보부의 유학생 및 교환학생 정보시스템(SEVIS)에 따르면 2007년 12월 말 미국에 유학 중인 한국인 유학생은 10만 3394명으로 2006년에 이어 2년째 1위에 오른다. 이는 2006년 말의 9만 3728명보다 1만 명 가까이 늘어난 것이다.(이민주 2008)

미국 교육전문 주간신문인 『고등교육신문』 2005년 1월 7일자는 시카고대학이 미 정부 후원으로 1999~2003년 미 박사학위 취득자의 출신학부를 조사한 결과 서울대 출신이 1655명으로 해외 대학 중 1위를 차지했다고 보도했다. 연세대는 5위(720명), 고려대는 8위(445명), 한양대는 18위(323명)에 올랐다. 미 대학을 포함한 순위에서도 서울대 출신은 캘리포니아대학 버클리 캠퍼스(2175명) 다음으로 많은 2위였다. 해외 대학 20위 중 중국의 대학이 아홉 개로 가장 많았으며, 그 다음으론 한국 네 개, 캐나다·인도 각 두 개, 대만·태국·터키 각 한 개 등이었다.

미국 대학까지 포함시킨 '톱 15'는 ①미국 캘리포니아대 버클리캠퍼스 2175명 ②한국 서울대 1655명 ③미국 미시간대 1537명 ④미국 코넬대 1499명 ⑤미국 일리노이대 1420명 ⑥미국 텍사스대 1330명 ⑦미국 하버드대 1290명 ⑧미국 UCLA 1287명 ⑨미국 펜실베이니아 주립대 1250명 ⑩미국 위스콘신대 1249명 ⑪대만 국립대 1190명 ⑫중국 베이징대 1153명 ⑬미국 브링엄영대 1065명 ⑭미국 메사추세츠공대 1011명 ⑮중국 과학기술대 988명 등이었다.(이재성 2005)

이와 관련해 『경향신문』(2005.1.12) 사설 「'서울대 미국 박사 세계 1위'의 명암」은 "'미국 유학파가 한국을 지배하고 있다'는 지적이 나온 지 오래다. 2002년 해외박사 출신 교수 10명 가운데 일곱 명이 미국 박사인 사실이 좋은 사례다. 정부도 다르지 않다. 2003년 기준 박사 출신 장관 16명 중 10명이 미국 박사였다. 정치권이나 경제계 등도 사정은 같다. '기러기 아빠'란 유행이 돌고, 영어 배우기 '광풍'이 부는 데는 다 이런 배경이 있다"고 말했다.

상지대학 교수 홍성태는 "심지어 군인들도 출세하려면 미국을 갔다 와야 한다는 말이 있을 정도로 우리 사회의 '총체적 미국화 현상'은 심각한 수준"이라며 "한국을 실질적으로 지배하고 있는 미국 유학파의 인적 네트워크에 대한 면밀한 연구가 필요한 시점"이라고 말했다.(이재성 2005)

고병권(2005)은 "'서울대 넘버 투 사태'는 그동안 서울대가 사실상 미국 대학원의 학부 노릇을 해왔음을 여실히 보여준다. 나는 서울대가 이 사건을 어떻게 대할지 궁금하다. 만약 대학원 중심 대학에 대한 서울대의 표방이 미국의 학부 노릇을 하다 대학원 노릇을 하려는 거라면 희망은 없다고 해야 할 것이다"라고 말했다.

『조선일보』의 조사에 따르면, 2005년 1월 서울대, 연세대, 고려대의 정치(외교)·경제·사회학과 교수 165명 가운데 '미국 박사'는 전체의 86퍼센트인 142명이었다. 영국, 독일, 프랑스, 호주, 일본 등 비미국 대학 박사는 11명(6.7퍼센트), 국내 박사는 12명(7.3퍼센트)에 불과했다.(이한수 2005a) 서울대학 경제학과의 경우엔 전체 31명 교수 가운데 29명이 미국에서 박사 학위를 받았다.(신호철 2008)

『시사저널』의 조사에 따르면, 2005년 1월 서울대학 교수 1711명 중 전공별 미국 박사 비율을 살펴보면 사회과학(경영, 행정 포함) 82퍼센트, 자연과학 78퍼센트, 공학 76퍼센트, 교육학 57퍼센트, 기타 전공 38퍼센트, 인문학 36퍼센트, 생명과학 24퍼센트, 의학 3퍼센트 등이었다. 반면 일본 도쿄대학 교수 4165명 중 박사학위 취득자는 전체의 68.6퍼센트, 외국 박사는 전체의 5.2퍼센트, 미국 박사는 전체의 3.2퍼센트였다.(신호철·채승희 2005)

두뇌유출의 정치학

이민과 유학을 통해 못사는 나라에서 잘사는 나라로의 고급인력 유출은 '두뇌 유출(brain drain)'로 불리며 많은 개발도상국가에서 큰 사회문제로 대두되었다. 2005년 2월 국제이주기구와 유엔 아프리카경제위원회의 조사에 따르면 1960년부터 1975년까지 15년 동안 2만 7000명 이상의 고급인력이 아프리카를 떠나 미국이나 유럽에 정착한 것으로 집계됐다. 1975~1984년에는 4만 명, 1985~1990년에는 의사, 대학교수, 기술자 등 6만 명의 고급인력이 아프리카를 떠났다. 2000년대 들어서도 매년 2만 명 이상의 고급인력이 아프리카를 떠나고 있으며, 특히 의료와 보건 분야의 인력 유출이 심해 빈국이 부국 의료를 지원하는 꼴이 되고 있었다. 구미 선진국에서 활동하는 아프리카 출신 박사학위 소지자들은 3만여 명으로 추산되었다.(양철준 2005)

2005년 3월 경제협력개발기구(OECD)의 「국제 인력이동 경향 보고서」에 따르면, 두뇌유출이 가장 심각한 국가는 가이아나로 대졸 이상 고학력자의 해외이주 비율이 83퍼센트에 이르는 것으로 나타났다. 그 다음은 자메이카 81.9퍼센트, 아이티 78.5퍼센트, 트리니다드토바고 76퍼센트, 피지 61.9퍼센트, 앙골라 53.7퍼센트, 키프로스 53.3퍼센트, 모리셔스 53.2퍼센트, 모잠비크 47.1퍼센트, 가나 45.1퍼센트 등이었다.(황장석 2005a)

한국도 2000~2003년 미국에서 과학기술 학위를 받은 한국 국적 박사 3400여 명 중 46퍼센트가 잔류를 택했을 정도로 두뇌유출이 심각한 수준이었다. 스위스 국제경영개발원(IMD)이 집계하는 두뇌유출 지수에서 한국은 1995년엔 7.53점(10점은 인재의 완전 유입, 0점은 완전 유출)으로 세계 4위의 두뇌유입 국가였으나 2006년에는 4.91점으로 58개국 가운데 38위로 급락한다. 삼성경제연구소 류지성 수석연구원은 "한국 경제가 신성장동력을 발굴하지 못하고 있는데 고급 두뇌의 수급 악화가 그 원인으로 꼽히고 있다"고 주장했다.(강혜승·홍수영 2007, 동아일보 2007)

신장섭·장하준(2004)이 미국 대학 내 경제학과의 박사학위자 리스트를 조사한 바에 따르면, 1987년과 1995년 사이 그 리스트에 있는 8040명 중 9.7퍼센트인 776명이 한국인 이름을 갖고 있음을 확인했다. 2009년 외국으로 나간 한국 유학생은 2003년보다 47퍼센트 늘어난 14만 4580명이었으며, 그간 미국 대학에 자리를 잡은 한국인 학자는 9888명으로 전체 외국인 학자의 9.4퍼센트를 차지하고 있는 것으로 나타났다. 미국 내 외국인 학자를 출신국가별로 보면, 중국인이 22.4퍼센트(2만 9779명)로 가장 많았고, 인도(9.4퍼센트), 한국·일본(5.4퍼센트), 독일(5.0퍼센트), 캐나다(4.6퍼센트), 프랑스(3.8퍼센트), 이탈리아(3.1퍼센트), 영국(2.7퍼센트), 스페인(2.2), 대만(2.1퍼센트) 순으로 많았다. 미국 내 한국인 학자 수의 증가율(1997-2008년)은 연평균 7.6퍼센트로, 인도(9.3퍼센트)와 중국(8.5퍼센트)보다는 낮지만 OECD 국가 평균(3.2퍼센트)보다는 높았으며, 한국 대학의 연구원 100명당 미국 대학에 재직하고 있는 학자 수는 14.1명으로 이탈리아(4.3명), 아일랜드(4.2명)

등 선진국보다도 많았다.(김봉억 2010)

　미국 오크릿지 연구소의 조사에 따르면, 2002년 미국 대학에서 기초 과학·공학 분야 박사학위를 딴 외국인 중 2007년까지 남아 있는 비율은 평균 62퍼센트, 1997년 박사학위 취득자 가운데 2007년까지 남아 있는 비율은 60퍼센트였다. 2002년 박사학위 취득자를 기준으로 잔류 비율을 보면 가장 높은 국가는 중국으로 무려 92퍼센트였다. 그 다음은 인도(81퍼센트)였다. 이어 캐나다(55퍼센트), 독일(52퍼센트), 대만(43퍼센트), 터키(42퍼센트) 순이었다. 한국은 평균 보다 낮은 41퍼센트였고, 일본이 33퍼센트였다. 브라질은 조사 대상국 중 31퍼센트로 가장 낮았다. 오크릿지 연구소 마이클 핀 연구원은 "외국 과학자들을 계속 잔류하게 하는 것은 투자에도 큰 도움이 된다"고 긍정적으로 평가했다.(이진희 2010)

　그러나 미국은 2001년 9·11테러 이후 외국인 이민정책을 엄격하게 적용하는 바람에 외국으로부터의 두뇌 유입까지 막는 결과를 초래했다. 이에 미국의 기업들은 기술 인력이 부족하다며 외국인 이민정책을 완화하라고 요구해왔으며, 마이크로소프트 회장 빌 게이츠가 그 선두에 섰다.

　게이츠는 2005년 1월 세계경제포럼 연설에 이어 그해 4월 26일 워싱턴 의회도서관에서 열린 한 간담회에서도 외국인 엔지니어·과학자·건축가·의사 등을 대상으로 한 'H-1B' 비자의 연간 발급한도(6만 5000명) 폐지를 주장했다. 그는 "이 제도는 한마디로 똑똑한 인재들이 미국에 지나치게 많이 들어오는 것을 막자는 것으로, 말이 안 된다"며 "내가 정책 결정자라면 즉시 H-1B 비자의 제한을 없앨 것"이라고 말했다. 게이츠는 미국 내 소프트웨어 기술자의 실업률도 높다는 반론에 대해 "제대로 컴퓨터 과학을 배웠다면 실직자로 남아 있지 않을 것"이라고 주장했다.(이승녕 2005)

2005년 5월 7일 세계 최대 반도체 회사 인텔(Intel Corporation)의 최고경영자인 크레이그 배럿(Craig R. Barrett)도 "우수한 인재를 미국에 들어오지 못하게 막는 미국의 이민정책은 세계에서 가장 어리석은 것"이라면서 "미국 정부는 제대로 교육받아 미국 경제에 기여할 수 있는 가치 있는 인물은 막고 불법체류자나 허드렛일을 할 사람들만 들어오게 한다"고 비난했다.(이승녕 2005a)

두뇌유출은 선진국들 사이에서도 일어났다. 경제학자 밀튼 프리드먼(Milton Friedman 2005)은 두뇌유출을 정부의 규제와 개입을 반대하는 논거로 사용했다. 조세 부담이 좀 더 가벼운 나라로 젊고 유능한 인재의 두뇌가 유출되므로 정부의 규제와 개입을 없애야 한다는 논리였다. 이와 관련해 영국의 미래학자 이언 앵겔(Ian Angell 2001)은 이렇게 주장했다.

"글로벌 기업들이 점점 그들을 필요로 함에 따라 지식 노동자들은 정부가 자신을 과소평가한다고 느끼며, 그에 따라 심한 배신감에 빠져들게 된다. 새로운 엘리트들은 점점 부러움의 대상이 되는 것에도 싫증을 낸다. 시간이 지남에 따라 정부에 대한 충성심과 사회적 의무감은 그들 내부에서 거의 고갈된다. 이제 망명은 더 이상 수치스럽거나 끔찍한 것이 아니다."

만약 그렇게 된다면, 가장 큰 이익을 볼 나라는 미국일 것이다. 이른바 경로의존(經路依存; path dependency) 현상 때문이다. 물론 경로의

존이 영원하란 법은 없지만, 그렇다고 그게 하루아침에 사라지기도 어려운 게 아닌가. 미국은 이민·유학의 나라로, 지구촌 '8학군' 으로 계속 머무를 것인가? '아메리칸 드림' 은 허구이며 미국은 '세습 사회' 라는 주장이 설득력을 얻고 있지만, 그것이 미국에만 국한된 현상은 아닐 것이기에 미국을 향한 이민과 유학의 행렬은 앞으로도 한동안 계속될 것이 틀림없다. 그러나 미국이 어느 정도로 세습 사회인지는 짚고 넘어갈 필요가 있겠다.

참고문헌 Angell 2001, Friedman 2005, Tirman 2008, 강혜승·홍수영 2007, 고병권 2005, 권용립 2003, 김기천 2005, 김동춘 2004, 김봉억 2010, 김봉중 2001, 김진각 2004, 김진웅 2003, 동아일보 2007, 손해용·정강현 2004, 송대수 2004, 신장섭·장하준 2004, 신호철 2008, 신호철·채승희 2005, 심상복 2005a, 안석호 2003, 양철준 2005, 오병상 2005, 오성삼 2004, 이민주 2008, 이승녕 2005·2005a, 이재성 2005, 이진희 2010, 이태규 2004, 이한수 2005a, 장연화·조택수 2003, 정병준 2004, 정원수 2004, 조용탁 2004, 조풍연 2004, 중앙일보 특별취재팀 2003d·2003j·2003k, 천지우 2005a, 최정무 2003, 황장석 2005a

무엇을 위한 자유인가?
"미국은 세습 사회"

미국인의 '캐나다인 되기' 게임

2004년 12월 3일 전직 미 중앙정보국(CIA) 고위 관리가 이라크 WMD 관련 보고서 조작을 거부해 이에 대한 보복으로 경질됐다며 CIA를 상대로 소송을 냈다. 작은 사건인 것 같으면서도 큰 사건이다. 부시 대통령을 포함하여 많은 미국인들이 거의 숨 쉬듯이 토해낸 '자유'라는 아름다운 단어의 이면에 숨은 진실을 시사하기 때문이다.

부시 행정부는 전쟁의 명분으로 '자유'를 외쳤지만, 미국인들이 날이 갈수록 '자유'를 잃고 있었으니 이게 웬일인가. 『경향신문』(2004.12.9)은 "해외에 갈 때 캐나다인으로 '변장'하는 미국인들이 생겨나고 있다. 모처럼 시간을 내 해외여행까지 왔는데 가는 곳마다 반미감정을 드러내며 적대적으로 대하는 사람들 때문에 피곤하다는 것이다. 미국인들은 대체로 캐나다인을 무시하는 경향이 있지만, 조용한 휴가를 위해 캐나다인이 되는 것도 상관이 없다는 식이다"라며 다음과 같이 말했다.

"관련 상품도 불타나게 팔리고 있다. 미 뉴멕시코의 티셔츠킹닷컴 (T-shirtking.com)이라는 회사는 '캐나다인 되기'라는 패키지 상품을 내 났다. 캐나다 국기가 그려진 티셔츠, 옷깃 핀, 가방에 부착하는 휘장 등이 한 세트에 24.95달러(약 2만 6000원)이다. 지난달 12일부터 판매 를 시작한 이 상품은 근 2주 동안 200여 개가 팔려나갔다. 캐나다에 대 해 모든 것을 알려주는 안내책자도 준다. 여기에는 '캐나다인처럼 말 하는 법, A에서 Z까지'와 캐나다 간편 상식이 일목요연하게 정리돼 있다. 예를 들어 캐나다에서는 호그타운(Hogtown)은 토론토를, 카우 타운(Cowtown)은 캘거리를 의미하며 화장실은 'toilet'이 아니라 'washroom', 승강기는 'elivator' 대신 'lift'라고 해야 한다. …… 캐나 다의 '인기'는 미 대선과 맞물려 급상승했다. 부시 대통령이 재선에 성공하자 캐나다 정부 이민 사이트에는 '부시의 미국'을 떠나고 싶어 하는 미국인들의 문의 글이 빗발쳤다."(이인숙 2004)

물론 이색적인 일을 선호하는 뉴스 가치로 인해 과장된 보도라고 볼 수도 있겠지만, '부시의 미국'을 혐오할 만한 사건들은 계속해서 일어났다. 『워싱턴포스트』(2004.12.12)는 부시 행정부가 국제원자력기 구(IAEA; International Atomic Energy Agency) 사무총장 모하메드 엘바라 데이(Mohamed ElBaradei)를 퇴진시키기 위해 그의 전화 통화를 10여 차 례나 도청했다고 보도했다. 이집트 출신으로 1997년부터 국제원자력 기구를 이끌고 있는 엘바라데이는 이라크 WMD 보유설에 대한 미국 의 주장에 의구심을 표시했고, 이란의 핵개발 의혹과 관련해서도 강경 한 대응을 주문했던 미국과는 달리 협상을 통한 해결에 주력해왔다.

2004년 12월 15일 미 국방부가 실시한 미사일 방어(MD) 체제 요격 미사일 실험 발사가 2002년 12월에 이어 또 한번 실패로 끝났다. 국방부는 이 시험발사에만 8500만 달러(약 935억 원)를 썼으며, 그간 쓴 개발비 총액은 1300억 달러(약 137조 원)에 이르렀다. 이 실패로 MD 체제의 실효성에 대한 회의론이 다시 고개를 들었지만, 16일 대통령 부시는 MD의 지속적 추진 의지를 재천명했다. 그러나 미국은 2005년 2월 14일 대륙간 탄도탄(ICBM)을 공중에서 격추하는 미사일 요격시험에 또 한번 실패했다. 2월 24일 캐나다 총리 폴 마틴(Paul Martin)은 성명을 내어 미국이 추진하고 있는 MD에 참여하지 않겠다고 밝혔다.

2005년 1월 12일 미 백악관 대변인 스콧 맥클렐런(Scott McClellan)은 "이라크에서 WMD를 찾으려는 노력은 공식적으로 완전히 종료됐다"면서 "미국 정부 차원의 노력은 더 이상 없을 것"이라고 밝혔다. 기자들은 "앞으로 부시 대통령이 '북한이나 이란에 WMD가 있다'고 말해도 세상 사람들이 '어떻게 믿느냐'고 하지 않겠느냐"며 신뢰를 상실한 부시 행정부를 비판했다.

민주당의 충격

그러나 중요한 건 그 어떤 문제에도 불구하고 2004년 대선의 승자는 부시라는 사실이었다. 민주당이 돈을 적게 쓴 것도 아니었다. 민주당은 수십 년 만에 처음으로 공화당보다 많은 돈을 썼다. 『워싱턴포스트』에 따르면, 외곽단체까지 포함해 존 케리 민주당 후보 진영은 최소한 9억 2500만 달러, 조지 부시 대통령 진영은 이보다 적은 8억 2200만 달러를 썼다. 그런데도 졌으니, 왜 충격을 받지 않았겠는가.

자유주의 성향의 뉴스 사이트 『슬레이트』는 부시가 감세, 테러리즘, 이라크라는 단순한 의제를 제시한 데 비해 케리(사진)는 많은 이슈를 제기해 유권자의 감성에 호소하지 못했다고 패인을 분석했다.

"솔직히 당황스럽다. 무슨 일이 일어난 건가? 우리는 존 케리의 패배에서 어떤 교훈을 얻어야 하나? 앞으로 민주당과 진보 진영은 어디로 가야 하나?" 2004년 12월 말 진보 주간지 『네이션(Nation)』은 이런 화두를 미국의 대표적인 진보적 이론가 20여 명에게 던졌다. 그만큼 대선 패배의 충격은 컸다는 뜻이겠다. 백가쟁명(百家爭鳴)식의 대답이 쏟아졌다.

"앞으로 2년 동안은 '방어의 정치'를 해야 한다. 민주당은 낙태 등을 둘러싼 논란에서 벗어나, 사회보장제도 등 실질적 문제에서 공세적인 방어를 해야 한다."(시더 스코크폴, 하버드대학 교수) "민주당은 선거에서 아이큐(지능지수)를 심판한다고 생각했다. 그러나 유권자는 이큐(정서지수)를 심판했다. 아이큐가 높은 정치인은 데이터를 이해하지만, 이큐가 높은 정치인은 사람을 이해한다."(반 존스, 캘리포니아 인권센터 소장) "보수 진영이 1960년대부터 했던 것처럼, 우리도 새로운 정치 미래를 건설하기 위한 고통스러운 작업에 착수해야 한다. 핵심적인 도덕적 가치를 담은 진보 철학이 필요하다."(대니 골드버그, 『가치전쟁의 파견대』저자)

이렇듯 민주당 안팎에선 전통적 지지층을 격동시키기 위해 좀 더 왼쪽으로 가야 하나, 아니면 색깔을 희석하며 중도로 방향을 틀 것인가를 놓고 격렬한 논란이 벌어지고 있었다. 한쪽에선 '전통적 지지층'이 이미 줄어들었다고 했다. 민주당 조직력의 한 축이 '강력한 노동조합'이었지만, 그런 노조는 사라지고 말았다. 반대로 보수주의 진영은 복음주의라는 새로운 동원조직을 갖추었던바, 복음주의자들에게 다가서지 않는 이상 집권은 불가능하다는 주장이 나왔다.

2005년 1월 초 민주당의 상·하원 수십 명은 복음주의 운동가 중 진보 성향인 짐 월리스를 초청해 모임을 열었다. 의원들은 민주당이 더는 전국정당이 아닌, 동북부(뉴욕, 매사추세츠 등)와 태평양 연안(캘리포니아)만을 가진 '지역정당'으로 전락하는 게 아니냐는 우려를 쏟아냈다. 월리스는 이 자리에서 "사회적 이슈에서 좀 더 중도 쪽으로 방향을 틀라"고 권유했다.

그러나 좌표를 오른쪽으로 옮기는 건 대안이 아니라는 반론도 거셌다. 1972년 조지 맥거번(George S. McGovern) 민주당 후보의 대선 참패 이후, 민주당은 이미 오른쪽으로 조금씩 이동해왔다는 시각이 그 밑에 깔려 있었다. 1992년 빌 클린턴의 집권과 재선 성공은 '작은 정부'라는 보수 진영의 핵심 어젠다(agenda)를 받아들인 결과이기도 했다.

보수주의 운동의 대부인 리처드 비규리(Richard A. Viguerie)는 "클린턴은 민주당을 중도로 움직여 집권했을 뿐 미국 보수화라는 큰 틀에서 보면 (그의 집권은) 큰 의미가 없다"고 평했다. 『20세기 미국의 좌파사상(Achieving Our Country: Leftist Thought in Twentieth Century America)』의 저자인 리처드 로티(Richard M. Rorty, 1931~2007)는 "민주당이 좌표를 중도로 옮겨봐야 소용없다. 공화당은 그만큼 더 오른쪽으로 가면서 민주당을 '좌파'라고 계속 공격할 것"이라고 말했다. 그는 그 대안으로 "민주당은 서민층을 대변하는 색깔을 더욱 강하게 해야 한다. 그러면 경제침체기엔 1932년 프랭클린 루스벨트의 집권처럼 새로운 기회를 맞을 수 있다. 효과가 있을지 모르지만 이게 최선"이라고 주장했다.

E. J. 디온 2세 브루킹스 연구소 선임연구원은 "좌표를 우나 좌로 옮기는 게 중요한 게 아니다"라고 말했다. 2004년 대선 출구조사를 보면, 유권자의 34퍼센트가 자신의 이념적 성향을 '보수적'이라고 답한 반면에, '진보적'이라고 답한 유권자는 21퍼센트에 불과했다. 나머지 45퍼센트는 '중도'라고 답했다. 다수의 유권자가 자신을 '보수적'이라고 생각하는 현실을 바꾸지 않는 한 재집권은 어렵다는 게 그의 주장이었다. 그는 '진보주의'의 내용을 새로 채움으로써 유권자들의 인식을 바꿔야 하다고 주장했다.

그의 이론은 2005년 1월 12일 에드워드 케네디 상원의원의 내셔널 프레스클럽 연설로 가시화됐다. 민주당 내 진보파 원로인 케네디 의원은 이 연설에서 "사회보장과 의료보험 등 민주당의 진보적 가치에서 후퇴해선 안 된다"고 역설했다. 그리고 낙태 등 '도덕적 가치' 문제에서 당의 입장을 바꾸자는 보수파들의 주장을 거부했다. 그러나 그는 동시에 "진보주의란 낙태를 권장하는 게 아니다"라는 점을 유권자들에게 납득시켜야 한다고 강조했다. 그는 "낙태를 줄이려면 여성과 부모에게 교육과 경제적 (재활의) 기회를 줘야 한다. 이것은 민주당의 기본 이념과 일치한다"고 강조했다.(박찬수 2005e)

ABC를 흉내 낸 ABB인가?

노선에 관계없이 '반부시'를 핵심구호로 삼은 민주당 바깥의 진보 진영은 이미 전열 정비를 시작했다. 2004년 대선에서 온라인 부시 반대 운동을 선도했던 '무브온'은 2004년 11월 30일 전국적으로 1600여 개의 오프라인 회원 모임을 열었다. 진로를 논의하는 장이었다. 여기선 '풀뿌리 조직'으로 계속 활동해야 한다는 주장이 압도적으로 많이 나왔다.

라디오 토크쇼를 보수의 손에서 빼앗아 오려는 시도도 본격적으로 이루어졌다. 미 전역에 1200여 개의 라디오 방송국을 갖고 있는 '클리어채널(Clear Channel Communications)'은 2005년 1월 19일, 세 개의 방송국을 진보적 토크쇼만 방송하도록 바꿨다고 발표했다. 클리어채널의 게이브 홉스(Gabe Hobbs) 부회장은 "1988년 이전만 해도 라디오 토크쇼는 매우 진보적이었다. 러시 림보가 나오면서부터 보수화됐는데, 앞으로 진보적 토크쇼는 전망이 있다"고 말했다.

또 다른 주목할 만한 흐름은 보수 진영을 벤치마킹하자는 것이었다. 헤지펀드의 큰손 조지 소로스와 금융재벌 허브 · 매리언 샌들러(Herbert · Marion Sandler) 부부, 보험재벌 피터 루이스(Peter Lewis) 등 진보 성향의 거부들은 2004년 12월 샌프란시스코에서 비밀 모임을 열었다. 이들은 거액을 출자해 진보적 이념을 전파하는 싱크탱크(Think Tank)를 워싱턴에 세우기로 의견을 모았다. 『파이낸셜타임스(Financial

Times)』는 "이들이 최소한 5년간 2500만 달러 이상을 출자할 것"이라 며 "보수 진영의 헤리티지 재단에 맞서는 싱크탱크를 세울 계획"이라 고 전했다.(박찬수 2005e)

『파이낸셜타임스』 2005년 1월 12일자는 조지 소로스를 비롯한 미 국의 억만장자들이 부시 행정부의 네오콘에 대항하는 연구소를 만들 기 위해 1억 달러 이상을 모금하기로 했다고 보도했다.(우성규 2005a) 그러나 아무리 봐도 공화당 싱크탱크를 따라잡긴 어려울 것 같았다. 공화당 싱크탱크를 지원하는 부자들은 은밀하게 큰돈을 건네는 반면 민주당 부자들은 생색내기에 바빴으니 그 돈이나마 제대로 걷힐지 의 문이었다.

아나나 다를까, 비슷한 보도가 8월까지 계속되었다. 『워싱턴포스 트』 8월 7일자는 조지 소로스를 비롯해 80명 이상의 돈 많은 진보 인 사들이 앞으로 5년간 진보단체들에 최소한 100만 달러 이상씩을 기부 하기로 의견을 모았다고 보도했다. 이 신문은 "이제 진보 진영도 과거 30여 년 동안 보수 진영이 구축한 보수적 기반시설에 대응하기 위해 싱크탱크와 사회단체들을 연결하는 네트워크 구성에 착수했다"며, 부유한 진보 인사들이 낸 돈이 여기에 사용될 것이라고 전했다. 8개월 내내 제자리걸음만 한 셈이다.(박찬수 2005)

'반부시'를 핵심구호로 삼는 데에 근본 문제가 있었던 것은 아닐 까? '반부시'는 부시 행정부의 'ABC(Anyone But Clinton; 클린턴만 빼고 누구든)'를 흉내 낸 'ABB(Anyone But Bush)'는 아니었을지……. 반면 부시 대통령은 자신만만한 '자기 성찰'을 시도하고 있었으니, 민주당 의 모습이 더욱 처량하게 됐다.

"미국 정가엔 족벌주의가 판친다"

2005년 1월 13일 부시는 ABC 방송 바바라 월터스(Barbara Walters)와의 인터뷰에서 "오사마 빈 라덴 체포에 대해 '죽은 채든 산 채든 잡기만 바란다'고 표현하고, 이라크 저항세력에 '어디 덤빌 테면 덤벼봐'라고 말한 것은 지나치게 무례했다"고 시인하면서 앞으론 좀 더 세련되게 말하겠다고 다짐했다. 그러나 부시는 그 허구성이 드러난 '자유'라는 주문만큼은 여전히 버릴 뜻이 없는 것 같았다.

2005년 1월 20일 부시의 2기 대통령 취임사는 어떤가. 그는 20분 동안 계속된 연설에서 free, freedom, liberty를 49번이나 사용했다. 부시는 과연 자유의 수호신인가? 한기욱(2005)은 "부시는 2기 취임사를 자유라는 말로 도배했지만 부시의 시대에 이르러 미국의 자유에는 타자의 피 냄새가 가득하다. 자유의 참뜻을 망각하면서부터 시작된 미국의 도덕 불감증이 중증에 도달한 것이다"라고 주장했다.

2005년 1월 23일 『워싱턴포스트』는 아버지 조지 H. W. 부시에 이어 조지 부시 대통령이 연임에 성공하는 등 정치왕조 가문과 족벌주의를 상징으로 하는 오늘날의 워싱턴 정가는 "귀족가발만 안 썼을 뿐 루이 14세 때의 궁정과 닮은 꼴"이라고 보도했다. 이 신문은 미 의회와 행정부에 이르기까지 요소마다 포진한 부자, 부부, 형제 등 혈연관계의 정치인들과 미국의 유력한 정치가문들을 소개했다. 신문은 최소한 18명의 상원의원, 수십 명의 하원의원, 일고여덟 명의 고위공직자들이 이런 정치적 상속에 힘입었다면서 그 사례로 미 여성정치인센터의 조사결과 하원에서만 45명의 여성들이 남편의 사망으로 생긴 공백을 메웠다고 전했다.

(왼쪽부터) 부통령 딕·린 체니 부부와 딸 메리, 리즈. 린은 록히드마틴의 이사를, 메리는 아메리카온라인의
부회장을 지내며 공화당원으로 활동해왔다. 리즈는 국무부 차관보를 지냈다.

이 같은 미국 정치의 왕조적 가문과 족벌주의 성향은 존 애덤스(제
2대 대통령; 1797-1801)가 아들 존 퀸시 애덤스(제6대 대통령; 1825-1829)를
프러시아 대사에 임명한 것에서 비롯됐다. 더욱 놀라운 것은 영국의
경우 토니 블레어(Tony Blair) 정부가 상원의 세습직 600여 개를 폐지하
는 등 가문의 특권을 배제해온 다른 민주주의 국가들과는 달리 미국
의 정치 상속은 끈질긴 생명력을 갖고 있으며 그 속에서 꾸준히 정치
가문의 부침이 반복된다는 특징을 갖고 있다. 이는 빌 클린턴 전 대통
령이 퇴임한 뒤 부인 힐러리 클린턴이 상원의원에 당선돼 신흥 정치
가문으로 부상한 데서도 드러났다.

데이비드 로드 미시간주립대학 교수는 이런 현상을 "(혈연관계에 따
른) 지명도와 자금력의 조합"으로 분석했다. 브루킹스 연구소의 스티
븐 헤스 연구원은 "(정치적) 성향을 타고난 정치인 자녀들이 정치인이

돼야 한다는 기대 속에 성장하는 것도 한 요인"이라고 말했다. 1700년 대 후반 6대조 할아버지부터 정치가문을 이룬 로드니 프레링귀센(Rodney P. Frelinghuysen) 하원의원은 "양친 모두 또는 한 분이 정치활동을 하면 자식들에게도 그 꼬리표가 따라다니게 된다"며 "말하자면 피에 스며드는 것"이라고 설명했다.

한편 부시 대통령은 유명 정치가문 덕분에 집권한 뒤 후원자들의 자식들에게 보상을 했으며 콜린 파월(Collin L. Powell) 전 국무장관의 아들 마이클(Michael K. Powell)은 연방통신위원회(FCC) 위원장, 윌리엄 렝퀴스트 대법원장의 딸은 보건복지부 감사 책임자, 안토닌 스칼리아(Antonin G. Scalia) 대법관의 아들은 노동부 고위직에 임명됐고 딕 체니 부통령의 딸 리즈 체니(Liz Cheney)와 사위도 국무부와 법무부에서 각각 요직을 얻었다.(정재웅 2005)

미국은 '신분세습 사회'

의회도 다를 게 없었다. 2004년 11월 2일 총선에 출마했던 현역 의원 401명 중 394명이 재당선됐다. 당선 비율이 98.25퍼센트에 이르렀다. 낙선한 일곱 명 중 네 명은 모두 텍사스(Texas) 주 민주당 현역 의원들로 공화당 현역 의원들과 일대일 대결에서 패했다. 공화당은 소속 의원들에게 유리하게 선거구를 획정하는 게리맨더링(gerrymandering)으로 민주당 의원 네 명을 축출했다. 그러니 실질적으로 현역 의원이 낙선한 사례는 단 세 건으로 그 비율은 0.007퍼센트에 불과했다.

공화·민주당 현역 의원들이 철저히 자신들에게 유리하게 선거구를 획정해놓고 있어 현역 의원이 자기 당 소속의 다른 의원들에게 지역구를 물려주지 않는 한, 정치 신인들이 의원 배지를 달기는 하늘의 별 따기였다. 한국의 특정 지역에서 특정 정당이 선거 때 싹쓸이를 하듯이 미국의 선거구는 인종, 재산 정도 등에 따라 확연하게 공화 또는 민주당 지지 성향으로 갈린다.

게다가 현역 의원들이 선거 자금 운용 면에서 결정적으로 유리했다. 의정 활동을 통해 지역구 이익을 챙겨 점수를 따기 때문이다. 2002년 하원의원 선거에서 득표율 차이가 10퍼센트 미만이었던 곳은 435개 지역구 중 불과 35곳 정도에 불과했다. 또한 2004년 선거 때는 이보다 더욱 줄어들어 25곳에 그쳤다. 이는 곧 거의 대부분의 선거구에서 굳이 투표할 필요조차 없다는 의미다.

문제는 이 같은 현역 의원들의 독점 현상이 갈수록 심해지고 있다는 사실이다. 정치 분석가 찰스 쿡(Charles D. Cook)의 보고서에 따르면 1950~1970년대는 현역 당선율이 92퍼센트를 밑돌았다. 1980년대에 들어서면서 95.5퍼센트까지 올랐다가 1990년대에는 93.7퍼센트로 약간 떨어졌지만, 최근 치러진 3회의 선거에서 평균 98퍼센트까지 다시 뛰어올랐다. 이에 대해 국기연(2005a)은 "미국 의원들이 한국의 지난 선거에서 초선 의원이 3분의 2가 넘었다는 사실을 알면 기절초풍할 것이다"라며 "속된 말로 끼리끼리 해먹는 게 미국 정치의 현주소다"라고 논평했다. 정치에 관한 한, 한국이 미국보다는 훨씬 더 희망이 있는 나라일 수도 있다는 뜻이겠다.

2005년 1월 25일 『뉴욕타임스』 칼럼니스트 데이비드 브룩스(David Brooks)도 칼럼에서 "부유한 학부모들이 자녀들을 잘 교육시켜 일류 대학에 보내고 이들이 성인이 되면 또 다시 부유층을 형성하는 반면

중산층 이하 출신은 경쟁하기가 힘들어져 '사회적 이동(Social Mobility)'
이 제약되고 있다"며 미국은 출생에 따라 운명이 결정되는 세습적인
신분 사회로 변질돼 가고 있다고 말했다.

브룩스는 "미국은 부자·형제간 소득의 상관관계가 몇 년 전보다
훨씬 더 커지고 있으며 출생이 한 사람의 운명을 좌우할 가능성이 높
아졌다"고 지적했다. 그는 "정보화 시대에 교육의 중요성은 더 커지
고 자녀의 교육을 뒷받침할 가정의 중요성도 함께 커진다"며 "고등교
육을 받은 상류층은 형편이 비슷한 사람들과 같은 지역에 살면서 같
은 학교에 자녀를 보내고 뛰어난 학습 기술을 습득해 좋은 대학에 들
어간다"고 설명했다.

브룩스는 명문 하버드대학 신입생 가정의 연 평균소득이 15만 달러
(한화 약 1억 5350만 원)라고 지적하면서 "고등교육을 받은 미국의 엘리
트는 겉으론 능력·실적으로 성장한 것으로 보이지만 실제로는 세습
으로 신분이 결정되는 새로운 '세습된 능력 계급(hereditary meritocratic
class)'이라고 밝혔다. 그는 "부시 대통령이 취임식 연설 때 링컨을 인
용해 외교정책을 밝혔지만 링컨이 추구했던 또 다른 목표는 '사회적
이동'의 확대였다는 것을 명심해야 한다"고 주장했다.(장학만 2005a)

부시의 '인맥 만들기'

2005년 2월 24일 슬로바키아 수도 브라티슬라바(Bratislava)에서 열린
미·러 정상회담 후 연 기자회견에서 부시는 "우리는 많은 의제를 놓
고 솔직한 대화를 했다. 하지만 가장 중요한 것은 앞서 푸틴 대통령이
언급한 것처럼 군주제(monarchies)에 관한 것이었다"고 말했다. 민주

주의에 관한 것이었다고 말해야 할 것은 군주제라고 말한 것이다. 기자들 사이에 웃음이 터져나오자 실수를 깨달은 부시는 "어쨌든 알아들었죠?"라고 말한 뒤 "여행을 오래 하다 보니……"라고 변명했다.

『월스트리트저널』(2005.3.21)은 부시가 집권 1기 때보다 잘못된 표현 사용이 크게 줄었으며 거친 어조도 많이 순화됐다고 보도했다. 특히 지식인들로부터 '신문도 읽지 않는 무식한 대통령'이란 비난을 받아왔던 그가 2005년 1월 한 방송사와의 인터뷰에선 조지프 엘리스(Joseph J. Ellis)의 『워싱턴 전기(His Excellency: George Washington)』(2004), 론 처나우(Ron Chernow)의 『해밀턴 전기(Alexander Hamilton)』(2004)를 언급했고 2월 유럽 순방 때는 영국 민주주의의 시발점이 된 '마그나카르타(Magna Carta; 대헌장)'나 19세기 프랑스 사상가 알렉시스 토크빌(Alexis Tocqueville, 1805~1859)을 언급해 주위 사람들을 놀라게 했다는 것이다. 부시가 프랑스 작가 알베르 카뮈(Albert Camus, 1913~1960)의 이름을 막힘없이 발음한 것도 청중들을 놀라게 했다나.(부형권 2005, 황장석 2005)

2005년 4월 20일 부시의 정치고문인 백악관 비서실 차장 칼 로브(Karl Rove)는 대학생들을 대상으로 한 연설에서 대부분 언론들은 부시가 지적이지 못하다고 하는데 이는 정확하지 않다고 반박했다. 그는 "부시 대통령은 아이비리그를 졸업했으며 그의 침실에는 항상 책이 놓여 있다"면서 "그는 가장 지적이고 호기심 많은 사람에 속하지만 이 나라는 계속해서 그를 잘못 과소평가하고 있다"고 주장했다.(정동식 2005)

부시가 머리가 좋은 사람이라는 건 분명했지만 그건 공부보다는 사

람 이름을 외우는 등 '인맥 만들기' 쪽으로 발달한 머리였다. 부시는
자신의 아버지가 나온 예일대학에 입학했지만, 그곳에서 부시에게 중
요한 건 '인맥 만들기'였다. '인맥 만들기'는 모든 상류층 사람들이
가장 중요하게 생각하는 것인데, 부시의 머리가 그쪽으로는 비상하게
발달돼 있었다.

엘리자베스 미첼(Elizabeth Mitchell 2001)은 "조지는 예일에서 많은 사
람을 사귀었다. 그는 넓게 교류하며 만나는 상대들에게 여러 가지를
묻고 이름을 기억하는 것은 물론, 좀 더 사적인 부분들까지 기억했다.
그들의 부친이 무슨 일을 하는지, 방학 때는 어디 가서 무엇을 하는지
등. 조지의 친구들은 사람에 관한 일들을 기억하는 그의 비상한 기
억력에 감탄한다. 조지가 염두에 두고 추구하는 목표를 생각할 때 그
것은 축복이었다"며 다음과 같이 말한다.

"조지의 기억력이 그같이 탁월하다는 사실을 입증하는 일화가 있
다. 디크라는 동아리에 가입하여 정식 회원이 되기 전에 모든 지원자
는 선서를 하고 수련기를 거쳤다. 그렇게 함께 선서를 한 동기생 50명
은 서로의 관심과 결속이 중요하다고 생각하여 그 50명의 명단을 만들
어 기억하자고 했다. 그러나 실제로 그 이름들을 모두 외우려고 애쓰
는 사람은 없었다. 고작해야 서너 명의 이름만을 기억하기 일쑤였다.
그러나 조지는 그 누구도 따라할 수 없을 만큼 많은 이름을 기억했다."

미국은 '기부 천국'

부시의 인생이 잘 보여주듯이, 미국은 "무엇을 위한 자유인가?"라는
말이 자연스러울 만큼 이미 고착된 '세습 사회'였지만, 이것이 미국

의 전부는 아니다. 미국은 동시에 기부·자선 문화가 왕성하게 살아 있는 사회이기도 했다. 반미주의자들은 '세습'만을 강조하지만, '기부·자선'도 주목해야 미국 사회가 많은 문제를 안고 있으면서도 잘 굴러가는 이유를 제대로 이해할 수 있지 않겠는가.

2004년 미국에서는 자선단체 기부가 심각한 문제로 대두되었는데, 기부금이 적어서가 아니라 오히려 기부금이 늘어서 고민이었다. 기부금 증가와 함께 자선단체들이 우후죽순 격으로 생겨나면서 과잉경쟁과 운영부실의 문제가 나타났기 때문이다. 2004년 말 미국에서는 150만 개의 자선단체가 운영되었다. 2003년에 비해 7만 5000개(5퍼센트) 정도 늘어난 규모였다. 자선단체 증가는 미국의 경기 호전으로 자선 기부 행렬이 늘었기 때문이다. 2004년 미국인들의 기부 총액은 2481억 달러로 4년 만에 처음 증가세로 돌아섰다.

비슷비슷한 자선기관들이 급증하면서 "제대로 된 단체를 찾는 데에 막대한 시간과 노력이 들어간다"는 기부자들의 불만이 잇따랐다. 예컨대 샌프란시스코 주민이 노숙자 지원기관에 돈을 기부하려면 125개 단체 중에서 골라야 했다. 자선단체 조사기관 '기빙 USA(Giving USA)'에 따르면 150만 개 자선단체 중 재정상태가 건실한 곳은 절반에도 못 미치는 60만~70만 개에 불과했다. 연 기부금 수령액이 1만 달러도 되지 않는 '초미니' 자선단체도 10만여 개나 됐다.

자선단체 급증은 역설적으로 인지도가 높은 대형 자선기관으로 돈이 몰리는 '부익부 빈익빈'을 부추겼다. 2004년 적십자사, 유나이티드 웨이(United Way) 등 미국 10대 자선기관이 거둬들인 기부금이 전체 기부액 중 차지하는 비중은 16퍼센트에 달했다. 2000년(10퍼센트)

에 비해 크게 늘어난 규모였다.

2005년 미국 정부는 자선 분야에 대한 규제의 칼을 빼들었다. 자선 분야 비전문가들이 너도나도 자선단체 설립에 뛰어들면서 기금 유용과 세금 포탈의 수단으로 이용되는 사례가 늘었기 때문이다. 미국 상원 금융위원회는 자선단체 등록기관인 국세청(IRS)의 관련법규를 개정해 자선단체 설립에 필요한 자본금, 운영경력 등의 조건을 강화하는 방안을 추진했으며, 그간 자선단체가 한 번만 등록하면 됐던 것을 5년마다 등록을 갱신하기로 했다. 자선단체들의 자구 노력도 가시화되었다. 2005년 초부터 뉴욕 피츠버그 등 10여 개 시당국은 인수합병(M&A)에 나서는 자선단체들에 재정지원을 하는 방식으로 자발적인 통폐합을 유도했다. 이 밖에도 자금난 해소를 위해 상품 판매, 시설 대여, 기금 대출 등 일부 영리사업을 병행하는 자선단체들도 늘어났다. (정미경 2005b)

'가이오의 역설'이라는 게 있다. 돈이 많아야 기부를 하는 게 아니라 역으로 기부를 많이 할수록 돈을 많이 벌 수 있다는 역설이다. 가이오는 존 버니언(John Bunyan, 1628~1688)의 『천로역정(The Pilgrim's Progress)』에 등장하는 인물이다. '정직'이란 이름의 순례자가 여관 주인 가이오에게 "더 많이 버릴수록 더 갖는 사람은 누구일까요"라는 수수께끼를 내자 가이오는 다음과 같이 답했다고 한다. "가진 것을 가난한 이들에게 나눠주는 사람입니다. 그는 준 만큼, 아니, 그 열 배는 더 갖게 될 겁니다."

이와 관련해 신예리(2007)는 "얼마 전 '가이오의 말이 과연 맞더라'는 조사 결과가 나왔습니다. 미국에서 가족 수와 인종·교육수준·종교 등 조건이 모두 같은 두 가정의 수입을 비교했더니 연간 100달러를 더 기부한 가정이 375달러를 더 벌게 되더랍니다"라면서 다음과 같이 말했다. "크리스마스 시즌입니다. '기부 천국' 미국에선 11~12월이면 기부 건수가 평소보다 40~50배나 많아진답니다. 한데 우리나라에선 고아원·양로원에 불던 연말연시 '반짝 경기'마저 썰렁하다는 소식입니다. 흥청망청 술잔치에 백화점들 배만 불리는 쇼핑 열풍을 보면서 크리스마스가 남의 나라 일 같기만 할 우리 아이들, 크리스마스가 뭔지조차 모를 먼 나라 아이들을 떠올려봅니다. 맨 정신으로 한 해를 넘어가기는 왠지 헛헛한 당신, 올해 성탄절엔 나누는 기쁨에 흠뻑 취해보지 않으시렵니까."

전형적인 '크리스마스 미담' 같은 이야기라고 냉소할 일이 아니다. 밤낮 정의를 부르짖으면서도 평생 기부는 모르고 사는 사람들이 모여사는 사회보다, 나르시시즘에 빠져 있을망정 기부를 생활화한 사람들이 모여 사는 곳에 더 희망이 있다고 해야 하지 않을까? 자선단체 기부가 심각한 문제로 대두되었다니, 참으로 행복한 고민이 아닌가. 이것이 바로 미국의 저력이 아니고 무엇이랴. 미국의 '세습 사회'를 비판할 때엔 반드시 '기부문화'도 짚으면서 미국에 대해 균형 잡힌 시각을 갖는 게 좋겠다.

참고문헌 Mitchell 2001, Rorty 2003, 국기연 2005a, 박찬수 2005·2005e, 부형권 2005, 신예리 2007, 우성규 2005a, 이인숙 2004, 장학만 2005a, 정동식 2005, 정미경 2005b, 정우량 2005, 정재웅 2005, 한기욱 2005, 황장석 2005

'미국을 아웃소싱 하기'
전쟁 · 고문 아웃소싱 논쟁

"미군의 고문이 후세인 때 고문보다 가혹"

미국인들은 승리를 사랑하지만, 승리의 비용을 오래 치를 뜻은 없는 사람들이다. 아니, 어느 나라 사람은 그렇지 않겠는가만서도, 미국이 특히 그런 것 같다. 2004년 12월 21일에 발표된 『워싱턴포스트』–ABC 공동 여론조사 결과에 따르면, 이라크전 개전 이후 처음으로 이라크전을 반대하는 미국인이 절반을 넘어섰다. 응답자의 70퍼센트가 "이라크전으로 얻는 것에 비해 인명피해가 아주 크다"고 답했고, 56퍼센트는 "피해를 감안할 때 싸울 가치가 없다"고 응답했다.

아부 그라이브(Abu Ghraib)의 망령도 그런 반전 무드에 일조했다. 2005년 1월 10일, 8개월 전인 2004년 5월 이라크 아부 그라이브 교도소 내 포로 학대 등 혐의로 구속된 찰스 그레이너(Charles A. Graner, Jr.) 상병의 변호인단이 보인 적반하장이 볼 만했다. 변호인단은 텍사스주 포트 후드(Port Hood) 군사법정에서 열린 1차 공판에서 무죄를 주

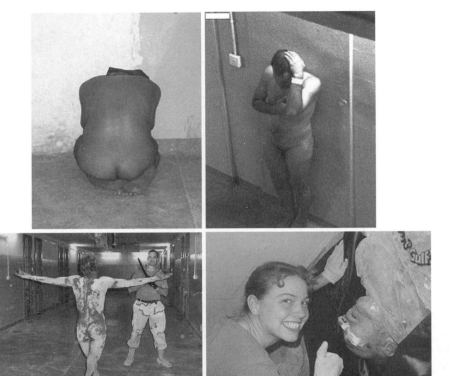

(위)아부 그라이브 수용소 수감자들.
(아래)포로를 학대하는 찰스 그레이너. 마나델 알-자마디의 시신 옆에서 포즈를 취한 새브리나 하먼. 알-자마디는 아부 그라이브에서 고문사했다.

장하며 "수감자 목에 줄을 매달고 가는 게 고문이라고? 부모들도 쇼핑몰 등 복잡한 곳에 가면 자신의 애들을 잃어버리지 않기 위해 띠로 묶지 않느냐"는 궤변을 늘어놓았다. 나체의 수감자들을 차곡차곡 엎드리게 해 인간 피라미드를 만든 것에 대해서도 변호인단은 미국 전역의 치어리더들도 피라미드 모양을 만든다며 "어떻게 그게 고문이냐"고 항변했다.(이동준 2005)

그러나 1월 11일 수감자의 비디오 녹화 증언은 "미군의 고문이 후세인 때 고문보다 가혹했다"며 "자살이라도 하고 싶었다"는 증언들이 나왔다. 1월 13일엔 이라크 포로 학대는 상부 지시라는 미군의 증언도 나왔다.(김정우 2005)

아부 그라이브 포로 학대사건은 미국의 이라크전이 수렁에 빠졌음을 증명하는 것이기도 했다. 2004년 6월 28일 이라크 임시정부가 출범한 이후 2005년 1월 11일까지 확인된 폭탄 테러만 최소한 181건 발생했으며, 이로 인해 민간인과 미군 병사 1000여 명이 죽고 2000여 명이 부상한 것으로 집계되었다. 1월 30일 유혈사태 속에 이라크 총선이 치러졌지만, 사태가 나아질 전망은 전혀 보이지 않았다.

그런 가운데 정신이 다소 이상해진 사람들도 나타났다. 2005년 2월 1일, 2003년 이라크 침공 당시 미 해병 1사단을 이끌고 최전선에서 전투를 지휘했던 미 해병대 전투개발사령부 사령관인 중장 제임스 매티스(James Mattis)는 캘리포니아 주 샌디에이고(San Diego)에서 열린 이라크전 군사전술관련 회의에 참석해 "전투는 대단히 즐거운 일"이라며 "사람들에게 총을 쏘는 것도 매우 재미있다"고 말했다. 이 발언에 회의에 참석했던 200여 명의 청중은 박수를 쳐 가며 폭소를 터뜨렸다.(정인환 2005b)

『크리스천사이언스모니터(The Christian Science Monitor)』(2005.3.18)는 개전 2주년을 맞은 이라크전쟁을 보는 미국 젊은이들의 인식이 1960년대 베트남전 때와는 많이 다르다고 보도했다. 이 기사에 따르면, 전문가들은 "미국 젊은이들은 이라크전 과정에서 (정부의) 실수에 대해 (베트남전 때보다) 훨씬 관대해졌다. 왜냐하면 이라크전보다 9·

11테러가 그들의 세계관에 더 많은 영향을 줬기 때문"이라고 분석했다.(부형권 2005a) 그러나 그런 '관대함'이 얼마나 더 지속될지는 두고 볼 일이었다.

9·11에서 7·4와 11·9로

2005년 3월 19일 이라크전 발발 2주년을 맞아 조지 부시는 이라크전쟁의 정당성을 강조하며 세계가 더 안전해졌다고 주장했지만, 영국 런던, 이탈리아 로마, 터키 이스탄불 등 유럽은 물론 샌프란시스코, 로스앤젤레스, 뉴욕 등 미국 내에서도 수천에서 수만 명이 참가한 대규모 반전시위가 꼬리를 물고 벌어졌다.

4월 6일 전 유엔 이라크 무기사찰단장 한스 블릭스(Hans M. Blix)는 "미국이 이라크를 침공한 이유는 석유다"라고 말했다. 그는 "나도 처음에는 그렇게 생각하지 않았지만, 미국은 믿을 수 없을 정도로 석유에 의존하고 있다"며 "미국은 세계시장의 경쟁이 치열해질 것에 대비해 석유를 안정적으로 확보하기를 원했다"고 말했다. 그는 또 사우디아라비아에서 이슬람주의 세력의 영향력이 커짐에 따라 사우디아라비아에 주둔하고 있는 미군을 이 지역의 다른 국가로 이동시켜야 할 필요성도 전쟁의 또 다른 원인이라고 주장했다.(박민희 2005d)

지루할 대로 지루해진 이라크전은 이제 보수파까지 등을 돌리게 만들었다. 토머스 프리드먼(Thomas L. Friedman 2005)은 『세계는 평평하다(The World Is Flat)』에서 "나는 부시 대통령이 정치적 목적 때문에 9·11테러로 형성된 국민정서를 파렴치하게 악용했다는 역사적 판정이 내려질 것으로 믿는다. 그는 9·11테러로 형성된 국민정서를 이용하여 그전부터 있던 세금, 환경 그리고 다른 사회적 이슈에 대해 극우적인 공화당의 주요 정책(국민으로부터 위임받은 적이 없는 사명)들을 채택하고, 그런 정책들을 9·11 이후의 세계로 몰아넣었다"며 다음과 같이 주장했다.

"그런 과정에서 부시는 미국인과 미국인을 그리고 미국인과 세계를 분열시켰을 뿐 아니라, 미국과 미국의 역사, 정체성을 갈라놓았다. 부시 정권은 미합중국을 '테러와 싸우는 합중국'으로 변형했다. 나는 이것이야말로 세계의 많은 인류가 부시 대통령을 싫어하는 진짜 이유라고 본다. 그들은 부시가 자신들에게 매우 소중한 무언가(공포가 아닌 희망을 수출하는 미국)를 앗아 갔다고 느낀다. 미국은 자국 대통령이 9월 11일을 달력에서 제자리(9월 10일과 9월 12일 사이에 있는 날)에 돌려놓도록 유도할 필요가 있다. 미국은 9월 11일이 미국을 정의하는 날이 되게 해서는 안 된다. 9월 11일은 궁극적으로 미국이 아닌 그들, 그 못된 자들의 날이기 때문이다. 미국의 날은 독립기념일인 7월 4일이다. 미국의 날은 베를린장벽이 무너진 11월 9일이다."

이라크전쟁은 미국의 패권에 대해 정반대되는 두 가지 면을 보여주었다. 하나는 미국은 역시 강력하다는 것이고, 또 다른 하나는 조지프 나이가 역설한 '소프트 파워(soft power)'의 가치를 폄하하고 무력을 선호했다는 점에서 쇠락의 전조를 보여준 게 아닌가 하는 것이다. 이와 관련해 가장 큰 문제는 세계여론의 민감함과 대비되는 미국의 둔감함이었다. 이라크전을 계기로 본격화된 이른바 '아웃소싱 논쟁'은 아웃소싱이 미국의 둔감을 초래한 하나의 이유일 수 있다는 점에서 주목할 만한 것이었다.

'국방부의 아웃소싱'

원래 아웃소싱(outsourcing; 외부하청)은 기업의 군살 빼기를 위한 다운사이징(downsizing; 조직축소)의 일환으로 생산·유통·고객 서비스 등 조직의 일부 기능을 외부로 돌려 하청을 주는 것을 말한다. 이는 경영 혁신 아이디어로 나온 것이긴 하지만 비정규직을 양산하는 많은 사회적 문제를 낳았다.

기업들은 자질구레한 사무실 비품에서부터 공장의 간접자재에 이르기까지 소모품 구매를 전문업체에 맡기는 아웃소싱으로 나아갔다. 구매 시스템을 개선해 원가를 절감하고 투명하지 못한 거래를 원천적으로 봉쇄하기 위해서였다. 그래서 소모성 자재(MRO) 시장이 갈수록 커졌다. MRO는 'Maintenance/Repair/Operation'의 약자로 흔히 기업 소모성 자재로 번역된다. 원자재를 제외한 대부분 물품, 즉 사업장관련 용품이나 간접 기자재를 뜻한다.

아웃소싱이 일개 기업 차원에만 국한되지 않고 국가정책상의 관행으로 자리 잡을 때에 어떤 일이 벌어지는가? 미국에서 오랜 역사를 자랑하는 군산복합체가 아웃소싱의 산물이기에, 이미 해묵은 질문이지만, 이라크전은 이 질문을 낯설게 할 정도로 아웃소싱의 범위를 넓히는 계기가 되었다.

2004년 공공책임성센터가 발표한 보고서 「국방부를 아웃소싱 하다: 국가안보의 정치와 경제에서 이익을 얻는 자는 누구인가?(Outsourcing the Pentagon: Who Benefits from the Politics and Economics of National Security?)」에 따르면, 1998~2003년 회계연도에 국방부와 맺은 계약 실적 1위는 록히드마틴(Lockheed Martin)으로 940억 달러, 2위는 보잉

보잉에서 제작한 E-3 센트리. 보잉, 제너럴 다이내믹스, 노스럽 그러먼 등의 군수업체는 이윤의 90퍼센트를 연방정부 계약에 의존하고 있다. 기밀보호라는 미명하에 상당수의 수억 달러짜리 계약이 경쟁 없이 이루어져 이들 업체는 부정의 온상이 되어왔다.

(Boeing)으로 820억 달러였다. 앞서 여러 차례 지적했지만, 정부와 군수업체의 유착은 더 이상 비밀도 아니었다.(Scheer 2009)

군수업체가 아니면서도 군수업체처럼 행동하는 기업도 나타났다. 예컨대, 페덱스(FedEx)라는 미국의 화물 특송업체의 경우를 보자. 페덱스는 25만 명의 직원이 하루 평균 600만 건 이상의 탁송정보를 처리하며 220개국의 375개 공항에 671편의 항공기를 이·착륙시킬 수 있고 지상 운반수단만 7만 1000개를 거느렸다. 페덱스의 데이터베이스는 지구촌 곳곳에 신경망을 뻗치고 있는 정보기관 뺨치는 정보력을 자랑하며 안전요원만 500명 이상이었다. 페덱스의 회사 컴퓨터는 국토안보부에 특별히 연결돼 있어 전 세계 직원들이 올린 테러 정보는 정부에 실시간으로 전해졌다. 『월스트리트저널』(2005.5.26)은 페덱스처럼 9 · 11테러 이후 수사 및 정보기관의 '눈과 귀 또는 수족' 역할을 하는 기업들이 늘어나 정부와의 경계를 무너뜨리고 있다고 보도했다. (임병선 2005)

페덱스의 경쟁 택배회사인 UPS(United Parcel Service)는 "세상은 지금 같은 시간이 되었습니다(Your World Synchronized)"라는 슬로건을 내걸고 이른바 '인소싱(in-sourcing)'이라 부를 수 있는 협업체제를 운영했다. 이는 UPS의 엔지니어가 고객 기업의 고유한 사업영역 안으로 들어가 제조, 포장, 배달의 과정을 분석하고 상황에 맞게 조정 · 관리하는 건 물론 재무업무까지 대행하는 일을 말한다.(Friedman 2005)

국내가 아닌 해외에서 하는 아웃소싱을 가리켜 '글로벌 소싱(global-sourcing)'이라고 부르기도 한다. 외국 기업의 아웃소싱 일감을 하청 받던 인도의 정보기술(IT) 업체들이 발주기업이 많은 해외로 사무소나 콜센터를 옮기자, 이는 아웃소싱을 하려는 고객 가까이로 옮긴다는 뜻에서 '니어소싱(near-sourcing)'으로 불렸다.

민간군사기업의 활약

아웃소싱은 2004년 대선에서도 이슈가 되었다. 민주당 후보 존 케리는 텔레비전 토론에서 "부시 대통령이 미국 기업의 아웃소싱을 장려하는 바람에 미국의 일자리가 늘어나지 않고 있다"고 비판했다. 이에 부시는 10월 2일 유세에서 "케리 후보가 '미국을 보호하기 위한 선제 공격 권리를 지지하지만, 군사력을 동원하기 전에 세계적인 시험(동맹국의 동의)을 통과해야 한다'고 말했다"며 "도대체 이 말이 무슨 뜻이냐"고 반문했다. 그는 이어 "미국이 위험에 처했을 때 외국 정상들을 상대로 국제 여론조사를 하는 것은 대통령이 할 일이 아니며 대통령이 할 일은 미국 방어"라고 공격했다. 안보정책 결정을 외국 지도자의 견해를 빌려서, 즉 '아웃소싱' 해서 내릴 수 없다는 뜻으로 꼬집은 것이다. 딕 체니 · 존 에드워즈 부통령후보 토론회에서도 아웃소싱 문제가 거론되었다. 에드워즈는 "부시 행정부는 수백만 개 미국 일자리의 아웃소싱이 좋은 일이라고 거듭 주장한다. 우리는 반대"라고 강조했다.

대선에서 아웃소싱이 쟁점으로 떠오른 것과 관련해 마이크로소프 회장 빌 게이츠는 버클리대학 강연에서 "아웃소싱을 제로섬 게임으로 인식하고 있는 사람들을 보면 상당히 걱정된다"고 주장했다. 그러나 론 하이라(Ron Hira)와 애닐 하이라(Anil Hira) 형제 교수가 2005년에 출간한 『미국을 아웃소싱 하기(Outsourcing America: The True Cost of Shipping Jobs Overseas and What Can Be Done About It)』는 외국인들에게 밀려난 미국 노동자들의 재취업 실적은 참담하며, 아웃소싱이 미국의 초강대국 위상을 급속히 잠식하고 있다고 주장했다.

미국에선 변호사도 해외 아웃소싱의 대상이 되었다. 미국의 대기업들과 거대 로펌들이 인도, 한국, 호주 등 인건비가 싼 지역의 변호사들에게 일상적인 법률업무를 맡기는 일이 늘어나고 있다는 것이다. 이렇듯, 아웃소싱은 다양한 분야에서 일어났지만, 이제 여기서 말하려는 건 군사 분야의 새로운 아웃소싱이다.

미국은 '군 효율화'를 내세워 전투 이외 부분을 적극적으로 아웃소싱 했다. 다른 일부 국가들도 미국의 뒤를 따랐다. 이런 아웃소싱 때문에 무기를 제외한 각종 물자와 용역을 군대에 공급하는 민간군사기업(PMC; Private Military Company)이 크게 성장했다. 2002년 전 세계 110개

(위)미 해군 항공기지 에어쇼에 참가한 민간군사기업 '블랙워터' 낙하산 팀.
(아래)사담 후세인 대통령궁 주변을 날고 있는 '블랙워터' 헬리콥터. ⓒ jamesdale10

국에서 90개 PMC가 성업 중이었는데, 세계 PMC 시장은 연간 1000억 달러(약 115조 원) 규모이며 10년 후면 두 배로 커질 것으로 예상되었다.

2003년 미국에만 30여 개 PMC가 활동 중이었는데, 이들의 시장 규모는 연간 350억 달러(약 40조 원)에 이르렀다. 1991년 이라크에서 벌어진 걸프전 당시 미군은 60일분의 물과 식량, 탄환을 준비해 전투에 나섰지만, 12년 후 이라크전에서 미군은 2~3일분의 비상용품만 들고 전투를 시작했다. 취사병이나 세탁, 청소 등을 담당하는 군인은 없었다. 그 일을 PMC가 맡았기 때문이다. 이라크전에선 미군 10여 명에 PMC 직원 한 명 꼴이었다.

이제 '제2의 군대'로 발전한 PMC는 전쟁의 부스러기를 먹고 산다고 해서 '죽음의 상인'으로 불리기도 했지만, PMC는 정치적인 측면에서도 미국 정부에 일석삼조의 효과를 안겨주었다. 군인 대신 민간 경호원을 전쟁터에 내보내면 의회와 여론의 감시를 받지 않아도 되고, 정치적 부담이 적으며, 전역 군인들에게 취업기회를 제공할 수 있었기 때문이다.

고문의 아웃소싱

슬로베니아의 정신분석 이론가인 슬라보예 지젝(Slavoj Zizek 2004)은 현대 자본주의의 전형적인 경제전략은 아웃소싱을 통해 물질적 생산의 '잡동사니' 과정을 다른 회사로 넘김으로써 환경보호규정과 보건규정들을 쉽게 회피할 수 있다고 말한다. 예컨대 하도급 생산은 환경·보건 규제 정도가 서구보다 훨씬 낮은 인도네시아에서 행해진다는 것이다.

그는 여기서 한 걸음 더 나아가 "고문 또한, 법률적 문제들이나 대중적 저항에 대한 염려 없이 그것을 행할 수 있는 미국의 제3세계 동맹국들에게 맡겨져 '아웃소싱 되고 있는' 것이 아닌가?"라는 질문을 던지면서 9·11 직후 『뉴스위크』의 칼럼니스트 조너선 앨터(Jonathan Alter)가 한 주장을 소개했다. "우리는 고문을 정당화할 수 없다. 그것은 미국의 가치들에 상반된다. …… 비록 위선적인 일이라고 할지라도, 우리는 몇몇 (테러) 용의자들을 보다 덜 까다롭게 구는 우리의 동맹국들로 이송하는 것에 대해 생각해봐야 할 것이다." 지젝은 "다른 나라들에 자신의 더러운 이면을 '아웃소싱' 하는 것, 이것이 오늘날 점점 더 제1세계 민주주의가 기능하는 방식이 돼 가고 있다"고 주장했다.

앨터의 제안은 현실이 됐다. 미 중앙정보국이 테러 용의자들을 체포한 뒤 이들을 고문이 횡행하는 제3국에 넘겨 조사받게 하는 '아웃소싱' 을 한 것으로 드러난 것이다. 『뉴욕타임스』(2005.3.6)는 9·11테러 이후 CIA가 외국에서 붙잡은 테러 용의자 중 100~150명을 고문이 자행되는 이집트·시리아·사우디아라비아·요르단 등 제3국으로 넘겨 조사받게 했다고 보도했다. 고문을 아웃소싱 하는 마당에 그 어떤 위선과 기만인들 놀랄 게 무엇이랴. 이라크전과 관련된 새로운 폭로들이 쏟아지기 시작했지만, '고문 아웃소싱' 보다 놀라울 건 없었다.

2005년 3월 20일 영국 BBC 방송의 간판 다큐멘터리 〈파노라마(Panorama)〉는 총리 토니 블레어와 내각의 핵심 각료들은 이라크전쟁 발발 9개월 전에 미국이 WMD의 존재 여부와 상관없이 후세인 정권의 교체를 위해 이라크를 공격할 것을 알고 있었다고 보도했다.

『워싱턴포스트』(2005.3.20)는 미국이 2005년 2월 초 대북압박을 강화할 목적으로 북한이 핵물질을 리비아에 수출했다는 거짓정보를 아시아 우방국들에게 제공했었다고 보도했다. 『문화일보』(2005.3.21)는 "부시 행정부는 이라크 WMD 정보조작에 이어 또 다른 '북핵 부실정보' 논란에 휩싸일 것으로 전망된다"고 논평했다.

이어 『워싱턴포스트』(2005.3.27)는 이란 핵 시설에 대한 무력 사용도 배제할 수 없다는 체니 부통령 등 강경파들이 30년 전에는 이란이 주장하는 것과 똑같은 논리로 이란 핵에너지 개발을 적극 지원한 주역들이었다고 폭로했다. 신문은 비밀 해제된 제럴드 포드(Gerald R. Ford, 1913~2006) 행정부(1974-1976) 시절 국가안전보장회의(NSC) 문서를 공개하면서 특히 당시 백악관 비서실장이던 딕 체니 부통령과 도널드 럼스펠드 국방장관, 군비통제군축국 핵비확산 책임자였던 폴 월포위츠 국방부장관 등이 이란의 대규모 핵에너지 계획에 주요한 역할을 했다고 지적했다. 당시 이란의 팔레비(Mohammad Rezā Shāh Pahlevi, 1919~1980) 왕정은 중동지역에서 미국의 가장 중요한 동맹세력이었으나 1979년 호메이니가 지도한 이슬람혁명으로 축출됐다.

이들 포드 행정부 국가안보팀은 1975년 문서에서 "15년 뒤에는 이란의 석유 생산이 급감할 것으로 예상되므로 그에 대비할 필요가 있다"며 미국이 이란에 플루토늄 재처리 설비를 제공해야 된다고 제안했다. 또한 비슷한 시기 당시 헨리 키신저(Henry A. Kinsinger) 국무장관이 서명해 회람한 '국가안보결정메모 292호(미-이란 핵협력)' 문서는 미국 기업들에 60억 달러 이상의 수익을 안겨줄 미국-이란 핵 설비 판매협상 전략을 제시하고 있으며, 포드 대통령은 1976년 이란에 미국

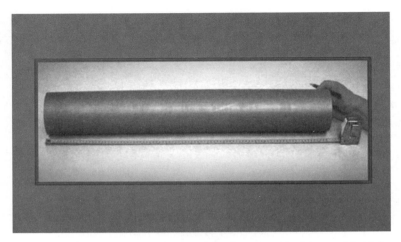

2003년 콜린 파월이 이라크의 WMD 보유 증거로 제시한 슬라이드 필름. 그러나 핵 우라늄 농축용 알루미늄 튜브는 결정적인 증거로는 부족했다.

제 재처리시설을 판매하게 하는 대통령 명령에 서명했다.

포드 안보팀의 주선으로 당시 웨스팅하우스(Westinghouse), 제너럴 일렉트릭(General Electric Company) 등 미국 기업이 이란에 64억 달러 규모의 원자로 6~8기와 부품을 공급하는 계약이 체결됐으며, 이란 정부는 미국의 민간 우라늄 고농축 회사로부터 우라늄을 공급받는 조건으로 이 회사 지분 20퍼센트에 10억 달러도 투자하려 했다. 만일 호메이니 혁명과 이어 발생한 테헤란 미 대사관 인질사건 등으로 미국과 이란의 핵 협력이 중단되지 않았다면, 이란은 미국 정부가 지원한 미국산 핵설비를 통해 핵무기 제조에 필요한 플루토늄과 고농축 우라늄을 대량 확보할 수 있었을 것이라고 『워싱턴포스트』는 지적했다.(박민희 2005)

전 미 국무장관 콜린 파월은 독일 시사주간지 『슈테른(Stern)』

(2005.3.30) 인터뷰에서 자신이 2003년 유엔의 잘못된 정보에 근거해 이라크의 WMD 보유를 주장한 것을 평생 씻을 수 없는 오점으로 여긴다고 말했다.

『뉴욕타임스』(2005.5.1)는 미국의 대표적 고문 아웃소싱 국가로 우즈베키스탄을 지목하면서, 미국 정부의 이중성을 폭로했다. 미 국무부가 2004년 7월 미흡한 인권실태 개선을 이유로 우즈베키스탄에 대한 경제 · 군사 원조 1800만 달러를 삭감한다고 발표하자, 다음 달 우즈베키스탄을 방문한 미 합참의장 리처드 마이어스(Richard B. Myers)는 생물학 무기 제거 지원을 명분으로 2100만 달러를 제공할 것이라고 밝혔다는 것이다.(박민희 2005a)

영국 『텔레그라프(Telegraph)』(2005.5.16)는 "우즈베키스탄, 투르크메니스탄, 카자흐스탄, 키르기스스탄, 타지키스탄 등 이슬람 정권들이 미국과 강력한 유착관계를 맺고 있다"며 "이것이 중앙아시아 지역 독재의 뿌리가 됐다"고 보도했다. 미국은 '테러와의 전쟁'을 이유로 이 나라들의 독재를 조장하고 있는데, 그밖에도 러시아와 중국을 견제하고 자원과 군사기지를 확보하기 위한 목적 때문이라는 것이다.(황유석 2005)

"모두 뛰어라. 이건 농담이 아니다."

독재정권들과의 유착과 고문 아웃소싱이 큰 문제임을 느끼기엔 미국인들은 제정신이 아닌 것처럼 보였다. 2005년 5월 11일 미국 워싱턴에서 일어난 경비행기 한 대의 무단비행 사건은 미국인들의 그런 노이로제 상태를 대변하기에 부족함이 없었다. 이 사건으로 한때 최고 테러경보가 발동되고 백악관과 의회, 대법원에 소개령이 내려져 수만 명이 대피하는 소동을 빚었기 때문이다.

사건의 발단은 이날 낮 11시 28분쯤 정체불명의 비행기가 워싱턴 상공의 비행금지구역으로 접근하면서 시작됐다. 미국은 '9·11테러' 때 테러범들이 비행기를 납치해 국방부 등을 공격한 이후 워싱턴과 접해 있는 레이건공항에 대한 일반 비행기의 이용을 금지하는 동시에 워싱턴을 중심으로 반경 약 15마일 내를 비행금지구역으로 설정했었다.

이 비행기를 발견한 미연방항공국 관제소는 접근금지 경고를 보냈으나 비행을 계속하자 11시 55분 블랙호크 헬리콥터 두 대를 발진했다. 4분 뒤 이 비행기가 15마일선 안으로 들어서자 테러경보를 오렌지에서 한 단계 높은 옐로우로 격상하면서 최악의 경우 이를 요격하기 위해 F16 전투기 두 대를 출격했다. 미 당국은 이 비행기가 10마일까지 접근하자 백악관과 의회, 대법원 등에 대해 긴급 대피령을 내렸고 그럼에도 비행기가 백악관 쪽으로 다가오자 최상급 테러경보인 레드를 발동했다. 당시 백악관에 부시 대통령은 없었으나 딕 체니 부통령과 로라 부시(Laura Bush) 등이 머물고 있다가 이들 역시 모두 대피했다. 언론들은 이날 2만 5000여 명이 대피했다고 보도했다. 이런 상황은 CNN 등을 통해 시시각각으로 전해졌고, 한 당국자는 방송에 나와 "모두 뛰어라. 이건 농담이 아니다. 지상에서 대피하라"고 촉구하기도 했다.

이 비행기를 요격하기 위해 출격한 전투기 등은 네 발의 경고 섬광탄을 발사한 끝에 이 비행기를 워싱턴 인근 메릴랜드 주의 한 공항으로 유도해 강제 착륙시켰다. 비행기가 워싱턴 상공에서 사라진 12시 14분 백악관에 대한 경보가 해제됐으며, 이어 의회와 대법원에 대한 해제가 뒤따랐다. 이때가 12시 40분이었다. 경보가 격상 발동됐던 시간은 단 15분, 비행기 발견에서부터 상황종료까지는 70분밖에 되지 않는 시간이었지만 '9·11 이후' 테러악몽에 시달리는 미국을 다시 한 번 충격에 몰아넣은 사건이었다.(정동식 2005a)

긴급 체포된 조종사는 펜실베이니아 주의 트럭 운전사인 짐 쉬퍼와 진공청소기 세일즈맨 트로이 마틴이었다. 이들은 이날 오전 10시 58분 펜실베이니아(Pennsylvania) 주 스모크타운(Smoketown)을 출발, 노스캐롤라이나 주에서 열리는 에어쇼에 가는 길이었다. 조종간을 잡았던 마틴은 비행교육을 30시간도 안 받은 '초보자'로, 9·11 이후 워싱턴 상공에 비행금지구역이 설정된 것도 모른 채 옛날 항공지도로 이곳을 침범했다. 이들은 조사결과 '안보 위협' 혐의가 없는 것으로 밝혀져 훈방됐다.(강인선 2005a)

나의 안보는 소중하지만, 우리 모두의 안보엔 관심 없다는 걸까? 미국 뉴욕 뉴스쿨대학 세계정책연구소가 2005년 5월 25일 펴낸 보고서는 미국이 개발도상국에 파는 무기의 대부분이 미 국무부가 '비민주적 체제'로 규정한 나라들로 넘겨져 분쟁을 악화시키고 있다고 지적했다. 세계 1위 무기판매국인 미국은 1992~2003년 1775억 달러어치의 무기를 해외에 팔았는데, 2003년 한 해 '비민주국'에 팔린 무기만 27억 달러어치에 이른다는 것이다. 이 보고서의 공동 저자인 프리다 베이건은 "폭정을 종식시키겠다고 외치면서 한편으로 독재정권들에게 무기를 판매하는 현실 때문에 미국에 대한 신뢰가 추락하고, 다른 나라

폭탄 테러 직후의 런던 러셀 스퀘어. 9·11테러로 각국의 보안조치가 강화되자 테러 조직들은 소프트 타깃, 즉 민간시설과 외국 구호단체에 대한 공격으로 방향을 틀었다. ⓒ FrancisTyers

들에 대한 높은 인권기준을 요구하기도 어려워졌다"고 말했다.(박민희 2005b)

세계적인 인권단체 국제사면위원회(Amnesty International, 앰네스티)는 2005년 5월 25일 미국이 쿠바 관타나모 수용소 등에서 수감자들의 인권을 침해하고 있다며 "외국 정부들은 그들의 영토에 들어가는 미국 관리들을 체포해 국제법에 따른 법적 조처를 취해야 한다"고 조지 부시 행정부를 맹비난했다.(박찬수·박민희 2005)

이에 스콧 맥클렐런 백악관 대변인은 "미국은 인권 보호를 선도하고 있다. 국제사면위원회의 주장은 웃기는 것이며 사실과도 다르다"

고 반박했다. 부시 대통령도 6월 1일 기자회견에서 국제사면위원회 보고서에 대해 "황당하다. 수용소 수감자들, 즉 미국을 싫어하는 사람들의 주장과 말에 근거한 것으로 보인다"고 말했다. 그러나 6월 5일 윌리엄 슐츠 국제사면위원회 집행이사는 FOX-TV 인터뷰에서 조지 부시 미 행정부는 전 세계에 수용소 '군도(群島; archipelago of prisons)'를 운영하고 있으며 그중 많은 수가 비밀수용소라고 비난했다. 그는 또 미국이 전쟁터에서 붙잡은 적 전투원들에 대해 변호사 접근은 물론 외부와의 연락을 단절한 채 구금하고 있다고 주장했다.(권순택 2005d)

2005년 7월 7일 영국 런던 중심가를 강타한 연쇄 폭탄 테러가 발생해 37명이 숨지고 700여 명이 다쳤다. CNN은 "테러리스트들의 목표가 미군이나 미국의 시설 등 이른바 '하드 타깃(주요 목표)'에서 불특정 다수를 대상으로 하는 '소프트 타깃'으로 변하고 있다"고 분석했다.(박찬수 외 2005)

이라크전 미군 사망자 2000명 돌파

2005년 10월 21일 미 국방부는 이라크에서 해병대원 두 명이 사망했다고 발표했다. 국방부는 하루 뒤에는 본국으로 후송돼 치료를 받아오던 육군 한 명이 공식 사망했다고 발표했다. 이게 일종의 '티핑 포인트(Tipping Point)'였을까? 10월 25일 미국 언론은 일제히 이라크전 참전 미군 사망자가 2000명 선을 돌파했다고 보도하면서 이를 계기로 미국 내에서 반전 운동이 다시 가열될 것으로 예상했다. 『월스트리트저널』은 이라크전에 대한 반대여론이 개전 이래 처음으로 50퍼센트선을 넘었다고 보도했다. "이라크전은 잘못"이라고 답한 사람이 53퍼센트, "이라크정책의 성공을 확신할 수 없다"는 61퍼센트, "부시가 잘못하고 있다"는 66퍼센트로 나타났다.

그러나 미 국방부는 "전쟁 중엔 전사자의 시신을 세지 않는다"는 내부방침에 따라 이라크전 전사자 숫자를 공식 발표하지 않았다. 미군당국은 전사자 2000명이란 숫자가 지닌 상징성에 민감한 반응을 보이면서 "2000이란 숫자는 특정 어젠다(반전)와 목적을 지닌 개인 및 단체가 벽에 그어놓은 표지에 불과하다"고 의미를 축소했다.(오애리 2005a)

이라크전쟁 개시 후 언론보도와 각종 기관의 발표를 통해 확인된 민간인 사망자 수를 웹사이트에 매일 업데이트하고 있던 '이라크보디카운트(www.iraqbodycount.net)'는 2005년 10월 25일까지 최소 2만 6690명, 최대 3만 51명의 민간인이 희생된 것으로 집계했다.(이철희 2005b)

미군 부상자는 1만 5000명에 달하며, 이라크 전 이후 사망한 이라크인은 3만~10만 명으로 추정되었다. 미 랜드(RAND; Research And Development) 연구소의 제임스 도빈스(James F. Dobbins, Jr.) 국장은 후세인 통치하인 2002년 이라크인 희생자는 1800명이었지만 미국이 이라크를 점령한 2003년에는 6000명, 2004년에는 8000명이 숨졌다면서 지금이 더 위험한 상황이라고 지적했다.(박민희 2005e)

미군 희생자가 처음 1000명에 이르기까지는 전쟁 발발 후 18개월이 걸렸지만, 그 후 2000명이 되는 데는 14개월 밖에 걸리지 않았다는 건 미군에 대한 저항세력의 공격이 그만큼 조직화하고 치명적으로 변했다는 뜻으로 해석되었다. 미국 언론은 2000명이란 희생자 수는 3000, 4000으로 가기 위해 거쳐야 하는 중간에 불과하다는 식의 비관적 기사를 쏟아냈다.(황유석 2005a)

그런 상황에서 고문금지법안이 논의되고 있었는데, 부시는 여전히 '의연' 했다. 그는 11월 7일 "테러 용의자 심문이 법 테두리 안에서 이뤄지고 있고, 우리는 고문을 하지 않는다"며 고문금지법안에 대해 반대 입장을 분명히 했다.(이철희 2005)

2005년 12월 11일 『뉴스위크』는 「거품에 갇힌 부시」 제하의 기사에서 "부시 대통령은 미 현대사에서 가장 고립된 대통령"이라고 지적했다. 부시 대통령이 '궁극적으로 역사의 평가를 받을 것'이라는 자기 확신에 찬 나머지 백악관 담장 밖으로 손을 뻗치려 하지 않는다는 것이다. 이 잡지는 "누가 감히 부시 대통령에게 반대의견을 들이댈 수 있겠는가"라고 반문한 뒤 "백악관에서는 종종 이견이 불충과 동일시된다"며 부시 대통령의 독선적 행태를 꼬집었다. 『뉴스위크』는 부시 대통령의 이 같은 성격이 알코올중독과 힘겹게 싸우는 과정에서 형성된 것이라는 추측까지 내놓았다.(고태성 2005)

미국 보스턴대학의 정신분석학자 스티븐 슐츠는 나르시시즘의 두 얼굴을 지적하면서 부시를 대표적 사례로 들었다. 대중은 세상의 편견과 장애를 뛰어넘어 의지를 관철하는 지도자에게서 대리만족을 느끼며 이게 부시의 정치적 힘의 원천이었지만, 대중이 메시아적 구호와 전혀 다른 현실에 눈 뜨면서 대통령의 나르시시즘은 모두에게 해로운 집착이 되었다는 것이다.(강병태 2006)

'잔인한 CIA의 수사방식'

2005년 12월 15일 치러진 총선을 통해 이라크인들은 미국의 이라크 침공 이후 처음으로 4년 임기 의회와 주권정부를 구성했다. 그 전날 부시 대통령은 "(이라크전쟁과 관련된) 많은 정보가 잘못으로 밝혀진 것은 사실이며 대통령으로서 이라크전을 결정한 책임은 나에게 있다"고 말했다. 치솟는 이라크전 반대여론을 무마하기 위해 11월부터 잇따라 '이라크전 연설'에 나선 부시 대통령은 이날 워싱턴의 우드로 윌슨센터에서 책임을 인정하면서도 "야만적인 독재자 사담 후세인은 미국과 전 세계에 위협이었으며 그를 제거한 나의 결정은 옳았다"고 주장했다. 그는 또 이라크전 승리의 기준으로 이라크군의 자체 안보 능력 확보와 테러리스트 위협 해소 등을 거론하면서, 승리를 거둬야 이라크에서 철군하게 될 것이라고 강조했다.(박민희 2005c)

미국 『뉴욕타임스』(2006.3.2)는 독일이 미국의 이라크 침공 당시 표면적으로는 미국 정부를 강력히 비판했지만 이라크에 관한 정보 제공 등 조직적, 정기적 정보 협력은 계속되고 있었다고 보도했다. 하기야 국익을 위해 독일 녹색당조차 아프가니스탄 파병에 찬성했었으니, 그리 놀랄 이야기도 아니었다.

2005년 말까지 미국이 쏟아부은 전비는 2000억 달러를 넘어섰다. 2006년 3월 14일까지 미 국방부가 집계한 이라크전 미군 사망자 수는 2302명이었고, 미군 점령에 맞서 싸우다 숨진 이라크인은 5만 명을 훨씬 넘는 것으로 추산됐다. 이라크 주둔 미군은 13만 명이었다.

"기업 없이는 우리는 어떤 일도 할 수 없다." 국토안보부 출신 한 고위관리의 말이다. 이 발언을 소개한 미국 『로스앤젤레스타임스』

(2007.10.20)는 부시 행정부가 안보 분야까지도 아웃소싱에 의존하고 있고, 이를 맡은 민간기업에서 문제가 속출하는데도 꼬박꼬박 돈만 지불하는 기계 노릇을 하고 있다고 비판했다. 그러나 전쟁 아웃소싱은 편리하고, 비용만 줄이는 게 아니라 책임까지 떠넘길 수 있으니 부시 행정부가 그걸 포기할 리는 만무했다.(Pelton 2009)

2009년 8월 미 법무부는 법원의 판결에 따라 CIA가 2004년 작성한 테러용의자 심문관련 보고서를 공개했다. 보고서에 따르면 한 CIA 요원은 9·11테러 용의자인 할리드 셰이크 모하메드(Khalid Sheikh Mohammed)에게 "미국 본토에 대한 또 다른 공격이 일어나면 너의 아이들을 죽일 것"이라고 위협을 가했다. 모하메드의 아들들은 당시 파키스탄과 미 당국이 구금 중이었다. 또 다른 심문관은 2000년 미군 구축함 폭파 혐의로 붙잡힌 압드 알 나시리(Abd al-Nashiri)에게 "수사에 협조하지 않으면 네 어머니와 가족들을 여기에 데려올 수 있다"고 말한 것으로 드러났다. 보고서는 심문관이 나시리에게 '가족 중 여자들은 성폭행당할 수도 있다'는 공포심을 주려 했다고 분석했다. 나시리는 오물을 제거하는 거친 솔로 피부를 문지르는 고문도 당했다.(이청솔 2009a)

언론들은 「잔인한 CIA의 수사방식」 등과 같은 제목으로 그동안 베일에 싸여 있던 미 정보기관의 무자비함을 일제히 비판했다. 오바마 정부가 부시 전 대통령 시절 무마됐던 보고서에 대해 특검까지 꾸려 철저한 진상규명에 나서자 공화당 의원들과 CIA 인사들은 즉각 반발했다. 전 CIA 국장인 마이클 헤이든(Michael V. Hayden)은 "고문의혹 등에 대해선 이미 검사들의 불기소처분이 내려진 사항"이라며 특검 수사에 대해 당혹감을 표시했다. 존 카일 미 상원 공화당 원내 부대표 등 의원들은 홀더 장관에 보낸 서한에서 "이번 조사가 정보기관 종사자들의 활동을 위축시킨다"고 비난했다.(양홍주 2009)

미국은 늘 국제사회에서 '인권'을 앞세워 이른바 '불량국가'들을 응징해왔지만, 겉과 속이 다르다는 비판이 끊임없이 제기돼왔으며 이라크전은 그런 이중성의 정점을 보여주었다. 지저분하고 더러운 건 밖으로 아웃소싱 하고 깨끗하고 아름다운 명분은 독식하겠다는 이중성이야말로 세계 도처에서 반미주의를 불러일으키는 가장 큰 이유건만, 미국은 그마저 시기심이나 악마의 농간 때문인 것으로 해석하니 이러고서야 어떻게 최소한의 소통이나마 가능했겠는가. '나르시시즘'이란 그릇만으론 담을 수 없는 불가사의라 할밖엔.

참고문헌 Bartlett 2004, Batra 2009, Friedman 2005, Pelton 2009, Roberts 2005, Scheer 2009, Zizek 2004, 강병태 2006, 강인선 2005a, 고태성 2005, 권순택 2005d, 김민웅 2003, 김승련 2004a, 김정우 2005, 박민선 2007, 박민희 2005·2005a·2005b·2005c·2005d·2005e, 박찬수·박민희 2005, 박찬수 외 2005, 박형준·이호갑 2004, 부형권 2005a, 양홍주 2009, 오애리 2005a, 오화석 2006, 유신모 2005a, 윤창희 2006, 이동준 2005, 이인열 2004, 이철희 2005·2005b, 이청솔 2009a, 임병선 2005, 정동식 2005a, 정인환 2005b, 최형두 2004b, 한국일보 2006, 황유석 2005·2005a

제3장

승자독식주의와 빈부격차

"소련 붕괴는 20세기 최대의
지정학적 재앙" 인가?
스탈린 향수

신민족주의의 부상

세계화로 국가 정체성이 약화되면서 문화 정체성에 집착하는 민족주의를 가리켜 '신민족주의'라 부른다. 신민족주의는 국가 정체성의 약화에 대한 보상 심리 때문에 생겨난 것인지도 모른다. 『워싱턴포스트』의 칼럼니스트 데이비드 이그내셔스(David R. Ignatius)는 2005년 4월 20일자 칼럼 「신민족주의」에서 자유무역과 신속한 자본이동으로 국경이 불분명해지고 있지만 세계는 더욱 민족주의로 변모하고 있다고 주장했다. 그는 이런 신민족주의를 일종의 지정학적 근본주의로 규정하면서 "사람들은 세계화에 대처하는 방법의 하나로 과거의 일체감에 집착하고 있다"고 보았다. 카터 행정부에서 국가안보보좌관을 지낸 즈비그뉴 브레진스키(Zbigniew Brzezinski)는 신민족주의는 젊은 세대 사이에서 확산된다는 것이 특징이라면서 이는 위험한 우파를 키우는 결과를 초래할 수 있다고 경고했다.

신민족주의의 성장엔 인터넷의 성장이 큰 기여를 했다. 『뉴스위크』(2005.4.27)에 따르면 "젊고, 교육받고, 기술적으로 앞서가는 요즘의 젊은 아시아인에겐 경제적 안정이란 메시지가 1970년대나 1980년대처럼 절실히 와 닿지 않는다. 그들은 이미 돈, 여가 그리고 자신의 견해를 갖고 있다. 게다가 새로 찾은 사회적 자유와 인터넷 덕분에 자신들의 견해를 적극적으로 표출한다. 이 같은 태도는 정부의 정책에도 갈수록 큰 영향을 미친다. 예컨대 중국 정부가 대만에 대해 보이고 있는 강경 입장의 배경에는 중국 젊은 층의 여론이 자리 잡고 있다. 일본의 유엔 안보리 상임이사국 진출에 반대의 뜻을 나타내기 위해 중국 네티즌이 벌이고 있는 온라인 청원에 서명한 사람은 이미 2200만 명에 이른다."(Liu & Caryl 2005)

2005년 4월 한국을 방문한 코넬대학 명예교수 베네딕트 앤더슨(Benedict Anderson)은 "20세기 민족주의는 19세기 민족주의와 큰 차이가 없지만, 21세기 민족주의는 기존의 민족주의와 전혀 다른 '돌연변이 민족주의(mutant nationalism)'가 될 것"이라면서 "민족주의는 21세기에도 번성할 것이다. 민족주의는 이제 우리 몸을 보호하는 피부 같은 존재가 됐다. 우리의 정체성을 규정하고 공동체를 유지해주므로. 문제는 국내외 갈등상황만 발생하면 이 피부가 벌겋고 크게 부풀어 오른다는 데 있다"라고 말했다.

중국에서 태어나 베트남 유모에게서 자라고 아일랜드 국적으로 1984년에 『상상의 공동체: 민족주의의 기원과 전파(Imagined communities: reflections on the origin and spread of nationalism)』라는 책을 쓴 앤더슨은 동북아에서는 민족주의의 파고가 높게 일고 있는 반면 유럽연합에서는 민족주의를 넘어선 통합의 움직임이 있다는 지적에 대해 부정적인 의견을 표했다.

"독일 출신의 라칭거 추기경이 (베네딕토 16세) 교황이 됐을 때 영국 신문에서 「나칭거(나치+라칭거의 합성어)」라는 제목을 뽑을 정도로 민족주의는 모든 나라에 뿌리 깊게 잠복해 있다. 지금 민족주의적 성향이 가장 두드러진 나라가 바로 세계 최강대국인 미국이란 점도 이를 증명한다. 동북아의 민족주의 강화 현상에도 자본주의화를 택함으로써 혁명의 정통성을 상실한 중국 정부의 국내 정치적 불안이 깔려 있다."

앤더슨은 "세계화가 더 진행되더라도 민족주의는 여전할 것으로 보는가"라는 질문에 대해 "민족주의는 형태를 달리하면서 다양한 모습으로 존재한다. 오늘날은 19~20세기 전반까지의 민족주의와는 다른 양상을 보이고 있다. 예를 들면 해외에 나가 사는 교포들의 '원격지 민족주의'가 더 큰 문제가 될 수도 있다. 국적은 다르지만 출신국가, 고국에 대한 감정적 유대감을 더 과격하게 표출할 가능성이 있기 때문이다. 중국과 대만의 양안 문제를 놓고 해외의 화교들이 베이징 정부에 '대만을 공격하라'고 로비하는 상황이 올 수도 있다"고 말했다.

또 그는 아일랜드 본토에서는 아일랜드의 세계적 축제인 '성패트릭데이(St. Patrick's Day)'에 동성애자들의 참가를 진작에 허용했지만 미국 뉴욕과 필라델피아의 아일랜드인들은 전통에 어긋난다며 절대 허용하지 않고 있으며, 힌두교 근본주의 본부가 있는 곳은 인도가 아니라 영국 런던이라는 점 등을 지적하면서 이러한 '원격지 민족주의'에는 과거에 대한 자부심과 집착이 숨겨져 있다고 분석했다.(권재현 2005a, 배영대 2005)

'소련 붕괴는 유감' 73.5퍼센트

2000년대 중반 러시아에서 집권 29년 동안 1000만여 명을 학살하고 2000만여 명을 유배 보낸 독재자 이오시프 스탈린(Joseph Stalin, 1879~1953)이 부활한 건 바로 그런 신민족주의 흐름과 무관치 않았다. 마르크스주의를 국가주의에 종속했던 스탈린은 '강력한 소련제국'의 상징으로 무덤에서 걸어 나오기 시작했다. 1956년 스탈린의 후계자인 니키타 흐루쇼프(Nikita Khrushchev, 1894~1971)는 스탈린을 비판하고 격하 운동을 벌였으며, 온도 차이가 있을 뿐, 이 기조는 2000년까지 계속 유지되었다. 그런데 2000년에 어떤 일이 있었던가?

1999년 8월 보리스 옐친(Boris Yeltsin) 대통령은 그동안 꾸준히 권력

1949년 중국 공산당이 스탈린의 70주년 생일을 축하하는 모습.

을 키워 가던 예브게니 프리마코프(Yevgeny M. Primakov)를 해임하고 대신 잘 알려지지 않은 KGB 공작원 출신 블라디미르 푸틴(Vladimir V. Putin)을 수상에 임명해 세상을 깜짝 놀라게 만들었다. 놀랄 일은 또 한 번 남아 있었다. 옐친은 1999년 12월 31일 대통령 자리를 물러나고 자신의 후임으로 푸틴을 지목했다. 푸틴은 2000년 3월 선거에서 대통령에 당선되었다. 푸틴은 어떤 인물이었던가? 로버트 서비스(Robert Service 2007)는 다음과 같이 말한다.

"푸틴의 할아버지는 레닌과 스탈린을 위해 부엌에서 일했다. 푸틴 대통령은 1930년대와 1940년대에 권력을 남용한 이야기를 듣기 싫어했다. 대신 그는 그 시기에 소비에트 국가가 이룬 성과를 칭찬하고 싶어 했다. …… 그는 자신이 일찍이 스탈린의 비밀경찰의 후예인 KGB에서 일한 것을 말하기 좋아했다."

2000년 12월 소련 붕괴 9주년을 맞아 모스크바의 여론조사기관 로미르(ROMIR)가 러시아인 2000명을 대상으로 조사를 벌인 결과 응답자 중 73.5퍼센트가 '소련의 붕괴를 유감으로 생각하느냐'는 질문에 동의를 표시했다. 반면 불과 9.5퍼센트만이 소련을 해체시킨 러시아, 우크라이나, 벨라루시 지도자들의 당시 결정이 정당했다고 평가한 것으로 나타났다. '소련 붕괴가 불가항력이었느냐'는 질문에도 25.3퍼센트가 '거스를 수 없는 대세였다'고 답한 반면 과반수가 넘는 63.5퍼센트는 '막을 수 있었다'고 답했다. 1991년 이후 개혁정책과 자유증진에도 불구하고 러시아인 61.1퍼센트는 '좋았던 옛날'을 그리워하고 있고, 27.7퍼센트만이 '현재가 더 낫다'고 보고 있는 것으로 조사됐다.

1990년 독일 통일 직후 훼손된 레닌의 동상은 초강대국에서 격하된 소련의 위상을 대변한다. ⓒ Thurn, Joachim F.

　푸틴의 가장 큰 관심은 '국가 정체성' 이었다. 그가 만들고 싶어 하는 새로운 '현대식 법령' 의 첫 줄에 무얼 쓰고 싶냐는 질문에 푸틴은 단호히 '정체성' 이라고 답했다. 그가 늘 주문처럼 읊조리는 주제는 '국가 정체성 회복과 강력한 국가 건설' 이었다. 그가 가장 관심을 갖고 있는 역사적 인물도 강력한 지도자상을 보여준 나폴레옹(Napoléon I, 1769~1821)과 샤를 드골(Charles De Gaulle, 1890~1970)이었다. 푸틴을 나폴레옹과 비교하는 건 러시아 언론의 단골 메뉴이기도 했다.

푸틴은 '네오스탈린주의자'라는 비판에도 아랑곳하지 않고 2001년 소련 국가(國歌), 2002년 '붉은 별' 등 옛 소련의 상징물을 복원시키며 러시아인을 상대로 스탈린의 향수를 이끌어냈다. 또 푸틴은 테러 예방을 내세워 권력을 강화하면서 구소련체제가 폐지했던 제도들을 부활시켰다. 그는 2004년 9월 유권자들이 아닌 크렘린이 주지사들을 임명하게 될 것이며, 앞으로 정치제도를 바꿔 국민들의 국회의원 직접 선출권을 박탈할 계획이라고 발표했다. 러시아 연방의 하원을 지칭하는 '두마(Duma)'는 푸틴을 견제하지 못했으며, 푸틴에게 충성하는 의원들은 국민들의 여행의 자유를 제한하고 수천 명의 자원자들을 정부의 감시기구로 활용하는 법안들을 상정했다.

전임자인 미하일 고르바초프와 보리스 엘친은 푸틴이 헌법에 어긋나는 권력 강화를 시도하고 있다고 비난했지만, 러시아 국민들은 저항을 하지 않았다. 2004년 일련의 끔찍한 테러를 겪은 후, 특히 338명의 어린이와 어른이 사망한 베슬란(Beslan) 학교 인질극 사태 이후 과거 소련 스타일로의 회귀는 오히려 여론의 지지를 받았다. 테러의 공포와 체첸 반군 지도자 샤밀 바사예프(Shamil Baayev, 1965~2006) 같은 테러 세력이 촉발하고 싶어 하는 국가 해체에 대한 공포가 러시아 국민들 사이에 만연돼 있었기 때문이다. 극소수의 공산당원들만이 민주 투사로 변신해 저항하고 있는 아이러니가 연출되었다.

"소련의 붕괴는 20세기 최대의 지정학적 재앙"

2004년 12월 12일 푸틴은 주지사 직선제를 폐지하고 대통령이 임명토록 하는 법안에 서명했다. 이는 9월 러시아 북오세티야(Ossetia) 자치공화국 베슬란에서 발생한 학교 인질극에 대한 테러 대응책으로 푸틴이 제안한 법안이었다. 야당과 인권감시단체들은 비상회의를 소집한 뒤 직선제 폐지 반대 등을 주장하며 대정부 투쟁을 선언했지만 여론은 푸틴의 편이었다.

2005년 4월 25일 연례 국정연설에서 푸틴은 "소련의 붕괴는 20세기 최대의 지정학적 재앙"이라고 언급하며 '강한 러시아'와 러시아 민족주의의 강화를 역설했다. 영국의 BBC는 "러시아 국민들이 여전히 경제적 고통에서 벗어나지 못하면서 강한 리더십을 보인 스탈린에 대한 향수가 일고 있다"고 분석했다.

5월 9일 러시아는 모스크바 붉은광장에서 세계 53개국 정상이 참석한 가운데 2차 세계대전 승전 60주년 기념행사를 2억 달러(약 2000억원) 이상의 행사비를 들여 거창하게 치렀다. 2차 세계대전 국가별 사망자 수는 소련 2700만 명, 폴란드 660만 명, 독일 520만 명, 일본 180만 명, 프랑스 40만 명, 영국 38만 명, 미국 29만 명 등이다.

이 행사는 푸틴을 위한 독무대였다. 정병선(2005)에 따르면 "푸틴 대통령은 행사 당일인 9일 오전 9시부터 국빈들을 접견하면서 각국 정상들을 무려 30여 미터나 걸어오게 했다. 의전상 보기 힘든 경우였다. 더구나 비가 내린 가운데 푸틴 대통령은 멀찌감치 걸어오는 각국 정상들을 외면한 채 바로 가까이 왔을 때 얼굴을 돌리는 등 제왕적인 모습을 연출했다. 대부분 정상들은 우산을 쓰지 않은 채 푸틴 대통령을 만났지만, 푸틴 본인은 우산을 받쳐 들고 있는 등 이해하지 못할 장면들이 많았다. 푸틴 대통령은 유일하게 조지 부시 미국 대통령을 접견하면서 우산을 접는 예의를 보였다. 러시아인들은 푸틴 대통령이 마치 제정 러시아 시대 왕제의 모습을 보였고, 각국 정상들은 황제를 알현하는 모습이었다고 말하고 있다."

이 행사에 맞춰 여러 곳에서 스탈린 사후 격하 운동으로 거의 사라졌던 스탈린 동상이 다시 세워지기 시작했다. 한때 스탈린그라드(스탈린의 도시)로 불렸던 볼고그라드(Volgograd) 시당국은 스탈린의 새 동상을 공개했으며, 공산당 당수 겐나디 주가노프(Gennady Zyuganov)는 볼고그라드의 명칭을 예전처럼 스탈린그라드로 되돌려

푸틴(왼쪽)은 재임 동안 옐친(오른쪽)이 굴복시키지 못했던 체첸을 무력으로 진압했으며, 2000년 제트 전투기를 몬 것을 시작으로 시베리아강에서 접영하는 모습을 보여주며 '강한 남자' 이미지를 쌓아 갔다.

야 한다고 촉구했다. 시베리아 야쿠티아 공화국의 미르니에서 열린 스탈린 동상 제막식에서 미르니의 시장 아나톨리 포포프(Anatoly A. Popov)는 "조국에 대한 사랑과 헌신 그리고 모든 것을 바친 러시아의 위대한 아들을 위해 기념비를 세운다"며 스탈린을 극찬했다.

모스크바 벨라루시 역을 출발해 독일 베를린(Berlin)으로 향하는 '승리의 열차'는 앞부분에 콧수염을 단 스탈린의 거대한 초상화를 내걸었다. 열차를 마주 나온 시민들은 환호했다. 특히 스탈린 시절의 공포정치를 경험하지 못한 젊은 여성들은 멋진 콧수염에 카리스마가 넘치는 스탈린의 모습에 열광했다.

2005년 5월 한 설문조사에서는 절반 이상의 러시아인들이 스탈린에 대해 우호적으로 생각하는 것으로 나타났다. 어려워진 경제상황으로 인한 열등감과 불만 때문에 러시아인들은 적어도 산업화를 이룩하고 핵무기 강대국 대열에 진입했던 스탈린 시대를 그리워한다는 것이다. 역사학자 이고르 돌루츠키는 "대중의 스탈린에 대한 기억은 신화 수준에 도달했다"면서 "이 신화의 본질은 위대한 국가 건설을 위해서라면 폭력과 테러, 억압도 효과적으로 이용할 수 있다는 것"이라고 우려했다. 전 대통령 미하일 고르바초프도 "중요한 행사가 스탈린 찬양에 이용돼서는 안 된다"면서 최근 러시아에서 고개를 들고 있는 스탈린 숭배주의를 강하게 비난했다.

그러나 러시아의 거창한 승전 기념식 행사는 오히려 러시아의 제국 내지 초강대국 지위 상실이라는 현실을 부각시킬 뿐이며, 푸틴은 물론 대다수 러시아인은 한때 속국이던 나라들에서조차 러시아의 영향력이 감퇴한 것에 대해 불안해하고 있다는 시각도 제시되었다. 또 푸틴의 권력은 전임자인 옐친의 권력보다 약할뿐더러 대미 관계에서도 나토(NATO)가 러시아 영공을 사용할 수 있게 조용히 장애물을 제거했고 우크라이나의 나토 가입을 묵인할 정도로 부드럽다는 것이다. 그래서 더욱 푸틴과 러시아인들이 스탈린을 찾게 된 건 아닐까?

참고문헌 Anderson 2002, Beichman 2000 · 2004, Brown 2005, Cohen 2008, Liu & Caryl 2005, Service 2007, 강준만 2005a, 고성호 2005c, 권재현 2005a, 김기현 2005, 노동일보 2000, 배영대 2005, 설원태 2005c, 손제민 2005, 오애리 2005b, 정병선 2005, 홍석우 2005

미국인의 '소비 중독증'
'월마트 민주주의' 논쟁

월마트의 '소비자 지상주의'

미국에서 글로벌 아웃소싱을 가장 많이 하는 기업 중의 하나가 미국의 대표적 소매유통업체인 월마트(Wal mart)다. 캘리포니아대학 역사학자 넬슨 리히텐스타인(Nelson Lichtenstein)은 월마트의 경제사적 의미를 평가하면서 "월마트의 힘은 생산업체가 '갑'이고 유통업체가 '을' 노릇을 해온 100년 묵은 역사를 뒤집었다는 것이다"라고 말한다.

삼성그룹 회장 이건희(1997)는 『이건희 에세이: 생각 좀 하며 세상을 보자』에서 "어느 경영자에게 들은 것인데 미국에 이익 많이 내기로 유명한 슈퍼마켓에 갔을 때, 그 점포 입구에 '1조, 고객은 항상 옳다. 2조, 고객이 틀렸다고 생각되면 1조를 다시 보라'고 쓰인 팻말을 보았다고 한다. 되새길수록 단순하지만 깊은 철학을 담고 있는 말이다"라고 말했다.

그 기업이 바로 월마트다. 미국 아칸소 주에 본사를 둔 월마트는

월마트 부천점(후일 이마트)의 모습. © Himasaram

1962년 창사 이래 컴퓨터를 혁명적으로 활용하여 재고를 추적·관리하고 운영비용을 절감함으로써 비약적인 성장을 거듭하였다. 월마트는 1983년 기업 가운데 최초로 판매시점 정보관리 시스템(point-of-sale terminals)을 도입했는데, 이 시스템은 판매시점에 상품의 판매량과 재고 감소분을 동시에 파악해 상품의 신속한 재공급을 가능하게 만들었다. 1987년엔 모든 점포를 월마트 본사와 연결시키는 대규모 위성 시스템이 구축되었으며, 이는 제조업자에게도 개방되었다. 이에 대해 기업 컨설턴트 레나 그라놉스키(Rena Granofsky)는 다음과 같이 말한다.

"판매 및 재고 정보를 제조업자와 공유한 것이야말로 월마트를 최고 기업으로 만든 원동력이다. 월마트와 경쟁하는 기업들은 판매정보를 비밀로만 여겼다. 하지만 월마트는 제품 공급업자들을 적이 아닌

파트너로 대우했다. 상호공급기획예측(CPFR; Collaborative Planning, Forecasting, and Replenishment) 프로그램을 통해 월마트는 최적의 재고 시스템을 운영하는 동시에 운송비용을 줄일 수 있었다."(Friedman 2005)

월마트가 미국에서 국방부 다음으로 강력한 슈퍼컴퓨터를 갖게 된 이유다. 또한 월마트는 수송비 절감을 위해 점포를 자사의 유통센터 에서 가까운 곳에만 열었다. 창립자인 샘 월튼(Sam M. Walton, 1918~ 1992)은 "우리는 창고에서 접근 가능한 모든 거리에 점포를 세운다. 그 리고 한 주, 한 주 그 지역의 지도를 다 채워나간다. 그 지역을 다 채울 때까지 말이다"라고 설명했다.(Klein 2002)

그런 비용절감에 더하여 앞서 지적한 '소비자 지상주의'가 가미되 었다. 샘 월튼은 1980년대 중반 위성을 통해 전 월마트 직원들에게 한 연설에서 이렇게 말했다. "자, 이제 오른손을 들고 제 말을 복창하십 시오. 오늘부터 나는 고객이 내 앞에 3미터쯤 다가오면, 미소를 지으 며 그의 눈을 바라보고 인사와 함께 '무엇을 도와드릴까요' 하고 말 하겠다고 엄숙히 선언합니다."(Beatty 2002)

샘 월튼은 1988년 67억 달러의 재산으로 미국 최고의 부호가 되었 으며, 월마트는 2001년부터 매출액 기준으로 세계 1위 기업의 자리를 지켜왔다. 2005년 기준으로 종업원 수는 170만 명(120만 명은 미국), 전 세계 매장 수는 5200개(75퍼센트는 미국)에 이르렀다. 월마트는 마이크 로소프트보다 수입을 여덟 배나 올리며 미국 GDP(국내총생산)의 2퍼 센트를 담당했다.

미국인의 '소비 중독증'

1980년대 중반 미국 청소년이 집과 학교 다음으로 시간을 많이 보내는 곳이 바로 쇼핑몰이었다. 오늘날 미국인들은 인구로는 세계의 5퍼센트도 되지 않지만 세계 에너지의 3분의 1을 소비하며 지구의 다른 자원도 엄청나게 소비하는 '소비 중독증'에 빠져 있다. 쇼퍼테인먼트(shoppertainment)라는 말까지 생겨났다. 쇼핑과 오락이 하나로 통합되었음을 의미하며, 이를 구현하는 대표적인 공간이 바로 쇼핑몰이다. 2002년 미국 주택의 평균 면적이 1950년대 주택 평균 면적의 두 배가 된 이유는 쓰지 않는 물건을 쌓아 둘 공간이 필요하기 때문이라고 주장하는 사람도 있다.(Twitchell 2003)

미국은 인구로는 세계의 5퍼센트도 되지 않지만 세계 에너지의 3분의 1을 소비하는 '소비 중독 국가'가 되었는데, 이게 바로 미국의 정체성이기도 하다. 미국에서는 지금도 쇼핑몰이 전국 각지를 파고드는 현상이 계속되고 있으며, 쇼핑몰에 놀이기구와 테마가 있는 각종 행사, 아이맥스 영화관 그리고 공연이 등장하고 있다. 이와 관련해 실버스타인·피스크(Silverstein & Fiske 2005)는 "지금 미국에서는 전문 유통업체 증가, 쇼핑몰의 대형화 그리고 소비자 안목의 고급화가 나타나고 있는데, 이것은 4만 5000개에 달하는 미국 전역의 쇼핑몰을 가득 채울 뉴 럭셔리 상품에 대한 수요도 점점 늘어나리라는 점을 시사한다"고 말했다.

쇼핑몰을 중심으로 한 미국 소비문화는 글로벌 스탠더드가 되어 갔다. 움베르토 에코(Umberto Eco)는 영국 『선데이 텔레그라프(The Sunday Telegraph)』(2005. 11.27)에 기고한 글에서 크리스마스를 앞둔

'쇼핑 광풍'을 경고하고 나섰다. 가톨릭 신자로 자라났지만 결국 종교를 버린 계몽주의자가 된 에코는 종교적 크리스마스는 최소한 '이치에 닿는 어리석음'일 수 있지만 상업적 크리스마스는 그것조차도 아니며, 신비주의 밀교(密教; occult) 문화와 다를 게 없다고 비판했다.(이철희 2005a)

그건 '소비자 지상주의'라는 말로 미화되지만, 월마트의 '소비자 지상주의'에도 어두운 그림자가 있다. 그 이면에 희생을 당하는 사람들이 있기 때문이다. 무엇보다도 생산자와 소비자 사이에서 극단적으로 소비자 편에 서기 때문에 영세 납품업체들이 죽어난다. 착취한다고 해도 좋을 정도다. 사원 인건비도 매우 박하다. 2004년에 나온 한 보고서에 따르면 "지난해 봄, 월마트 판매사원의 평균 임금은 시간당 8달러 50센트, 연봉은 약 1만 4000달러였다. 이는 정부가 정한 3인 가족 최저 생계비 기준에 1000달러나 못 미치는 금액이다."(Tirman 2008)

그럼에도 노조는 절대 금기다. 그러나 고객은 대만족이다. 그래서 고객은 자꾸 밀려드니 월마트는 욕을 먹으면서도 큰소리치면서 승승장구해온 것이다. 월마트는 교외지역이 포화상태에 이르러 대도시 공략으로 돌아섰지만 반발이 만만치 않았다. 2004년 샌프란시스코 연방법원으로부터는 급여와 승진, 직무훈련 등에서 여성 노동자를 차별했다는 판결을 받았고, 시카고와 뉴욕 등에서는 지역 공동체와 노조를 중심으로 월마트 진출을 막으려는 움직임이 벌어졌다.

영국『이코노미스트』(2005.4.6)는 월마트가 뉴욕 시 퀸스 지역에 대형 매장을 설립하려 했으나 주민과 시의회의 강력한 반발로 사업추진을 일단 보류했다고 보도했다. 다른 도시들도 월마트 진출을 막기 위한 각종 조치들을 마련 중이어서 월마트의 성장 엔진에 적신호가 켜졌다는 것이다.

뉴욕 시의 반대 이유는 월마트가 노조 설립 불가, 근로자 착취, 환경 파괴 등 윤리적으로 문제가 많은 기업이라는 것이다. 월마트는 종업원들에게 시간당 9.68달러의 임금을 지불했는데 이는 뉴욕 노조가입 근로자의 시간당 평균임금 수준 12~18달러에 훨씬 못 미쳤다. 이와 함께 월마트 근로자의 절반 정도만 의료보험 혜택을 받고 있다는 점도 문제로 지적되었다.

월마트 논쟁

월마트는 2005년 3월 미국 100개 신문에 "월마트는 모두를 위해 일한다"는 전면광고를 게재한 데 이어 4월 5일 사장 리 스콧(H. Lee Scott, Jr.)은 기자회견을 통해 "높은 노조가입률과 임금 수준을 유지하는 미국 자동차업체들의 낮은 경쟁력을 보라"면서 "월마트가 미국 경제 전체를 책임질 수는 없다"고 주장했다.

이에 '월마트 워치'라는 캠페인을 주도한 반월마트 시민단체인 '파이브스톤스'도 『뉴욕타임스』(2005.4.21)에 월마트 실상을 알리는 큼직한 광고를 내고 "월마트의 저임금과 열악한 복지 때문에 직원들은 저소득층 의료보험과 주택임대 프로그램에 의존할 수밖에 없는 형편"이라고 비난했다. 이에 대해 월마트는 "월마트 신용을 떨어뜨리겠다는 의도를 갖고 노조가 우리를 농락하는 또 하나의 사례일 뿐"이라며 "현명한 소비자들은 현혹되지 않기 바란다"고 말했다.

『뉴욕타임스』도 기사를 통해 월마트의 낮은 임금을 문제 삼았다.

유타 주 반월마트 시위. 월마트와 같은 대형슈퍼마켓은 급여·승진·훈련에서의 여성 차별, 모호한 복지제도, 지역공동체 파괴로 비난받고 있다. ⓒ Brave New Films

이에 대해 『워싱턴타임스(The Washington Times)』의 보수 칼럼니스트 토머스 소웰(Thomas Sowell 2005)은 "많은 종업원의 초임 일자리는 특정 회사나 다른 곳에서 더 나은 일자리를 얻기 위한 경험상의 디딤돌이다. 그런데도 참견꾼들은 스스로 전혀 돈 한 푼 내놓지 않으면서 자신들과 같은 제삼자가 기업들에 종업원들에게 얼마의 보수를 지불해야 할지 결정해야 한다고 주장한다"고 비꼬았다.

2005년 5월 월마트는 전 세계의 매장 중 처음으로 2004년 8월 노동조합을 설립한 캐나다 퀘벡 주 종키에르 매장을 폐쇄했다. 노조연맹 회장 이본 벨마르는 "30년 노조활동에 이런 회사는 처음 본다"며 "미국과 다른 나라에 노조를 만들면 매장을 폐쇄하겠다는 경고로 보인다"고 혀를 찼다.

그런 문제들에도 불구하고 '월마트'는 세계적 현상이 되었다. 덩치를 크게 키우면 제조업자들에게 큰소리를 칠 수 있고 소비자들에게는 더 낮은 가격으로 물건을 제공할 수 있다는 월마트의 원리는 다른 대형 소매 유통업체들의 공통된 경영 전략이 되었다는 뜻이다. 중국에선 미국의 월마트, 세계 2위의 프랑스 소매 유통체인인 까르푸(Carrefour), 영국판 월마트라 할 테스코(Tesco) 등 '빅 3'가 대접전을 벌이고 있었다.

전 세계의 소비자들이 월마트 현상을 반겼지만, 가장 까다로운 시장은 서유럽이었다. 월마트의 독일 시장 진출도 고전을 면치 못했다. 『뉴스위크』(2005.4.27)에 따르면 "드넓은 미국식 매장을 독일에다 그대로 옮겨 놓기가 얼마나 어려운지, 독일인에게 월마트 직원이라는 자부심을 심어주기가 얼마나 힘든지 제대로 예측하지 못했다. 독일은 노동조합이 강력하고 규제가 심하며 적정 규모의 상점공간을 얻기도 매우 어렵다."(Underhill 2005)

'월마트 논쟁'은 한국에서도 벌어졌다. 2005년 5월 9일 서울 여의도 중소기업협동조합중앙회 2층 회의실에 모인 전국 100여 명의 중소 유통업체 상인들은 이마트 등 대형 유통업체에 대한 정부의 출점규제 완화 방침에 맞서 대형 유통점 확산저지 비상대책위원회를 발족하기로 했다. 이들은 대형업체들이 대도시에 점포를 개설하는 데 한계를 느끼자 인구 10만 명 이하 중소도시에까지 파고드는가 하면 700~1000평 규모의 슈퍼슈퍼마켓(SSM) 형태로 틈새시장까지 싹쓸이하고 있다고 비난했다. 이에 대해 대형 유통업체들은 '주민 이익론'으로 맞섰다.

한국유통학회 회장 변명식은 "약육강식의 논리로 가다간 서민경제의 기반이 무너질 수도 있는 문제"라며 "지자체에서 조례를 제정해서라도 대형업체의 입점을 제한해야 한다"고 말했다. 반면 중앙대학 교수 이정희는 "미국의 경우 중소 상인들이 힘을 모아 대형마트를 운영하거나 유기농 매장, 신선식품 전문매장 등으로 차별화하고 있다"며 "유통업체의 대형화는 세계적 추세인 만큼 특화된 제품과 서비스로 무장해 스스로 살 길을 모색해야 한다"고 말했다.(이경선 2005)

'월마트 민주주의'의 미래

2005년 4월, 월마트 사장 리 스콧은 한국 언론과의 인터뷰에서 "월마트 같은 대형업체들이 진출하면서 동네 가게들이 망한다는 비판도 강하다"라는 의견에 대해 "아버지가 캔자스(Kansas) 주 박스터 스프링스(Baxter Springs) 66번 도로에서 주유소를 운영했다. 고속도로가 인근에 뚫리면서 주유소가 서서히 망해 간 경험이 있다. 누구의 잘못도 아니며, 변화에 순응하지 못한 결과일 뿐이다. 창조와 경쟁은 항상 변화를 일으킨다"고 반박했다.

스콧은 "무노조경영에 대한 미국 노조 지도부의 공세가 심해지고 있다. 중국에서는 노조 설립을 허용하면서 미국에서 노조를 인정하지 않는 이유"를 묻자 "국가마다 문화가 다르다. 중국에서는 중국 규정을 따른다. 월마트는 종업원들과 경영진이 신뢰로 단결해 노조 필요성을 느끼지 않는다"고 답했다.(김재호 2005)

그러나 해외 공장의 문제는 매우 심각했다. 중앙아메리카 지역의

월마트 농산물 코너에서 일하는 노동자들. © Coolcaesar

경우, "공장의 방화문은 밖에서 잠겨 있었고, 여성 노동자들은 임신한 사실이 밝혀지면 해고되었다."(Tirman 2008) 2008년 4월 '플래글러 프로덕션'이라는 비디오 제작업체가 30년간 찍어온 월마트의 각종 대내외 행사 원본 테이프가 공개됐는데, 이 테이프에는 걸러지지 않은 월마트 간부들의 언행 등 월마트의 치부가 고스란히 담겨 있어 화제가 되었다.(이정은 2008)

헬레나 노르베리-호지(Helena Norberg-Hodge 2000)는 "월마트의 성공은 자주 주목을 받아왔는데, 사람들은 대개 창립자인 샘 월튼의 사업 수완과 개성이 오늘날의 성공을 가져왔다고 말한다. 그 성공 원인을 분석할 때 공공자금으로 만들어진 인프라의 구실을 포함시키는 경우는 아주 드물다. 만약 그런다면, 월마트가 작은 상점들을 문 닫게 하는 데 이용해온 '1년 365일 할인'이 광범위한 간접 보조금 덕택에 가능하다는 사실이 분명해질 것이다"라며 다음과 같이 말했다.

"월마트에서 판매되는 거의 모든 상품이 공공자금으로 건설된 고속도로를 통해 수천 마일 수송되는 것이다. 외국에서 생산된 상품이 도착하는 하역 터미널은 공유지에 건설되어 공공기관에 의해 관리된다. 이 회사가 모든 점포와 배급트럭과 통신하며 상황을 파악하는 데 이용하는 인공위성은 공공자금이 투입된 우주프로그램의 산물이고, 재고 파악에 사용하는 레이저 기술 역시 정부가 자금을 댄 군사연구에서 비롯되었다. 사실상 모든 고객은 대규모의 공공 고속도로망 덕택에 쉽게 월마트 점포를 이용할 수 있다. 심지어 이 회사의 컴퓨터를 설치하고 프로그램을 만들고 유지하는 노동력도 국가 재정이 대규모로 투입된, 이 같은 첨단기술 훈련에 초점을 맞춘 교육체계의 산물이다."

엘런 러펠 셸(Ellen Ruppel Shell 2010)은 "미국인들은 저렴한 가격을 사랑한다"며 "'언제나 최저가'는 초라한 생활 방식을 기본으로 한다"고 말한다. "불안정한 저임금 근로자들을 착취해 사업 계획을 세우는 것, 비용을 절감하기 위해 자원을 고갈시키고 환경을 파괴하는 것, 생산업체들이 파산하지 않으려면 속임수를 쓸 수밖에 없을 만큼 과도하게 비용 절감을 요구하는 것은 혁신이 아니다. 저렴한 가격을 찾아 미국 중산층들이 교외로 대거 이동하는 것은 번영의 길도, 성장의 길도 아니다."

월마트 모델은 '월마트 민주주의'라고 해도 좋을 정도로 우리 시대의 전 사회를 휩쓸고 있다는 점은 부인하기 어렵다. 월마트 민주주의는 세계화와 신자유주의 시대의 민주주의라고 해도 과언이 아니다.

현 방식의 소비자 지상주의가 과연 궁극적으로 소비자의 이익으로 귀결되는 것인지, 소비자는 동시에 시민이기도 하다는 이중성에 어떻게 대처해 나갈 것인지 등에 대한 고민이 필요하다 하겠다.

참고문헌 Beatty 2002, Current Biography 2006, Friedman 2005, Gordon 2007, Klein 2002, Leadbeater 2009, Norberg-Hodge 2000, Patel 2008, Rifkin 2001, Shell 2010, Silverstein & Fiske 2005, Sowell 2005, Tirman 2008, Twitchell 2003, Underhill 2005, 김재호 2005, 김학준 2005, 김희균 2005, 김희원 2005, 박영춘 2008, 이건희 1997, 이경선 2005, 이정은 2008, 이철희 2005a, 이향휘 2005, 전예현 2005, 정미경 2005, 홍은택 2005

'475배 자본주의' 연봉격차 논쟁

'노조의 몰락'과 '각개약진'

사회학자 로버트 머튼(Robert Merton)은 1957년에 출간한 『사회이론과 사회구조(Social Theory and Social Structure)』에서 "미국의 중요한 미덕인 '야망'이 미국의 중요한 악덕인 '일탈 행위'를 조장한다"고 했다. 반면 러시아 태생의 유대인으로 소설가이자 철학자인 에린 랜드(Ayn Rand, 1905~1982)는 1961년에 출간한 『이기심의 미덕(The Virtue of Selfishness)』에서 어떤 면에선 히피들의 주장과 일맥상통하는 극단적인 자유주의 철학을 주장했다.

"인간은, 모든 인간은 다른 사람의 목적에 부합하는 수단이 아니라 자기 자신을 위해 존재한다. 인간은 스스로를 위해 살아야 한다. 다른 사람 때문에 자신을 희생해서도, 다른 사람에게 희생을 요구해서도 안 된다. 인간은 자신의 이익을 위해 일해야 하며, 자신의 행복 달성을 자기 삶의 가장 높은 도덕적 목표로 삼아야 한다."(Callahan 2008)

머튼과 랜드 중 누가 이겼는가? 랜드의 승리였다. 미국은 '이기심의 미덕'이 예찬 받는 사회로 성장해왔다. '이기심의 미덕'을 견제할 수 있는 세력은 지리멸렬 상태를 면치 못했으며, 이를 잘 보여준 게 바로 노동조합의 몰락이었다. 1955년 12월 미국의 양대 전국 노조인 미노동총연맹과 산업별회의가 합쳐져 AFL-CIO(American Federation of Labor-Congress of the Industrial Organization)가 탄생되었을 당시 전체 노동자의 35퍼센트이던 미국 조합원은 2005년 6월 12.5퍼센트로 급감했으며 기업노조 가입률은 7.9퍼센트에 불과했다.

AFL-CIO의 로고. © Tinyarmada

엎친 데 덮친 격으로 2005년 6월 12일 산하 노조인 서비스노조국제연맹이 AFL-CIO 탈퇴를 선언했으며 다른 산하 노조들도 탈퇴 움직임을 보이면서 AFL-CIO가 최대의 분열 위기에 빠져 들었다. 이런 반발의 주요 원인은 취임 10년째를 맞는 위원장 존 스위니가 조합원을 등한시한 채 정치적 영향력 확대에만 치중하는 전횡과 더불어 AFL-CIO가 지지하는 민주당이 두 차례 대선에서 연달아 패했기 때문인 것으로 분석되었다.(장학만 2005)

2005년 7월 25일 AFL-CIO 내 56개 노조에서 조합원 규모로 으뜸과 버금을 차지하는 서비스노조국제연맹과 전미트럭운전자조합(Teamster)은 "총연맹에서 탈퇴하기로 만장일치로 결정했다"고 밝혔다. 팀스터 노조 위원장 제임스 호퍼는 "새로운 시도를 위해 공화당 지원도 불사할 것"이라고 말했다.(최민영 2005a)

2006년 2월에 설립된 미국의 민간단체 '노조의 진실연구소(CUF; Center for Union Facts)'는 3월 1일 『워싱턴포스트』 5면에 전면 광고를 게재하고, 미국 '귀족 노조 지도부'의 행태를 바꾸겠다고 선언했다. CUF 대변인 새라 롱헌은 "오늘날 노동 운동이 노동귀족들의 개인적 치부로 활용되고 있다"면서 "노조 간부들이 노조원의 돈을 흥청망청 쓰고 있고, 한번 간부는 평생 간부로 지내고 있다"고 주장했다. 그는 노조 간부 중 연봉 7만 5000달러(한화 약 7500만 원) 이상 받는 고소득자가 1만 3875명에 달하며, AFL-CIO가 하루 숙박비 600~900달러씩 하는 최고급 호텔방에서 며칠씩 회의를 했다고 비판했다.(최우석 2006)

노조가 외면 받으면서 노동자들은 '각개약진(各個躍進)'에 몰두했고, 이는 자기계발 붐으로 나타났다. 스티븐 코비가 설립한 프랭클린 코비(Franklin Covey)라는 상장회사는 2002년 3억 3300만 달러의 매출을 올렸다. 웬디 캐미너는 "자기계발서를 읽는 사람들은 자기 숙모나 자동차 정비공도 해줄 수 있는 말로 인생의 가장 중요한 변화를 시도하려고 한다"고 꼬집었다.(Tirman 2008)

뉴에이지(New Age)도 계속 성장세를 보여 뉴에이지 전문서점만 2000년대 중반 미국 전역에 5000곳에 이르렀다. 존 터먼(John Tirman 2008)은 "뉴에이지 문화는 몇몇 유익하고 즐거운 일에 생명을 불어넣고, 그것이 우리 삶 속에 자리 잡도록 기여했다. 예를 들어, 뉴에이지는 전통 음악을 비롯한 인류의 오랜 전통에 관해 폭넓은 이해를 가져왔다. 그중에서도 명상은 뉴에이지 최고의 선물이라 하겠다. 옥외 활동을 권장한 것이나 유기농의 중요성을 강조한 것 또한 뉴에이지의 공헌이라고 할 수 있겠다"면서도 다음과 같이 주장한다.

"뉴에이지는 한마디로 미치광이 같은 측면이 있다. 점성술과 그 아류들, 사이비 영성, '다른 세계'에 대한 망상, 엉터리 자연요법, 근거 없는 치유법, 각종 신화를 이상화한 만화들, 자기계발 열풍 그리고 여전히 심각한 '주변정치 지향'. 주변 정치를 지향하는 사람들은 음모론적 성향을 띠는데, 그들은 늘 '아니면 말고' 식이다."

'아메리칸 드림'은 환상

'각개약진(各個躍進) 사회'에서 빈부격차가 커지는 건 당연한 귀결이다. 뉴욕대학의 에드워드 울프(Edward N. Wolff)는 1983년에서 1998년 사이 상위 1퍼센트의 부유층 재산은 약 42퍼센트가 늘어난 반면, 하위 40퍼센트에 속하는 국민의 경우 재산이 약 76퍼센트 감소했다고 발표했다. 이런 통계보다는 이른바 '연봉 격차'가 빈부격차의 실상을 더욱 실감나게 보여주는 게 아닐까?

2005년 1월 『뉴스위크』는 20년 전 미국 최고경영자들의 연봉은 평균 근로자의 39배였지만 요즘은 거의 1000배에 이른다고 보도했다. 미국은 빈곤층이 신분상승을 이루기가 상대적으로 어려운 나라로 꼽히고 있으며, 타고난 경제적 지위를 벗어날 수 있는 확률은 스웨덴이 미국의 세 배라는 연구결과도 나왔다는 것이다. 부시는 재선 취임연설에서 "미국인들은 세계 최고의 의료 서비스를 받고 있다"고 주장했지만, 미국은 선진 민주국가들 중 전 국민 의료보험제도를 갖고 있지 않은 유일한 나라로 의료보험 미가입자가 4500만 명에 이르렀다. 미국의 유아사망률은 선진국 중에서 가장 높은 편에 속하며, 프랑스인들의 평균 수명은 미국인보다 4년이 더 길었다. 세계보건기구는 미국 의료 시스템을 세계 37위로 매겼다. 경제협력개발기구 국가 중 멕시코를 제외하면 미국의 아동 빈곤율이 가장 높았다. 이런 사실들을 지적하면서 이 잡지는 '아메리칸 드림'은 미국인들만의 환상이라고 진단했다.(Moravcsik 2005)

플라톤(Plato, 기원전 427~347)은 『국가론(Politeia)』에서 시민 간 소득 격차가 다섯 배 이상 벌어져서는 안 된다고 했지만, 미국의 일부 학자들은 20배를 상한선으로 보았다. 물론 옛날이야기다. 1980년대 10년 동안 『포춘(Fortune)』 500대 기업의 연봉격차는 35배에서 157배로 늘어났다. 여기에 이른바 스톡옵션(Stock Option)이 가세하면서 연봉격차가 더욱 벌어지기 시작했다. 스톡옵션은 기업이 자사의 특정 임직원에게 자사 주식을 일정 기간 내에 일정 가격으로 살 수 있는 권리를 주어 주가가 오르면 시가와 주식매입가격의 차액을 향유할 수 있게 하는 보상제도다. 『뉴스위크』 1997년 4월 12일자는 「경영자 임금: 통제불능」이란 커버스토리에서 주식시장 호황이 스톡옵션을 받은 경영자들을 엄청난 부자로 만들어 "비양심적으로 불평등을 악화시키고 있다"고 했다.(Tabb 2001)

2005년 5월 13일 『월스트리트저널』은 1면에 「미국의 빈부격차 확대, 계층 이동성은 제자리걸음」이라는 제목의 기사와 함께 아메리칸 드림의 위기에 관한 시리즈를 게재하기 시작했다. 이 기사의 요점은 대다수 사람들이 출생할 때의 계층보다 상승하지 못한다는 것이다. 그리고 유럽 사회주의 국가들과 비교할 때 미국의 계층 이동성이 더

크지 않다는 것이다. 5월 15일 『뉴욕타임스』도 똑같은 시리즈를 시작했다.

이에 대해 보수 칼럼니스트 브루스 바틀릿(Bruce Bartlett 2005)은 "나는 정치에서 우연을 믿지 않는다. 『월스트리트저널』과 『뉴욕타임스』가 이틀 간격으로 1면에 별로 시의성 없는 기사를 대서특필할 때 나는 어떤 음모가 진행되고 있다는 것을 알게 된다. 대체로 그것은 진보적인 매체들이 민주당을 위해 어떤 이슈를 띄우려는 조직적인 캠페인을 벌이고 있다는 신호다"라며 다음과 같이 주장했다.

"진보주의자들이 연속 패배하고 있을 때 항상 들고 나오는 문제는 인종차별과 불평등이다. …… 오늘날 좌익은 다시 연속 패배하고 있으며, 그래서 진보적 매체들의 지식인 지도자들은 해묵은 수법을 동원해 자기네 선수들이 슬럼프에서 벗어나도록 하려 한다. 이번에 그들이 들고 나온 것은 카를 마르크스 이후 계속 사용해온 '빈익빈 부익부'라는 주장이다. …… 클린턴 집권기에 좌익은 1980년대에 자신들이 그토록 비난했던 동일한 현상에 대해 침묵으로 일관했다. 그리고 이제 그들은 계층 이동성 그 자체를 부인할 수 없게 되자, 이번에는 그 이동률이 과거보다 줄었다는 새로운 주장을 내세우고 있다."

미국은 '475배 자본주의'

갈수록 심화되는 연봉격차와 빈부격차를 꼭 그렇게 당파적 관점에서 보아야 하는 걸까? 하긴 그렇게 매사를 이념적으로 보는 사람들이 많으니, 연봉격차는 더욱 벌어질 수밖에 없었던 건지도 모르겠다.

2006년 1월 경제주간지 『포춘』이 선정한 500명 CEO의 평균 보수를 분석한 결과에 따르면, 1960년에는 미국 대통령 연봉의 두 배에 그쳤지만, 이젠 30배에 달했다. 2005년 연간 매출 5억 달러 수준의 미국 기업 CEO들의 평균 보수는 216만 달러(2005년 기준 21억 원)로 스위스(139만 달러), 독일(118만 달러), 캐나다(107만 달러), 멕시코(100만 달러), 일본(54만 달러), 베네수엘라(47만 달러), 인도(29만 달러), 중국(21만 달러) 등을 크게 웃돌았다. 미국 CEO와 일반 근로자의 평균 보수 격차는 475배로 영국(22배), 남아프리카공화국(21배), 캐나다(20배), 프랑스(15배), 일본(11배)에 비해 훨씬 높았다.(최형두 2006a, 하영춘 2006)

연봉격차를 기준으로 따진다면, 미국 자본주의는 '475배 자본주의'였다. 당시 미국에 경제위기가 닥친 가운데 월스트리트 금융가에서 출세한 자들의 '강도 같은 탐욕'의 실체가 드러나면서 '475배 자본주의'에 대한 비난의 목소리가 높아졌지만, 그대로 믿을 건 못 된다. 파산 도미노가 일어나지 않았다면 그건 아예 의제로 떠오르지도 못했을 게 아닌가. 또 475배가 너무 심하다는 것이지 100배 정도는 바람직하다고 여기는 게 미국의 풍토 아닌가.

"전 세계의 수많은 나라들을 속여서 수조 달러에 달하는 막대한 돈을 털어내고 그 대가로 고액 연봉을 받는 전문가들, 세계은행과 미국 국제개발처, 또는 다른 해외 원조기관들로부터 돈을 받아내어 거대기업의 금고나 전 세계의 자연자원을 손아귀에 쥔 몇몇 부유한 가문의 주머니 속으로 그 돈이 흘러들어 가게 조정한다."

경제저격수(economic hit man)라는 특수한 직업에 대한 설명이다. 1971년부터 1980년까지 아프리카·아시아·남아메리카·중동지역에서 이런 역할을 했던 존 퍼킨스(John Perkins 2005)는 2001년 9·11테러를 보고 충격을 받아 자신의 행적을 『경제저격수의 고백(Confessions of an economic hit man)』이라는 책을 통해 낱낱이 고백했다. 그가 볼 때 무고한 3000여 명의 시민을 죽인 테러의 본질은 미국 기업·관료·은행이 결탁해 만들어낸 기업정치(corporatocracy)의 부메랑이다.

인간이 잘났으면 도대체 얼마나 잘났기에 평범하게 노동하는 근로자의 수백 배가 되는 돈을 받아 챙기는 게 정당화되고 미화될 수 있단 말인가? 한국에선 그런 미국 흉내 내기를 비판하면 "좌파 평등주의가 나라를 망친다"고 절규하는 사람들이 참으로 많다. 주로 억대 연봉을 챙기면서 수십 억대 연봉을 꿈꾸는 자들이 그런 선동에 앞장서곤 한다.

2005년 연봉격차로 따지자면, 미국은 '475배 자본주의'인 반면, 일본은 '11배 자본주의'였다. 일본을 가리켜 "좌파 평등주의가 지배해 망한 나라"라고 말할 수 있겠는가? 한국은 1996년 기준으로 '7배 자본주의'였다. 지금은 '수십 배 자본주의'가 돼 있는 건 아닐까? 한국 사회가 앞으로 몇 배 자본주의로 나아갈 것인지를 사회적 의제로 삼을 필요가 있다.

'475배 자본주의'의 '치팅 컬처'

미국 정치학자 데이비드 캘러헌(David Callahan 2008)은 2004년에 출간한 『치팅 컬처: 거짓과 편법을 부추기는 문화(The Cheating Culture)』에서 온갖 거짓과 편법이 난무하는 미국 사회의 어두운 면을 고발했다. 캘러헌은 로널드 레이건(Ronald Reagan, 1911~2004)의 대통령 당선 이후 자유시장의 개념과 가치가 미국 사회를 지배하면서 일어난 변화가 미국인의 삶을 조건을 바꾸어놓았다고 주장했다. 그는 근거로 네 가지를 들었다.

첫째, 자유방임주의 혁명에 힘입어 전에는 시장의 압력에서 자유로 웠던 분야에서도 돈과 손익계산을 중시하게 되었다. 둘째, 지난 25년 간 미국인들 사이의 소득 격차가 급증해 수익과 성과가 성공에 이르는 유일한 길이 되면서 공정성은 낡은 가치로 전락했다. 셋째, 시장의 힘이 세진 결과 '심판' 으로서 공정한 경기를 보증하는 규칙을 정해야 하는 정부의 능력이 급격히 쇠퇴했다. 넷째, 개인주의와 자기의존이 이기주의와 자기 몰두로, 선한 삶에 대한 열망이 물질만능주의로, 포부는 시기심으로 변질되는 등 미국의 국민성이 바뀌었다.

이런 변화는 거짓과 편법에 날개를 달아주었다. 캘러헌은 그 이유로 네 가지를 들었다. 첫째, 경쟁이 치열해지면서 도덕을 쓰레기통에 내던져야 하는 압력이 증대되었기 때문이다. 둘째, 승자 독식주의 때문이다. 셋째, 위법행위에 대한 감시와 처벌이 약해지면서 속임수에 기대려는 유혹이 강해졌기 때문이다. 넷째, 곳곳에 침투해 있는 부패로 인해 불안, 냉소주의, 박탈감에 시달리기 때문이다.

이런 치팅 컬처(Cheating Culture)를 바로 잡을 수 있는 대안은 무엇인가? 미국 사회 일각에선 꾸준하게 종교와 영성의 역할을 늘려야 한다는 주장이 제기되어왔다. 캘러헌은 여기에 네 가지를 더 추가했다.

첫째, 삶에서 의미를 찾고 돈을 버는 것과 상관없이 다른 사람의 입장을 헤아릴 수 있는 기회를 늘려야 한다. 둘째, 사회를 인정이 넘치게 만들고 사람들을 더욱 가깝게 묶기 위해 좀 더 살기 좋은 지역사회를 건설해야 한다. 셋째, 신분·외모·계층을 둘러싸고 다른 사람과 끊임없이 비교하게 부추기는 기괴한 물질주의와 그에 따른 과소비를 줄여야 한다. 넷째, 인종·계층 간 격차를 줄여나가면서 공동의 뚜렷한 윤리 목표를 세워야 한다.

하나같이 다 좋은 말씀이지만, 대안이 '동어반복'이라는 느낌이 든다. 도저히 지탱해낼 수 없는 극한으로까지 가서 폭발하는 것만이 유일한 답이 아닐까? 즉, 치팅 컬처의 피해자들이 기본적인 수준의 삶을 유지할 수 없어서 폭동으로 나아가는 게 답이 아니겠느냐는 것이다. 그러나 그렇게 말을 할 수 없는 이상, 동어반복은 불가피할지도 모른다.

우리는 미국의 치팅 컬처에서 무엇을 배워야 할 것인가? 단 하나다. 배우지 말아야 할 것을 배우지 않는 것이다. 그럼에도 그런 구분조차 하지 않은 채 미국이 하면 무조건 따라서 하는 게 '선진화'인 양 속이려 드는 사람들이 많다. 뭘 몰라서 그러는 것일 수도 있겠지만, 결과는 마찬가지다. 좀 더 구체적으로 꼬집어 말하자면, 미국의 급격한 '연봉 격차'를 흉내 내면 안 될 것이다.

참고문헌 Bartlett 2005, Callahan 2008, Halstead & Lind 2002, Moravcsik 2005, Perkins 2005, Schumann, Grefe & Greffrath 2004, Tabb 2001, Thurow 1997, Tirman 2008, 문창극 1994, 장수한 2009, 장학만 2005, 최민영 2005a, 최우석 2006, 최형두 2006a, 하영춘 2006, 한윤정 2005a

'우리와 그들, 무리 짓기에 대한 착각'
'리무진 좌파' 논쟁

'전문직 대 관리직' 양극화

2004년 6월 『뉴욕타임스』 칼럼니스트 데이비드 브룩스(David Brooks)
는 미 고학력 그룹이 민주당 성향의 '전문직' 종사자들과 공화당 성
향의 '관리직' 종사자들로 갈려 정치적 양극화 현상을 초래하고 있다
고 주장했다. 브룩스는 미국의 교육받은 계층을 ●아이디어를 창출하
고 지식을 전달하는 지식산업 전문가들과 ●제품을 생산하고 조직을
관리하는 기업 · 금융기관 관리자들로 구분하고, 이들이 "스포츠 유
틸리티 차량(SUV)의 환경오염에서부터 대통령 선거에 이르기까지 모
든 분야에서 치열하게 맞붙어 마치 '내전(civil war)'을 방불케 한다"고
지적했다.

전자(前者)의 지식산업 종사자들은 교사 · 변호사 · 건축가 · 학
자 · 언론인 들로 최근 네 차례 대선에서 40~52퍼센트가 민주당 후보
를 지지한 반면, 후자(後者)의 관리자 그룹은 증권회사 · 부동산 · 은

행·기업의 간부들로, 조지 부시를 대체로 지지하는 편이었다. 브룩스는 "두 그룹은 비슷한 교육수준과 부를 소유하지만, 투표 성향이나 중요시하는 가치, 지도자에게서 기대하는 덕목 등에서 판이하게 다르다"고 분석했다.

지식산업 종사자들은 거대한 양의 정보를 소화해, 토론을 통해 까다로운 해법을 찾아가는 능력을 중요시한다. 자기 절제보다는 자기표현 능력을 더 평가한다. 반면 관리자 계층은 "단순하고 직선적으로 말하고, 신앙심이 있는 인물"을 존중하며, 사람을 관리하는 능력이 뛰어난 인물을 선호한다. 이런 관점에서, 2004년 대선은 고학력층 양대 진영의 거의 핵심적인 결정체(結晶體) 간 경합이라고 할 수 있다는 게 브룩스의 주장이었다. "법과대학원 출신에 클래식 기타를 연주하는 존 케리 민주당 후보는 고학력 전문직 종사자의 완벽한 모델인 반면에, 경영대학원 출신인 부시는 목장에서 픽업트럭을 손수 모는 인물"이라는 것이다. 브룩스는 "부시 대통령이 '신문을 읽지 않는다'고 말한 것은 지식 종사자 계층에 대한 직접적인 공격으로, 민주당원이라면 결코 말할 수 없는 내용"이라고 설명했다.

브룩스에 따르면, 지식산업 종사자들은 "공화당 지도자들은 생각이 단순하고, 교양 없는 멍청이"로, 기업계 인사들은 "민주당 지도자들은 퇴폐적인 엘리트주의자들"이라고 여겼다. 브룩스는 "문화·금전적으로 압도적인 권력을 지닌 이들 엘리트 그룹은 현재 미국인들이 직면해야만 하는 대안(代案)을 형성하며, 이런 고학력층 간 내전이 없었다면 미국은 지금보다 정치적으로 훨씬 덜 양극화됐을 것"이라고 주장했다. (이철민 2004)

브룩스의 이런 주장은 "미국에서 계급이란 과연 무엇인가?" 하는 의문을 새삼 곱씹게 한다. 계급보다는 문화적 취향이나 기질이 더 중요하단 말인가? 당파를 만들고 패거리를 짓는 이유가 고작 그 수준의 것이란 말인가? 그렇다면 미국의 좌우(左右) 논쟁도 좀 더 정교하게 살펴보아야 하는 건 아닌가?

미국 대학은 '진보파의 요새'인가?

미국 대학교수 사회는 이른바 '좌파 학자'들이 절대 우세를 보였다. 워싱턴의 보수 민간연구기관인 미국기업연구소(AEI)가 발행하는 월간지 『아메리칸엔터프라이즈(American Enterprise)』(2002년 9월호)는 2001년 여름 미국 동부의 명문대학인 '아이비리그(Ivy League)' 등 21개 대학의 인문사회 계열 교수들의 유권자등록 기록을 조사한 결과를 발표했다. 이 잡지는 민주당·녹색당 등을 지지하는 학자를 '좌파(left)'로, 공화당과 자유주의자(Libertarian)당 등을 지지하는 학자를 '우파(right)'로 규정하고 조사를 실시했다고 밝히고, 미국 대학사회는 좌파 학자들의 이념적 독점상태라고 주장했다.

이 조사에 따르면, 하버드대학의 정치·경제·사회학과 교수들 중 좌파는 50명, 우파는 두 명인 것으로 나타났다. 스탠퍼드대학의 좌·우파 학자 비율은 151대 17, 버클리대학은 59대 7, UCLA는 141대 9, 브라운대학 54대 3이었다. 아이비리그 대학 교수 151명을 대상으로 실시한 설문조사에서는 57퍼센트의 교수들이 민주당 성향이라고 밝힌 반면, 공화당 성향이라고 밝힌 교수들은 3퍼센트에 불과했다. 일반인들의 경우 이 비율은 공화 37퍼센트, 민주 34퍼센트라고 이 잡지는 밝했다.

또한 이 설문조사에서 자신이 '보수적(conservative)' 이라고 밝힌 교수는 한 명도 없었고, '다소 보수적' 6퍼센트, '다소 진보적(somewhat liberal)' 30퍼센트, '진보적' 이라고 응답한 경우는 34퍼센트였다. 2000년 대통령 선거에서는 이들 중 84퍼센트가 민주당의 앨 고어 후보를, 9퍼센트가 공화당의 조지 부시 대통령을, 6퍼센트가 녹색당의 랠프 네이더(Ralph Nader)를 지지했던 것으로 나타났다. 일반인들의 경우, 고어와 부시 지지율은 48퍼센트로 같았고, 네이더는 3퍼센트의 지지를 얻었다.

이 잡지는 '미국 대학사회가 경제적, 문화적 보수 성향에 대해 적대적인 환경이 됐다' 며, 좌파 성향 학자들이 보수적 견해를 지닌 학자들을 채용하기를 피하고 있다고 전했다. 그러나 이번 조사에는 하버드와 버클리 등 진보 성향의 대학들은 포함된 반면, 시카고 · 조지타운 등 보수 성향으로 알려진 대학들은 조사에 포함되지 않았다.(강인선 2002d)

2005년 3월 로버트 리히터(S. Robert Lichter) 조지메이슨대학 교수와 스탠리 로스먼(Stanley Rothman) 스미스칼리지 교수 등이 공동 조사한 결과도 미국의 대학교수 사회가 점점 더 진보파의 요새로 변해 가고 있음을 확인해주었다. 전반적으로 보수화하는 미국 사회와는 정반대였다. 미국에서 대학교수가 되려면 "정기적으로 교회에 나가지 않는 진보적인 남자" 여야 한다는 말이 나올 정도였다.

스스로를 진보파라고 밝힌 미국 대학교수의 비율은 무려 72퍼센트였다. 보수파는 불과 15퍼센트에 지나지 않았다. 정당 소속별 분류에서도 민주당원이 59퍼센트, 공화당원이 11퍼센트였다. 1984년 카네기 재단 조사에서 진보파를 자처한 교수가 39퍼센트였던 것과 비교하면 약 20년 만에 약 두 배로 진보파가 늘어난 것이다. 해리스 폴이 2004년 일반인들을 대상으로 실시한 여론조사에서는 33퍼센트가 보수주의 자, 18퍼센트가 진보주의자라고 응답해 대학교수 사회와는 확연히 달랐다.

진보파 대 보수파 교수의 불균형은 명문대에서 더욱 심하게 나타났다. 명문대의 경우 87대 13으로 진보파 교수가 압도적으로 많았다. 전공 분야별로 볼 때 진보파 교수는 인문과학(81퍼센트)이나 사회과학(75퍼센트) 분야에서만 많은 게 아니었다. 공대 교수도 51대 19로 진보파가 많고, 경영대도 49대 39로 진보파가 우세한 것으로 조사됐다. 특히 철학·정치학·종교학·영문학과 교수들은 80퍼센트 이상이 진보파를 자처했고 스스로를 보수파라고 밝힌 교수는 5퍼센트 이하였다. 각종 사회적 이슈에 대한 교수들의 생각도 일반인과는 대조적이었다. 대학교수의 84퍼센트가 낙태를 찬성하고, 67퍼센트는 동성애를 수용할 수 있다는 입장을 보였다. 정기적으로 교회에 나가는 교수는 31퍼센트에 불과했다.(권순택 2005)

이에 대해 유병선(2005)은 "백악관이 '네오콘'으로 통칭되는 보수파에 장악되고, 전반적 흐름도 보수화인 것과 대조적이다"라며 "그렇다면 과연 미국 대학은 '진보파의 요새'인가, '진보파의 감옥'인가"라고 물었다. 이런 의문은 진보파의 사생활 검증으로까지 이어졌다. '미국의 양심'으로 불리기도 하는 노엄 촘스키 메사추세츠공대 교수도 그런 검증의 도마에 오르곤 했다.

미국 진보주의자 11명의 '위선'?

스탠퍼드대학 후버센터 연구원 피터 슈바이처(Peter Schweizer)는 『내가 말한 대로 해(Do as I Say[Not as I Do]: Profiles in Liberal Hypocrisy)』(2005)라는 책까지 내가면서 촘스키를 비롯한 미국 진보주의자 11명의 '위선'을 파헤쳤다. 슈바이처의 주장에 따르면, '촘스키는 입으로는 미국 기업을 "사적(私的) 독재자"로 몰아붙이면서 주식투자를 했다. 자본주의를 "거대한 재앙"이라고 욕하면서 강연료와 인세 수입으로 호화 주택과 별장을 가진 상위 2퍼센트 안의 부자였다. 9 · 11 이후 1회 9000달러 강연료를 1만 2000달러로 올렸다. 국방부를 미국의 암(癌)이라고 하면서 국방부 연구비를 받아썼고 흑인과 여성 차별을 비판하면서 자기 연구진은 백인 남성만 썼다. 미국 내 반촘스키론자들은 그를 '귀족 좌파'라고 규정했다.

또 슈바이처에 따르면, 진보적인 영화감독 마이클 무어는 "나는 주식투자를 하지 않으며, 부시와 체니는 석유회사와 방위산업체의 꼭두각시"라고 비난했지만, 그는 석유회사 · 제약회사 · 방위산업체 주식에 투자해서 큰돈을 벌었고, 교외의 큰 저택에서 살고 있다. 슈바이처는 랠프 네이더가 소비자 운동을 자신의 부를 축적하는 수단으로 이용했다고 주장했다. 네이더는 강연장엔 허름한 양복을 입고 나타나지만, 주최 측에 대해 항상 고액의 강연료와 최고급 호텔 투숙을 요구하며 자신의 재산관리 수법은 평소 비난의 대상으로 삼던 대기업의 그것과 빼닮았다는 것이다.(이상돈 2006, 허문명 2008)

슈바이처의 주장을 믿어야 할까? 과장은 있을지 몰라도 명예훼손에 대한 금전적 응징이 무서운 미국에서 사실을 날조한 것 같진 않다.

랠프 네이더는 1965년 GM 자동차의 안전성을 고발한 『어떤 속도에서도 안전하지 않다』로 유명세를 탄 이후 소비자 운동을 주도해왔다. ⓒ Don LaVange

이런 비판을 어떻게 보아야 할까? 바로 여기서 이른바 '리무진 좌파' 의 문제가 제기된다. 즉, 경제·사회적으론 우파의 생활을 향유하면 서도 정치 이념적으로만 좌파 행세를 하는 이들이 과연 좌파인가, 우파인가 하는 문제다. 생활과 이념이 결합돼 있으면, 이념을 함부로 말하기 어렵다. 생활의 조건과 굴레를 고려하면서 말해야 한다. 반면 생활과 이념이 분리돼 있으면, 이념은 마음대로 생길 수 있다. 이로 인해 빚어지는 문제는 없는가?

반공주의자이면서 스스로 개혁주의 좌파를 자처하는 미국 철학자 리처드 로티(Richard Rorty 2003)는 '좌파 순결주의'라는 딱지를 만들어 '리무진 좌파'를 비판했다. 로티가 말하는 개혁주의 좌파는 경제적 이기심을 완화하고 불필요한 사디즘을 경감시키려고 실천하는 자들이다. 좌파 순결주의는 이렇게 하면 프티부르주아 개량주의로, 저렇게 하면 중산층 소시민 의식으로 분류하고 범주화하고 서열화하여 배제를 정당화하고 즐긴다. 이와 관련된 '민중의 무오류성'은 민중의 순결성을 자신들의 권력 기반으로 삼으려는 좌파 엘리트주의의 가면일 뿐이다. 로티는 좌파들은 아직까지도 상품화·물신화·소외와 같은 상투적인 어휘를 남발하면서 자기 틀 안에 갇혀 있으며, 원래 추상적인 이론화는 보수주의자들의 오랜 전통이었는데도 이젠 좌파 순결주의자들이 구체적인 것을 외면하고 그런 짓을 즐긴다고 공격하였다.

이와 관련해 임옥희(2003)는 "기존 질서를 철저히 인정하는 논리를 들이밀면서 개혁주의 좌파라고 주장하는 로티의 사회적인 무책임에 분개하면서도 그의 지적인 솔직함은 인정하지 않을 수 없었다. 그런 지적인 솔직함과의 대결이 한국 좌파들의 자기 성찰과 반성으로 이어지고, 그로 인해 한국 좌파들의 현실 대응력을 다시 보장하는 기회가 될 수는 없을까 하는 점에 생각이 미치게 되었다"고 논평했다.

'우리와 그들, 무리 짓기에 대한 착각'

데이비드 베레비(David Berreby 2007)는 2005년에 출간한 『우리와 그들, 무리 짓기에 대한 착각(Us and Them: The Science of Identity)』에서 "인간은 서로 비슷한 사람들과 한패가 되는 게 아니라, 한패가 되고 나서 비슷하다고 판단하는 것이다"라며 유유상종(類類相從)에 대한 상식을 반박했다. 임종업(2007)의 해설에 따르면 "'우리'는 서로 비슷해서 무리 짓는 것이 아니라 '우리'가 되고 나서 비슷해진다. 그럼으로써 '우리'의 맞은편에 '그들'이 만들어진다. 유유면 상종이 아니라 상종이면 유유라는 것이다. 그런데 문제는, '그들' 보다는 '우리' 사이에 있는 게 사람들을 편하게 한다는 사실이다."

지식인들도 더하면 더했지 다를 게 없다. 베레비는 "사상이 일단 깃발이 되고 나면 더 이상 자유로울 수 없다. 우선 그것을 사용하려면 대가를 치러야 한다. 즉 그 사상이 대변하는 인간 부류를 거부하는 사람들과 갈라서는 것이다. 사상 자체도 자유로운 길을 택할 수 없다. 생각을 바꾸고자 하면, 인간 부류의 코드가 함께 싸우는 형제들을 배신하는 행위라고 말한다. 지식인들의 삶이 우리와 그들을 가르는 충성과 배신의 언어로 가득한 이유도 이 때문일 것이다"라고 말했다.

데이비드 로지(David Lodge)는 미국의 교수들은 사상을 받아들인 다음 여러 파벌로 나뉘기보다는 이미 여러 파벌로 나뉠 준비가 된 채 사상을 받아들이고 아귀다툼의 세계 속에 자기네 영역을 만들어 가는 경우가 많다고 했다.

인터넷 시대에 무리 짓기는 새로운 차원을 맞이하게 되었다. 대니얼 솔로브(Daniel J. Solove 2008)는 "집단이 하나의 이슈에 집중하면 의견이 대립하는 경향을 띠며 결국은 극단으로 치닫게 된다"며 "네티즌은 마치 독벌떼처럼 민첩하게 움직인다. 때로 그들은 폭도 같은 모습을 보이기도 한다"고 했다.

이 문제를 오랫동안 연구해온 미국 시카고대학 법학과 교수 캐스 선스타인(Cass Sunstein 2009)은 『왜 반대파가 필요한가(Why Societies Need Dissent)』에서 이런 현상이 과거에 생각했던 것보다 훨씬 광범위하게 퍼져 있으며 사회적으로 영향력이 막강하다는 것을 밝혀냈다. 일반적으로 토론을 통해 양측은 본래 입장보다 오히려 더 극단적인 주장을 펴게 된다는 것이다.

제임스 서로위키(James Surowiecki 2005)는 "이처럼 쏠림 현상이 발생하는 이유는 무엇일까? 한 가지 이유를 든다면 사람들이 '사회적 비교'에 의존하기 때문이다"라며 다음과 같이 말했다. "이 말은 단순히 자신을 타인과 비교하는 차원을 넘어 (물론 항상 비교하며 살지만) 비교를 통해 소속 집단에서 자신이 처한 상대적인 위치를 유지하려고 애쓴다는 의미다. 달리 말해 처음에 집단의 중간에 서 있던 사람은 집단이 (예를 들어 오른쪽으로) 옮겨 가면 중간 위치를 유지하기 위해 그 쪽으로 따라 옮겨 간다는 뜻이다. 이렇게 우측으로 옮겨 가면 당연히 그 집단의 평균도 동시에 그만큼 우측으로 옮겨 가게 된다. 그러니 마치 예언이 맞아 들어가는 것처럼 사실이라고 생각한 것이 결국 사실로 굳어지는 것이다."

선스타인은 인터넷처럼 정보를 임의로 취사선택할 수 있는 공간에서 그런 집단극화(group polarization) 현상이 쉽게 일어난다고 했다. "비슷하게 사고하는 사람끼리 토의를 하고 반대 의견을 들을 기회가 없기 때문이다. 과격한 의견을 반복적으로 접하고, 다수의 사람들이 똑같은 의견을 지지한다고 들으면 동조하는 사람이 생기게 마련이다."

2005년 여름 선스타인을 비롯한 연구집단이 동성결혼, 차별 철폐 조치, 지구 온난화라는 세 가지 논쟁적인 문제를 토론하기 위해서 콜로라도 시민 63명을 모아 실험을 했다. 이 실험은 사람들이 같은 견해를 지닌 다른 사람들과 대화를 나누거나 정보를 공유하면 할수록, 그들의 견해는 더욱더 극단화된다는 점을 보여줬다.

이와 관련해 니콜라스 카(Nicholas Carr 2008)는 "인터넷상에서 같은 성향을 띠는 사람들 그리고 자기 마음에 드는 생각들을 찾는 것이 얼마나 쉬운지를 고려해보고 동질 집단을 형성하려는 우리의 타고난 성향을 가정한다면, 우리는 '이데올로기적 확대'가 온라인에서 쉽게 나타나리라는 것을 알 수 있다"며 다음과 같이 말한다.

"더 나아가 상황이 더 뒤틀리고 왜곡된다면, 인터넷에서 이용할 수 있는 매우 풍부한 정보가 과격주의를 완화하는 데 기여하는 것이 아니라 오히려 그것을 더욱더 확대하는 데 기여할지도 모른다. 콜로라도 연구가 보여준 바처럼, 사람들은 자신들의 현재 견해를 지지하는 부가적인 정보를 발견할 때면 언제나 그 견해가 옳고, 자신과 다른 견해를 지닌 사람들이 틀렸다고 한층 더 확신하게 된다. 정보를 확증하는 각각의 단편적 지식은 사람들이 자신들의 견해가 정확하다는 믿음을 더 강화한다. 그리고 그런 믿음이 강해지면서 사람들의 견해도 더욱더 극단화되는 경향을 보인다. 사람들의 생각이 똑같아지게 된다. 다시 말해, 인터넷은 다른 견해를 지닌 사람들을 분리하는 경향이 있을뿐더러 양 집단 간의 차이를 확대하는 경향이 있을 것이다."

인터넷이 촉진한 '사이버 발칸화'

2005년 미국 메사추세츠공대의 에릭 브리뇰프슨(Eric Bryjolfsson)과 보스턴대학교의 마셜 반 앨스타인(Maschall Van Alstyne)은 『경영과학』에 발표한 「지구촌 혹은 사이버 발칸?」이라는 논문에서 필터링과 개인화 기술들의 효과를 지적하면서 다음과 같은 결론을 내렸다.

"자신들의 현재 선호에 적합하지 않은 자료를 가려내는 능력을 지닌 개인들은 가상 파벌을 형성하고, 반대 견해들과는 스스로 절연하고, 자신들의 편견을 강화할지도 모른다. 이러한 선호에 빠짐으로써 이전부터 가져온 편견들을 더욱 배가하고 강화하는 왜곡 효과를 초래할 수도 있다. 그 효과는 구성원들이 집단의 일반적인 사고에 순응하는 경향뿐 아니라, 이 일반적인 사고가 극단으로 치닫는 급진화이다. …… 발칸화와 더불어, 서로 공유하는 경험 및 가치관의 상실이 민주주의 사회 구조에 위협이 될 것이다."(Carr 2008)

이와 관련해 백지운(2005)은 "글로벌한 정보 인프라의 출현을 통해 지리적 경계를 뛰어넘은 '지구촌'이 형성되는 듯하지만, 사실상 사이버 공간을 통해 사람들은 자신과 정치적·문화적·경제적 관점과 입장이 비슷한 사람과 공동체를 형성한다. 따라서 결과적으로 인터넷은 자기와 다른 문화에 대한 이해를 키우기보다 상대를 적대하는 소국들로 분열되는 '발칸화'의 위험을 더 많이 낳는다"고 했다.

이처럼 갈가리 찢긴 채 각자 극단으로 치닫는 '사이버 발칸화(cyberbalkanization)'를 입증하는 연구 결과는 계속 나왔다. 2005년 8월 영국 조셉론트리 재단의 한 연구 보고서는 "인터넷이 지역과 계층 간 차이를 확대시키고 사회통합을 저해하고 있다"는 결론을 내렸다. 이 재단은 "인터넷의 발달로 보다 많은 사람들이 더 쉽게 지역과 개인에 대한 정보를 얻고 있다"면서 "이 같은 정보들은 같은 계층끼리 모이고 다른 계층들을 배제시키는 데 이용되는 경향이 높다"고 분석했다.

이는 과거보다 훨씬 더 쉽게 자신이 원하는 주거지와 교류집단을 선정할 수 있었기 때문에 벌어진 일이었다. 이미 미국 등에선 특정지역의 소득수준, 주민들의 인종분포, 교육기관 수준 등에 대한 정보를 상업 사이트 등을 통해 쉽게 구할 수 있었다. 연구팀을 이끈 요크대학

교수 로저 버로는 "인터넷의 발달에 따른 정보접근의 용이성으로 이제 부자들이 이전보다 더 쉽게 덜 다양하고 더 획일적인 지역을 만들 수 있게 됐다"고 말했다.(이석우 2005)

국내에서 이념·정치적으로 뜨거운 쟁점에 대해 일부 신문들의 보도와 논평이 극단으로 치닫는 데엔 여러 이유가 있었겠지만, 그 가운데 하나는 바로 이와 같은 '집단 극화'가 일어났기 때문이다. 김영명 (2006)은 "한국에서 이념 갈등이라고 일컬어지는 것 중 많은 부분이 이념 차이보다는 '성분' 차이에서 나온다"고 주장했다. 그가 말하는 성분이란 "정서·취향·기질·말투·행동양식 등을 아우르는 정서적인 요소와 이에 영향을 주는 연령이나 출신 배경 같은 객관적인 요소, 또 이에 따른 상호 인식이라는 주관적인 요소들의 결합체"를 말한다.

이런 '성분' 집단은 사실상 '이익 공동체'이기도 하지만, 성분이나 이익은 수면하에서 작동하는 것이고 겉으로 표방하는 것은 이념이나 명분이다. 이념이나 명분은 부차적인 것이지만, 그렇다고 해서 그 강도나 추진 의지까지 부차적인 것은 아니다. 오히려 자신들이 내세우는 이념과 명분이 관철될 때에 자신들의 이익이 극대화되기 때문에 더욱 근본주의적인 자세를 취할 가능성이 높다. 그럼에도 우리는 이런 배경하에서 나타나는 갈등마저 순수한 이념갈등으로 간주하는 경향이 있다.

참고문헌 Berreby 2007, Carr 2008, Rorty 2003, Solove 2008, Sunstein 2009, Surowiecki 2005, 강인선 2002d, 권순택 2005, 김영명 2006, 모리 켄 2008, 백지운 2005, 유병선 2005, 이상돈 2006, 이석우 2005, 이철민 2004, 임옥희 2003, 임종업 2007, 허문명 2008

제4장

신앙심과 애국심의 한가운데서

미국인의 신앙심
'지적 설계론' 과 '초대형 교회'

'미국은 종교 사회'

2001년 영국의 유명 콘돔 제조업체 듀렉스(Durex)가 조사한 결과에 따르면, 미국 남자들이 세계에서 가장 활발하게 섹스를 하는 것으로 밝혀졌다. 이들이 12년에 124회 하는 데 반해, 독일인들은 104회, 일본인들은 36회에 불과했다. 파트너를 바꾸는 횟수도 미국인이 1등이었다. 평균 14명으로 13명인 프랑스를 앞질렀다.

이는 미국인 특유의 쾌락주의와 금욕주의의 조화를 드러내는 통계다. 둘은 늘 충돌하지만, 둘 모두 지속되는 것으로 보아 조화로 보는 게 옳다. 독일 지식인 한스 디터 겔페르트(Hans-Dieter Gelfert 2003)는 "쾌락주의와 금욕주의의 충돌은 미국 사람들의 일상 가운데 쉽게 관찰할 수 있으며, 미국 사람들만이 전형적으로 지닌 특징을 설명할 때 유용하다"며 다음과 같이 말한다.

"미국인들은 욕조 안에서 목욕하기보다 샤워하기를 더 선호하는 데, 실용적인 측면 때문에 그런 것만은 아니다. 욕조 안에서 목욕한다는 것은—할리우드 영화에서 자주 볼 수 있듯이— 미국 사람들에게 감각적이고 외설스러운 의미가 담겨 있는 반면에, 샤워는 몸을 씻는 방법들 가운데 도덕적으로 깨끗한 방법인 것이다. 거리에서 사람들은 널찍하고 편안한 리무진을 타고 사치스러운 쾌락을 맛볼 수 있지만, 이와 동시에 까다롭고 엄격한 교통 법규를 따라야 한다. 미국인들은 법적으로 규정되어 있기 때문에 쾌락을 어느 정도 포기하는 것이 아니라 이웃의 행복을 침해할 여지가 있으면 스스로 자신의 쾌락에 한계를 정한다. 독일 사람들은 남에게 피해가 되든 말든 자신에게 부여된 권리를 한껏 누리는 반면에, 미국인들은 법으로 정한 것은 아니지만 공동생활을 위해 필요한 규칙은 기꺼이 따른다. 이 역시 금욕의 한 형태라 볼 수 있다."

물론 그 금욕은 종교와 연관돼 있었다. 앞서(15권 1장) 보았듯이, 2000년 대선 시 한 언론인이 부시에게 '가장 좋아하는 철학자'가 누구냐고 물었을 때, 부시는 '예수 그리스도'라고 대답했다. 이에 수전 손택(Susan Sontag 2004)은 "제3자인 유럽인들에게는 당장 웃음거리가 되겠지만, 미국에서는 이렇게 답변해야 고위 관직에 오를 수 있습니다. 물론 이렇게 말했다고 해서, 부시가 자신이 당선된다면 반드시 예수가 가르친 계율이나 사회적 강령에 따라 행정부를 이끌겠다는 뜻으로 말한 것은 아니었으며, 사람들도 그런 뜻이라고는 생각하지 않았습니다"라면서 다음과 같이 말했다.

"전반적으로 볼 때 미국은 종교 사회입니다. 다시 말해서, 미국에서는 어떤 종교든지 일단 종교를 갖고 있으면, 그 종교를 믿느냐의 여부는 중요하지 않습니다. 따라서 미국에서는 기독교나 기독교의 특정 분파라고 볼 수밖에 없는 종교의 지배가, 더군다나 신정(新正)이 이뤄진다는 것은 불가능할 겁니다. 미국에서 종교는 일종의 선택입니다. 내용 없는 종교라는 꽤 현대적인 사고방식, 소비자가 물건을 선택하는 식으로 종교를 선택할 수 있다는 이 사고방식이야말로 미국인들이 보여주는 순응주의, 독선, 도덕주의의 바탕입니다. 유럽인들은 종종 이런 모습을 청교도주의라고 착각하죠. 이처럼 색다른 실체를 지닌 미국식 종교가 어떤 역사적 믿음을 대변하려고 하는지는 몰라도, 그 믿음으로 설교하려는 바는 모두 대동소이합니다. 자기 수양, 성공의 가치, 공동체의 협력, 타인의 선택 존중 등, 소비자본주의가 훨씬 더 원활히 잘 굴러가는 데 필요한 덕목들이 설교 내용인 것이죠. 따라서 미국에서는 종교적이라는 것은 체면을 유지하고, 질서를 권장하며, 세계를 지도한다는 미국의 사명에 고결하기 짝이 없는 의미를 부여하는 것이 됩니다."

'지적 설계론'의 성장

미국의 그런 독특한 문화는 이른바 '지적 설계론(intelligent design)'을 발전시키는 원동력이 되었다. 지적 설계론은 『종의 기원(On the Origin of Species)』(1859)을 통해 진화론을 확립한 찰스 다윈(Charles R. Darwin, 1809~1882)에 도전하여 진화론으로 모든 현상을 다 설명할 수 없다며, 생명이나 지금의 종들은 하나 또는 여러 개의 '지적인 존재'에 의해 만들어진 것이란 주장이다. 지적 설계론은 원래 19세기 영국의 목사 윌리엄 페일리(William Paley, 1743~1805)에게서 태동됐으나 1991년 법학자 필립 존슨(Phillip E. Johnson)의 책 『심판대에 선 다윈(Darwin on Trial)』(1991)이 출간된 이후 미국 기독교계와 보수파들 사이에 급속히 확산되었다. 지적 설계론은 '지적인 존재' 또는 '설계자'가 하나님이라고 못 박진 않았지만, 이것은 창조론에 대한 반발을 희석하기 위한 것이라는 게 과학계와 진보 진영의 비판이었다.

1925년에 주 법령으로 진화론 교육을 금지한 테네시(Tennessee) 주에서 생물교사 겸 축구 코치였던 존 토머스 스콥스(John T. Scopes, 1900~1970)가 진화론을 가르치다 유죄판결을 받은 이른바 '스콥스 재판(Scopes Trial)' 이래로 진화론은 미국 교육계의 '뜨거운 감자'였다. 미국 대법원은 1987년 "학교 교과과정에서 창조론을 가르치는 건 정교분리 원칙에 어긋난다"고 판결했지만, 창조론자들은 이를 뒤집기 위해 애썼다. 창조론자들은 2002년 전략을 변경해 진화론과 창조론 중 양자택일 방식에서 "진화론으로 설명하지 못하는 부분들이 많으니 지적 설계론 등 여러 이론을 보여주며 학생들이 토론을 벌이도록 하자"는 쪽으로 돌아섰다. 보수 진영은 이 문제를 진보와의 '문화전쟁'의 핵심으로 삼고 나섰으며, 미국의 보수화 물결 속에서 지적 설계론은 힘을 얻어 갔다.

2004년 12월 『뉴스위크』 여론조사에선 미국인들의 79퍼센트가 예수는 동정녀에게서 태어났다고 믿고 있으며, 62퍼센트는 공립학교에서 진화론 외에 창조론도 가르쳐야 한다고 응답한 것으로 나타났다. 캔자스 주는 지적 설계론 논쟁의 중심지가 되었다. 1999년 캔자스 주 교육위원회가 교과과정에서 진화론을 삭제하기로 결의했으나 2001년 번복된 이후 청문회 등을 통한 논란이 계속되었기 때문이다.

스콥스는 주 법령의 문제점을 알리려고 일부러 학교에서 진화론을 가르쳐 재판에 회부됐다. 약자 변론으로 유명한 클래런스 대로(왼쪽)가 변호를 맡았고, 민주당 대선후보로 나선 바 있는 윌리엄 브라이언(오른쪽)이 검사를 맡았다. 이 유명한 '원숭이 재판'은 유죄평결과 벌금형으로 끝났으나, 2년 뒤 테네시 주 대법원은 판결을 뒤집고 무죄를 선고했다.

『뉴욕타임스』(2005.1.23) 사설은 미국 보수주의 기독교들이 주장하는 것처럼 공공 교육기관에서 진화론의 대안 이론을 교육해서는 안 된다고 주장했다. 이 신문은 공공 교육기관의 진화론 교육 금지나 창조론 교육 의무화를 추진하다 실패한 창조론자들이 이번에는 우회적인 방법으로 종전 목표를 관철하려 하고 있다고 비난했다. 이 신문은 "진화론이 단지 하나의 이론이라면 지적 설계론은 아직 이론도 아니다. 진화론을 둘러싼 문화 · 종교적 논란을 종교나 역사과목에서 다룰 수는 있겠지만, 창조론이나 지적 설계론을 과학적 대안으로 가르쳐서는 안 된다"고 주장했다.

이에 앞서 『워싱턴포스트』도 '다윈의 진화론에 도전하는 '지적 설계론'의 주창자들은 학술을 가장한 회의와 정교한 홍보를 이용해 옛날의 창조론보다 더 세련된 모습을 보이고 있다. 그러나 그것은 과학의 범위 밖에 있는 주장이거나 종교적인 주장에 불과하다'며 "지적 설계론을 과학으로 가르친다면 미국의 과학계는 머지않아 세계를 더 이상 이끌지 못하게 될 것"이라고 경고했다.

'지적 설계론' 논쟁

2005년 5월 5일 캔자스 주 교육위원회가 진화론과 지적 설계론에 대한 청문회를 시작하자, 지적 설계론에 반대하는 과학자들은 "이는 싸구려 연미복을 입은 창조론에 불과하다"며 "캔자스 주가 교과과정에 지적 설계론을 도입하면 촌뜨기 주라는 비웃음을 살 것"이라고 비판했다. 캔자스 주 교육위원회에 대한 '지원사격'이 필요하다고 생각했던 걸까? 2005년 8월 2일 부시 대통령은 텍사스 주 신문기자들과의 인터뷰에서 학생들이 진화론 외에 지적 설계론에 대한 교육도 받아야 한다고 주장했다. 그는 "양측 모두 제대로 교육되어야 한다"면서 "그래야 사람들이 그 논란이 무엇에 관한 것인지 이해할 수 있게 된다"고 말했다. 2005년 11월 캔자스 주 교육위원회는 찬성 6, 반대 4표로 공립학교 과학 수업시간에 창조론을 내용으로 한 지적 설계론을 가르치는 교육과정안을 승인했다.

2005년 12월 20일 미국 연방지방법원은 지적 설계론을 교과과정에 넣으려던 펜실베이니아 주에 대해 위헌 판결을 내렸다. 판사 존 존스는 "다윈의 진화론이 불완전한 것은 사실"이라면서 "그렇다고 해서 종교에 근거한 증명할 수 없는 가설을 가르치라고 강요하거나 잘 정립된 전제를 오도할 수는 없다"고 판결했다. 그러나 미국에서 종교적 보수주의로의 회귀가 대대적으로 일어남으로써 지적 설계론은 점점 더 큰 힘을 얻었으며, 미국뿐 아니라 영국에서까지 지적 설계론을 교과 과정으로 채택하는 일이 일어났다.

2006년 9월 진화생물학자 리처드 도킨스(C. Richard Dawkins) 영국 옥스퍼드대학 교수는 『만들어진 신(God Delusion)』이라는 책에서 가장 진화된 존재인 창조적 지성은 우주에서 맨 나중에 출현할 수밖에 없어 우주를 설계하는 일을 맡을 수 없다고 주장했다.

한국에서도 지적 설계론 논쟁이 뜨겁게 벌어졌다. 서강대학 기계공학과 교수이며 지적 설계연구회 회장인 이승엽(2005)은 '진화-지적 설계 논쟁'은 토머스 쿤이 과학학명의 구조에 대해 말한 패러다임 논쟁이라고 주장했다. "오랫동안 정상과학으로서 독점적 지위를 누려 온 진화론의 대안 이론으로서 지적 설계론은 검증 가능한 과학 프로그램을 갖춘 최초의 목적론적(유신론적) 과학이라고 할 수 있다. 진화론이 과학이론을 넘어 사회 전반에 미친 영향을 고려하건대 새로운 패러다임으로서 지적 설계론이 미칠 사회적 파장은 크다고 할 수 있다. 미국 대통령이 지적 설계론을 직접 언급할 만큼 지적 설계 논쟁은 이제 미국만의 문제를 넘어 우리가 향후 필연적으로 통과해야 할 과정인 것 같다."

반면 KAIST 과학철학과 대우교수 장대익(2005)은 지적 설계 운동에는 과학은 없고 교과서와 대중강좌 프로그램만 있다고 주장했다. "물론 진화론자들의 설명이 만족스럽지 못할 수도 있다. 하지만 그렇다고 해서 지적 설계 가설의 손을 자동으로 들어줄 수는 없다. 과학은 어떤 설명이 '더 그럴듯한가'의 개연성 싸움이지 '전부냐 전무냐'라는 확실성 싸움이 아니기 때문이다. 확률론 전문가인 뎀스키는 바로 이 취약점을 공략하면서 지적 설계 운동을 한 단계 격상시키려 하지만 그의 현란한 확률 테크닉 뒤에는 끼워 맞추기식 과학 방법론만이 덩그러니 남아 있다."

적어도 미국에선 지적 설계론이 더 큰 호응을 얻는 것처럼 보였다. 존 터먼(John Tirman 2008)은 "최근의 여론조사에서 다수의 자유주의자들이 학교에서 '지적 설계론'을 가르쳐도 괜찮다는 입장을 보인 것은 정말 충격적이다. 이것은 과학자들이 반다윈주의자들의 터무니없는 주장을 논박하는 데 실패했음을 보여주는 것이다"라며 다음과 같이 주장했다.

"이런 것들이 모두 기독교 보수의 일시적인 난동이며 뉴스 매체들이 거기에 과도한 관심을 보이는 것이라고 보아 넘길 수도 있다.(물론 대통령이 그들을 옹호하는 것 또한 이런 상황에 일조했을 것이다.) 하지만 '과학적 논쟁'이라는 탈을 뒤집어쓴 날조된 이론을 수많은 어린이들에게 가르친다는 것은 비극이 아닐 수 없다."

처치테인먼트와 대안교회

지적 설계론의 수용 추세는 미국 개신교의 보수화 경향을 대변하는 것이기도 했다. 오하이오 주 신시내티(Cincinnati) 소재의 글렌메리 연구소(GRC)가 10년에 한 차례씩 실시하는 '2000년 종교 교단 및 신도 조사' 결과에 따르면, 지난 10년간 복음주의 및 카리스마적인 교단 등 사회적으로 보수적인 교단은 교세가 크게 확장된 반면 자유주의적인 교단들은 교세가 위축되는 현상을 보인 것으로 밝혀졌다.

가톨릭을 제외한 미국 내 기독교 인구는 모두 6600만 명에 달하는 것으로 집계됐으며 이 가운데 지난 10년간 4.9퍼센트의 증가율을 보인 남침례교(Southern Baptist Convention)가 2000만 명을 차지해 여전히 미국 내 최대 개신교단인 것으로 조사됐다. 몰몬교(Mormnism)로 잘 알려진 예수 그리스도 말일성도교회(The Church of Christ of Latter-Day Saints)는 지난 10년간 19.3퍼센트에 달하는 가장 높은 증가율을 보여 신도가 420만 명으로 늘어났으며, 이 기간에 로마가톨릭교회도 16.2퍼센트에 달하는 가파른 증가세를 보여 성도 수가 미국 전체 인구의 4분의 1에 해당하는 6200만 명을 기록한 것으로 나타났다.

이 조사에서는 처음으로 이슬람교에 관한 통계도 집계돼 이슬람교도 숫자가 160만 명인 것으로 발표됐으나 이는 미국 내 이슬람단체들이 주장하는 700만 명과 큰 차이를 보여 논란을 빚었다. 다른 조사들에 따르면 미국 내 이슬람 인구는 200만~800만 명으로 나타나 조사기관에 따라 편차가 심했다. 한편 미국 내 유대교인 숫자는 지난 10년간 2.7퍼센트 증가해 610여 만 명에 이르는 것으로 추정됐다.(김병철 2002a)

미국 내 최대 개신교단인 남침례교의 지도자들 가운데 상당수는 학교에 아이를 보내는 것은 '아동학대'라며 집에서 아이를 가르치는 이른바 '가정학교 운동(homeschooling)'을 전개하였다. 그 결과 1990년에 30만이었던 가정학교 학생 수는 2008년 250만 명에 육박하게 된다. 이에 대해 수전 조지(Susan George 2010)는 다음과 같이 말한다.

"가정학교 운동은 수백만 명의 아이들을 시민의식의 공동체로부터 제외시킬 것이다. 핵심은 바로 이것이다. 아이들이 오직 성서에만 복종하도록 교육받는 것이 문제다. 이러한 특수한 교육방식에 밀어 넣어진 아이들은 스스로를 오직 복음주의적 기독교도, 신을 두려워하는 기독교도로만 인식할 것이기 때문이다. 공화주의를 지지하건 민주주의를 지지하건 미국 시민이라는 의식 대신에 말이다."

미국 개신교는 보수화 경향을 보이면서도 엔터테인먼트 요소를 중시하는 처치테인먼트(churchtainment; church+entertainment)라는 말이 생겨날 정도로 세속적 변화에 적응하려고 애를 썼다. 이른바 '공동체의 소멸'도 교회의 성장에 기여했다. 즉, 사람들이 사라져 가는 공동체에 대한 열망을 종교를 통해 해소하고자 했다는 것이다.

프랜시스 후쿠야마(Francis Fukuyama)는 1999년에 출간한 『대분열(The Great Disruption)』에서 경직된 믿음 체계의 부산물로서 공동체가 나타나는 것이 아니라, 공동체에 대한 욕구 때문에 사람들은 종교적인 믿음으로 돌아간다고 주장했다. 다시 말해, 사람들이 종교적인 전통으로 돌아가는 것은 반드시 어떤 종교의 교리를 믿기 때문이 아니라, 공동체의 부재와 세속적인 세상에서 사회적 연결성의 불안함이 그들에게 의식(ritual)과 문화적 전통에의 갈망을 야기하기 때문이라는 것이다. 또 사람들이 가난한 사람이나 이웃 사람들을 돕는 것은 종교적인 교리가 그렇게 하도록 가르치기 때문이 아니라, 공동체에 봉사하고 싶은데 종교적인 조직이 그렇게 할 수 있는 가장 좋은 길임을 알게 되었기 때문이라는 것이다.

1990년대 중반부터 미국에선 공동체적 열망을 어느 정도 충족하는 대안 교회들이 등장하였는데, 이는 세속적 공동체의 성격도 갖고 있었다. 미국에 있는 35만 개에서 40만 개에 가까운 개신 교회의 90퍼센트는 신도 수가 100명 미만이며, 신도들의 평균 예배 참여율은 75퍼센트에 이르렀다. 반면 대부분의 대안 교회들은 일요일 예배에 참여하는 사람이 1000명 이상이며 많은 경우는 1만 5000명에 이르렀다.

대안 교회에는 여러 목사가 하나의 팀을 이루었고, 수백 명으로 구성된 스태프진이 근무하면서 신도들이 다양하게 필요로 하는 것들을 매우 잘 해결해주었다. 대안교회는 리더십을 강조하고 신도들 상호간 네트워크를 강화하며, 영적인 것뿐 아니라 세속적인 수준의 개인적 필요성도 해결하려고 노력했다. 피터 드러커(Peter Drucker)는 이것을 "오늘날 일어나고 있는 사회적 현상 가운데 가장 의미심장한 것"으로 평가하였다.

초대형 교회의 성장

주간 예배 참가 신도 수가 2000명이 넘으며 기업화된 초대형 교회를 가리키는 초대형 교회(Megachurch)의 성장도 바로 그런 대안교회 운동과 맥을 같이하는 것이었다. 2003년 10월 미국의 경제 전문지 『포브스(Forbes)』는 "현재 미국에는 메가 처치들의 메가 비즈니스가 성황 중"이라고 보도했다. 신도 수 2000명 이상의 대형 교회는 1970년대에 10여 곳에 불과했으나 1990년에 250여 곳, 2003년에는 740여 곳으로 늘었다. 교회를 상대로 한 테크놀로지 기능 향상, 기금 모금, 이벤트 기획, 시청각기재 임대 및 판매 등 관련 기업도 대형화했다. 예컨대, 킹덤 벤처는 1999년 소규모로 설립됐으나 현재 10만여 개의 교회를 도우면서

초대형 교회에 속하는 로스앤젤레스 안젤루스 템플. 1923년에 지어졌으며 동시예배 가능 인원은 3500명이다.

12개 계열사를 거느린 대기업이 되었다.

『포브스』는 미국의 대형 교회는 일반 기업체와 비슷한 사업 전략을 세움으로써 성장할 수 있었다고 분석했다. 담임 목회자는 마치 기업의 최고경영자와 같고 교회 성장에 기업 전략이 활용되어 기업적 접근방식이 교회성장에 크게 기여하고 있다는 것이다.

대안교회 개념의 연장선상에서 사회기업가(social entrepreneur)라는 개념도 부각되었다. 봅 부포드(Bob Buford)는 사회기업가를 사회 부문의 작업 방식을 변혁시키는 사람으로 정의하면서 이렇게 말한다. "전통적인 박애 활동은, 복지 국가를 포함하여 단기적인 책임 소재나 결과 측정은 고려하지 않고 자원을 문제 분야에 쏟아 붓는 경향이 있었다. 사실 많은 비영리 단체의 경우 결과 측정과 성과 향상이라는 관점에서 보면 실망스럽다. 그들에게 자선이란 그 자체가 보상이다. 그들은 다음과 같이 말한다. '만약 어떤 사람이 도움을 받았다면, 그것만으로도 가치가 있는 일이다.' 사회기업가는 그들의 돈을 혁신적인 사업에 투자하기 때문에, 그런 식의 생각은 타당하지 않다고 여긴다. 그들은 사회 문제를 해결하려고 하는 것이지 그대로 지속되기를 바라는 것이 아니다."

초대형 교회의 가장 큰 특징은 다양한 부대사업이었다. 상점 운영은 물론 유료 세미나 개최, 놀이시설 운영도 주요 수입원이며, 경영대학원 출신 전문가를 고용하는 건 기본이었다. 예컨대, 7200개의 좌석을 갖고 있는 일리노이 주 배링턴(Barrington)에 있는 윌로크릭 교회(Willow Creek Community Church)엔 어디를 둘러봐도 십자가를 찾을 수 없고 그 대신 스타벅스풍의 현대식 커피숍과 대형서점, 자동차 수리점을 갖추고 있었다. 이 교회의 2004년 총수입은 5000만 달러였다. 교회 운영 기법을 상담하는 팀을 운영하고 있는 이 교회가 2004년 미국 내 1만 500개의 교회를 상담하고 벌어들인 수입은 1700만 달러에 이르렀다.

초대형 교회는 복음주의 교회(Evangelical Church)의 급성장 덕분에 생겨난 현상이기도 했다. 복음주의는 1803년 펜실베이니아 주에서 야콥 울브라이트가 감리교에서 독립해 창시한 개신교의 한 교파로 복음(예수의 가르침) 전파와 하나님과의 직접 소통을 중시하면서 복음을 믿음의 유일한 기초로 간주한다. 1960~1970년대까지만 해도 소수 종파였던 복음주의는 2004년 신도 수가 전체 미국인의 30퍼센트를 넘어설 정도로 최대 기독교 종파로 자리 잡았다.

교리 해석보다는 전파에 주력하는 복음주의는 다양한 대중화, 상업화 전략을 통해 일반인에게 친숙하게 접근하는 전략을 택했다. 그래서 지난 10년간 미국 내에서 전통 개신교 신도는 100만 명 이상 줄었지만, 복음주의 교회는 갈수록 팽창했다. 1998년 1089개였던 교회 방송국도 2004년 2014개로 두 배가 됐고, 종교서적의 판매액수도 1998년 26억 달러에서 33억 달러로 늘어났다. 기업전략을 도입한 공격적 팽창전략과 더불어 미국 사회의 보수화 경향 때문인 것으로 분석되었다. 대통령 조지 부시를 비롯하여 보수파 유력 인사 신도들이 많았다.

한국 '종교 공동체'의 힘

초대형 교회의 급성장에 대해 "종교가 자본주의에 물들고 있다"는 우려의 목소리도 나왔지만, 소비지향적인 베이비붐 세대가 미국 사회의 주도 세력으로 자리 잡고 있는 한 교회의 대형화와 상업화는 막을 수 없는 대세라는 의견도 있었다. 다만 "이제 교회는 전통적인 예배 장소가 아니라 현대적인 오락 장소로 변했다"는 지적만큼은 부인하기 어려워졌다.

초대형 교회가 지역사회 역할을 대신한다는 주장도 있었다. 1만 1000여 명의 성도를 갖고 있는 애리조나(Arizona) 주 피닉스(Phoenix) 근교의 조이 커뮤니티 처치 담임인 월트 캘리스탯 목사 등 다수의 초대형 교회 목회자들은 "교회가 이제는 단순히 성도들의 영적 욕구를 채워준다는 차원을 넘어 지역사회가 하지 못하는 일들까지 맡고 있다"고 말했다. 캘리스탯 목사는 특히 "지역사회에서 소외되고 불안감을 느끼는 사람들이 아무 부담과 죄의식 없이 교회를 찾아 안락감을 느끼도록 배려하고 있다"고 말했다. 조이 커뮤니티 처치는 184에이커의 부지에 3억 달러를 들여 성도 모두를 '요람에서 무덤까지' 머무르게 할 드림랜드 청사진을 제시했는데, 여기엔 교회에 필요한 모든 기본 시설은 물론 주택단지와 호텔, 수상공원, 요트 정박시설(조이랜드)까지 포함되었다.(김병철 2002)

초대형 교회가 그 어떤 기능을 수행하건 주로 강조하는 건 번영이었다. 초대형 교회의 수도 2004년 880개에 이를 정도로 번영했다. 2006년 『타임』 커버스토리 「하나님은 당신이 부자 되기를 바라시는가?」에 따르면, 미국 초대형 교회 넷 가운데 셋이 번영을 강조했다. 미국인 9000만 명에 해당하는 31퍼센트는 하나님께 헌금하면 더 큰 금액으로 축복받는다고 생각했으며, 61퍼센트는 하나님은 개인이 번성하기를 바라신다고 믿었다.(Phillips 2009) 이런 이유 때문이었을까? 일부 젊은이들 사이에선 "주여, 제발 당신을 따르는 일부 사람들로부터 저를 구원해주세요(Please, Jesus save me from some of your followers)"라는 글귀가 쓰인 티셔츠가 유행하기도 한다.(백성호 2007)

사실 초대형 교회의 원조(元祖)는 한국이다. 1993년 뉴욕에서 발행된 기독교 연감에 따르면, 세계 50대 교회 중 한국이 23개를 차지하였으며, 5등 안에 한국 교회가 세 곳이나 포함되었으며, 여의도 순복음교회의 신도 수는 세계 1위였다. 선교사업에서도 미국을 바짝 뒤쫓은 한국은 어떤 면에선 미국을 능가하기도 했다.

한국종교문화연구소가 문화관광부의 지원으로 작성한 '해외선교·포교 실태조사 및 지원방안 연구'에 따르면, 개신교의 선교는 1980년대부터 급성장해 2004년 장로교, 성결교, 감리교 등 20개 교단에서 5408명, 대학생성경읽기선교회 등 80개 선교단체에서 6215명 등

1만 1623명의 선교사를 해외에 파견했다. 선교사 규모로는 미국에 이어 세계 2위의 선교 강국이 되었다. 교단별로는 장로교 3819명, 성결교 436명, 감리교 390명, 하나님의 성회 260명, 침례교 475명, 구세군 18명 등의 순이었으며, 활동지역은 해외동포가 많은 동북아시아 지역이 가장 활발하고 동남아시아, 유럽, 아프리카, 중남미, 중앙아시아 순이었다.(남경욱 2004)

사실 한국에서 가장 강력한 공동체는 '종교 공동체' 일 것이다. 한국의 '종교 공동체' 는 단지 종교에 대한 열정 하나만으로 이루어진 것인가? 그렇진 않다. 사라져 가는 공동체에 대한 잠재적 욕구를 종교와 연결했기 때문에 큰 성공을 거두었다고 보아야 할 것이다.

종교인들의 입에서 먼저 "교회가 먼저 변해야 사회도 변한다" 는 말이 나올 정도로, 한국에선 종교가 미치는 영향력이 매우 크다. 전체 국민의 53퍼센트가 종교를 갖고 있고, 종교관련 가계지출이 월 평균 가계지출의 1.5퍼센트로 연간 4조 3692억 원에 이르는 나라에서 종교를 사회개혁과 무관하게 생각한다는 것은 어리석은 일이 아닐 수 없다.

그간 지식인들은 한국 사회에서의 종교의 융성을 고운 눈길로 보지 않았다. 그러나 이젠 '종교 공동체' 로부터 무언가 배우려는 자세도 보여야 할 것이다. 사회적 안전망과 탈연고적 유대망이 부실한 한국 사회에서 종교 공동체가 수행하고 있는 긍정적 기능에 주목하면서 그것을 사회개혁과 연결시키는 방안에 대해 고민해야 한다는 것이다.

그와 더불어 사기업적 방식을 공공적 사안에 접목시키는 '사회기업가' 및 '공익 마케팅' 이라는 개념에 대해서도 거부감을 버리는 게 좋다. 우리는 '사회기업가' 가 주도하는 '공익 마케팅' 에 대해 열린 자세를 가질 필요가 있다. 모든 공공적 이슈에 엔터테인먼트 요소를 접목하려는 시도도 부정적으로만 보지 말고 본말전도가 일어나지 않게끔 노력하는 편이 현명할 것이다.

참고문헌 Brooks 2001, Drucker 외 2001, Gelfert 2003, George 2010, Phillips 2009, Pringle & Thompson 2003, Sontag 2004, Tirman 2008, 고성호 2005a, 곽병찬 2003, 국민일보 2005, 권재현 2007, 김갑식 2002, 김병철 2002 · 2002a, 김보은 2005, 김수혜 2007, 김영화 2002, 김종혁 2005, 김학순 2007, 김학준 2005a, 남경욱 2004, 내일신문 2003, 리영희 1998, 박동수 2005, 박찬수 2005f, 백성호 2007, 이승엽 2005, 이태형 2003, 장대익 2005, 정미경 2005a, 홍권희 2005a

미국인의 애국심
성조기 논쟁

성조기보호법 논쟁

미국에선 국기인 성조기의 소각이나 기타 훼손을 둘러싸고 논란이 끊이질 않았다. 1960년대엔 구멍 난 청바지를 성조기로 꿰매 입었던 사람이 6개월간 징역살이를 한 일도 있었으며, 이후로도 이런 문제를 둘러싼 논쟁이 치열하게 전개되었다.

그런 시기에도 성조기 패션·액세서리는 인기품목으로 등장했다. 특히 러시아계 유태인 이민자로서, 자신에게 놀라운 성공의 기회를 준 미국에 경의를 표하기 위해 패션 디자이너 랄프 로렌(Ralph Lauren)은 '폴로(polo)'라는 WASP(White, Anglo-Saxon, Protestant) 지향적 패션에 몰두하는 동시에 성조기를 자기 브랜드의 상징으로 삼기에 이르렀다. 이를 위해 그는 타미 힐피거(Tommy Hilfiger)와 치열한 접전 끝에 1998년 7월 1300만 달러를 내고 성조기의 소유권을 따냈다. 그런 뒤 스웨터는 물론 향수와 수건, 심지어 머그잔에도 성조기를 인쇄해 팔았고, 급기야 빌 클린턴 전 대통령이 "힐러리와 나를 포함해 대다수의 미국인이 성조기가 들어간 멋진 폴로 스웨터를 갖고 있다"고 말할 정도가 되었다.(신광호 2007, 오치 미치오 1999)

그러나 모두 다 랄프 로렌처럼 성조기를 이용한 건 아니었다. 어디까지가 디자이너의 미적 감각이고 어디부터가 아닌지, 그 경계를 법적으로 판단하는 건 쉬운 일이 아니었다. 그러나 노골적인 성조기 훼손이 난무했던 1960년대는 그런 고민을 불필요하게 만들었다.

앞서(9권 5장) 보았듯이, 성조기보호법이 연방법으로 제정된 것은 월남전 반대 데모가 심하던 1967년이었다. 당시 반전(反戰)을 외치는 젊은이들이 길거리에서 성조기나 징집카드를 불태우는 것에 대응해 성조기보호법은 공개적으로 성조기를 훼손하거나 태우거나 짓밟는 등 고의로 모욕하는 자는 1000달러 이하의 벌금이나 1년 이하의 징역에 처할 수 있게 만들었던 것이다.

성조기를 깔고 앉는 것도 논란이 됐다. 1974년 연방대법원은 성조기를 바지 엉덩이 부분에 부착해 앉을 때마다 성조기를 깔고 앉음으로써 미국의 국가정책에 대한 경멸을 표시하려 한 것은 정치적 표현의 한 방법이기 때문에 처벌할 수 없다는 판결을 내렸다.

그 후 성조기 소각이 크게 부각된 사건은 1984년 8월 공화당 대통령 후보를 지명하는 전당대회가 열린 텍사스 주의 댈러스 시에서 일어났다. 댈러스 시내에서 벌어진 공화당에 항의하는 시위에서 한 빌딩의 국기게양대에 걸린 성조기를 끌어내려 석유를 뿌리고 불태우며 "우리는 미국에 침을 뱉는다"고 외친 사건이다. 100여 명의 시위 군중 가운데 유일하게 구속·기소된 그레고리 존슨은 텍사스 주지방법원에서 1년의 징역형과 2000달러의 벌금형을 선고받았다. 텍사스 주고등법원 항소심에서 존슨은 무죄판결을 받았으나, 텍사스 검찰의 상고로 이 사건은 연방대법원에서 다뤄지게 되었다. (장호순 1998)

1989년 연방대법원 판결

1989년 6월 미 연방대법원은 "정치적 메시지를 전달하기 위한 것이라면 국기를 불태워도 무방하다"며 5대 4로 합헌 판결을 내렸다. 다수 의견(윌리엄 브레난 2세 대법관)은 "국기 모독을 처벌하는 것이 국기를 신성하게 하는 것은 아니다. 왜냐하면 국기모독을 처벌하는 것은 이 소중한 상징(곧 국기)이 대표하는 자유를 약화시키는 것이기 때문이다"라고 밝혔다. 반면 소수 의견(윌리엄 렌퀴스트 대법원장)은 "분명히 민주주의 사회의 고귀한 목적 중의 하나는 다수의 국민에게 사악하고 매우 불쾌감을 주는 것으로 간주되는 행위를—그것이 살인이든, 횡령·공해든 또는 국기소각이든— 규제하는 법을 제정하는 데 있다"고 했다.

이후 백악관과 의회에서 한바탕 소동이 일어났다. 부시 대통령은 거의 울먹여 가며 성조기 소각을 범죄로 규정하는 새로운 헌법 수정안 제정의 필요성을 역설했다. 이에 대해 『뉴욕타임스』(1989.7.2)에 다소 진지한 풍자적 논평을 한 개리슨 케일러(Garrison Keillor)에 따르면 "국기 소각은 조지 부시가 정치적 이익을 위해 국기를 이용하는 냉소에 비한다면 사소한 모욕이다. 국기를 제대로 보호하고자 하는 법이라면, 정치가들이 국기를 몸에 두르지 못하게 금지해야 함이 마땅하다! 국기를 불사르는 것은 무력한 개인이 벌이는 충동적 행위일 뿐이지만, 저 힘센 부잣집 자제들(preppie)이 성조기를 두르고 벌이는 뻔뻔스러운 선동행위는 자유에 대한 현실적이고도 당면한 위협이다."
(Zinn 2001a)

그러나 케일러처럼 생각하는 미국인은 소수였다. 언론사들이 실시한 여론조사에 따르면 미국인들은 압도적으로 연방대법원의 판결에 반대하는 것으로 나타났다. 이러한 정서에 편승한 상원은 존슨 사건의 판결이 내려진 바로 다음 날 97대 3이라는 압도적인 표차로 연방대법원 판결을 비난하는 결의안을 채택했다. 또 그해 10월엔 의원들의 압도적인 지지 속에 새로운 성조기보호법이 제정돼 미국의 국기나 그 일부를 고의로 훼손하거나 불태우거나 짓밟는 행위를 1년 이하의 징역에 처할 수 있게 했다. 1990년 6월, 연방대법원은 성조기 소각을 금지하는 법은 위헌이라고 재차 선언했다. 이번에도 표결 결과는 5대 4로 나타났다.

의회는 헌법 개정으로 맞섰다. 1990년 6월 21일 연방하원은 성조기 훼손을 금하는 헌법수정안을 표결에 붙였으나 헌법수정안 상정에 필요한 재적 의원 3분의 2의 찬성을 얻어내지 못했으며, 며칠 후 연방상원에서도 똑같은 일이 벌어졌다. 즉, 의회는 분노한 민심을 의식해 연방대법원의 판결을 비판하기는 했지만 성조기의 훼손을 막는 것이 헌법을 수정해야 할 만큼 중대한 문제라고 보지는 않은 것이다.(장호순 1998)

미국에서 성조기 훼손 논쟁은 내셔널리즘이라고 하는 파도에 따라 춤을 추었다. 1995년 12월, 미 상원에선 '국기 모독 금지' 조항을 삽입한 헌법 개정안이 또 표결에 붙여졌지만 의결정족수인 재적 3분의 2 이상을 채우지 못해 부결되었다.

1999년·2005년 헌법 개정 시도

헌법 개정을 위한 시도는 1999년 6월에 다시 이루어졌다. 미 하원은 6월 24일 자국기의 훼손을 금지시키는 헌법수정안을 찬성 305대 반대 124로 통과시킴으로써 이에 대한 뜨거운 찬반 논쟁을 불러일으켰다. 헌법은 상·하원의원 3분의 2 지지와 50개 주 가운데 38개 주가 승인하면 개정할 수 있는데, 국기보호법 수정안 채택 시도는 지난 1989년 하원이 통과시킨 뒤 연방대법원이 위헌판결을 내린 이후 모두 세 번째였으며, 이전 두 번의 헌법수정 시도는 모두 상원에서 의결정족수 67표에 미달, 부결됐다.

수정안 찬성론자인 미시간(Michigan) 주 하원의원 조 크놀렌버그 (Joseph Knollenberg)는 "국기는 미국의 가치와 투쟁, 역사를 나타내는 것"이라며 상원 통과를 촉구했다. 그러나 같은 주 출신 존 코니어스 (John Conyers, Jr.)는 "이 법안을 통과시킬 경우 단지 우리가 싫어한다는 이유로 언론과 행동의 자유에 더 많은 제한이 가해지는 선례가 되는 것"이라며 반대했다.

국기모독 문제는 의회 내뿐 아니라 시민들 사이에서도 찬반양론이 엇갈렸는데, '국기를 불태우는 행위(Flag Burning)'란 제목의 웹사이트도 여럿 등장해 온라인으로 열띤 찬반논쟁이 벌어지는가 하면 대학에서는 관련 강좌가 개설되었다.(최철호 1999b)

헌법수정안은 2000년 미 상원이 찬성 63, 반대 37로 부결시켰다. 2001년 9·11테러 사건이 일어나면서 미국엔 애국주의 물결이 흘러

넘쳤다. 미 하원은 2005년 6월 22일 또 한번 '의회는 미국 국기에 대한 물리적 모독을 막을 권한을 갖는다' 는 문구를 새로 담은 헌법수정안을 통과시켰다. 찬성 286표, 반대 130표였다. 공화당은 찬성 209 반대 12였으며, 민주당은 찬성 77 반대 117이었다.(권순택 2005c)

랜디 커닝험(Randall H. Cunningham) 공화당 의원은 "세계무역센터에 서서 사람들에게 물어본다면 모두가 개정안을 통과시키라고 할 것"이라고 말했다. 필 깅그레이(J. Phillip Gingrey) 공화당 의원은 "국기방화는 자유를 보호하려는 국가에 대한 도전"이라고 강조했다. 반면, 존 코니어스 민주당 의원은 "우리가 표현의 자유를 제한하는 순간 언론과 종교 자유에 대한 제한으로 가는 길도 멀지 않다"고 맞받아쳤다. 개정안 반대 운동을 벌이고 있는 미국시민자유연합(ACLU)는 "진정으로 애국하는 길은 이 나라에서 자유와 이견을 표현할 권리를 보호하는 것"이라고 주장했다.

제럴드 내들러(Gerald Nadler) 민주당 의원은 "공화당원들이 9·11 테러를 착취하고 있다"고 비난했지만, 민주당 전략가 크리스 러헤인은 "의미도 없는 상징 싸움에 참여해서는 안 된다"며 다음 선거를 고려해야 한다고 주장했다. 한편, 힐러리 클린턴 등 일부 의원들은 국기에 대한 존경을 드러내면서도 헌법 개정에는 반대한다는 어정쩡한 태도를 보이고 있다. 힐러리 의원은 6월 22일 성명을 내어 "성조기 훼손을 금지하는 법안에는 찬성하지만 헌법 개정이 답은 아니다"라며 "국기를 훼손하는 사람에 대해 헌법을 고칠 만큼 대응할 가치가 있는가"라고 밝혔다.(강김아리 2005)

2006년 3월 여론조사기관 해리스가 미국인 2200명을 대상으로 실

이라크전 반전집회의 모습. 사진 속 성조기는 깃대에 거꾸로 걸려 있다.

시한 여론조사에서 미국민의 61퍼센트가 국가(國歌) '별이 빛나는 깃발(The Star-Spangled Banner)' 의 가사를 정확히 모르는 것으로 조사됐다. 이 같은 결과가 나오자 미국 음악 교사들은 '국가 프로젝트' 를 결성해 국민들에게 국가 가사를 제대로 가르치기 위한 전국 투어를 벌였다. 전미음악교육협회 교사들은 미국인에게 국가를 다시 가르치기 위해 2006년 1월 플로리다 주를 시작으로 주별로 '국가 부르기 대회'를 개최했다. 최근 애리조나 주 피닉스에서 17번째 대회를 마쳤다. 협회의 투어 매니저 클리프 실러는 "이 노래는 미국의 정신" 이라며 "우리는 언제부턴가 그 정신을 상당 부분 잊어버렸다"고 말했다.(태원준 2006)

2006년 6월 27일 미국 상원은 국기 모독 행위를 금지하는 연방헌법 수정안을 표결에 부쳤지만 한 표가 모자라 통과시키는 데는 실패했다. 표결 결과 찬성 66표, 반대 34표였다. 헌법수정 반대론자들은 "올

가을 중간선거를 의식한 공화당이 유권자를 양분하는 이슈를 만들기 위해 성조기를 불태우는 행위를 금지하는 헌법수정안을 내놓았다"며 "이는 권리장전을 뜯어고치려는 것과 똑같다"고 비난했다. 프랭크 로 텐버그 민주당 상원의원은 "최악의 정치"라고 평가했다. 하지만 공화당 소속 짐 버닝 상원의원은 "의회가 성조기를 보호하기 위해 움직일 때"라며 "국기는 특별한 지위를 부여받는 유일한 국가 상징"이라고 반박했다.(한용걸 2006a) 이렇듯 이 헌법 개정 또한 결국엔 실패로 돌아가고 말았지만, 날로 고조되는 미국인들의 애국주의 물결을 타고 언젠가는 통과될 수 있을 것으로 보는 이들이 많았다.

애국심이란 과연 무엇인가?

애국심이란 과연 무엇인가? 이 질문에 대한 고민을 깊게 할 인물이 성조기 논란 중에 떠올랐다. 반전 운동가 윌리엄 블룸(William Blum)이다. 1933년생으로 폴란드계 유대인 블룸은 테러를 반대하고 비판하는 동시에 미국의 국제적 죄악과 과오를 폭로하고 비난하는 운동을 맹렬히 해왔지만, 미디어의 주목을 전혀 받지 못했다. 그가 2000년에 출간한 『불량국가(Rogue State: A Guide to the World's Only Superpower)』도 아무런 주목을 받지 못했는데, 2006년 1월, 테러리스트 조직 알카에다의 지도자 오사마 빈 라덴은 자신의 커뮤니케이션 수단인 비디오 테이프에서 미국인들이 블룸의 책을 읽으면 유익할 것이라고 말함으로써 이 책의 운명이 달라졌다. 이후 이 책이 유명해져 아랍어를 포함한 12개국 이상의 언어로 번역돼 세계적으로 널리 읽히게 되었다.

블룸은 미국의 독립 언론인 I. F. 스톤(Isidor Feinstein, 1907~1989)의

계보를 잇는 인물이다. 스톤은 어느 언론학교의 학생들에게 한 강연에서 이렇게 말했다. "무엇보다도 저는 오늘 여러분들에게 언론인이 된다는 것에 대해 말하려고 합니다. 여러분이 기억해야만 할 것은 딱 두 단어입니다. '정부는 거짓말한다'" (Zinn 2003)

블룸은 『불량국가』에서 다음과 같이 말했다. "1945년부터 1999년까지 미국은 40개국 이상의 외국 정부를 전복시키고, 견딜 수 없는 정권에 저항하는 민중민족주의 운동을 30회 이상 진압하는 시도를 해왔다. 그 과정에서 미국은 수백만 명의 인명 손실을 초래했으며, 수백만 명을 고통과 좌절의 삶으로 몰아넣었다."

블룸은 9·11테러 이후 비행기 납치가 가장 중대한 범죄로 간주되고 있는 것과 관련해선 미국의 자업자득(自業自得)을 다음과 같이 지적했다. "쿠바에서 미국을 오가는 길에 해마다 수많은 비행기 납치, 선박 납치가 되풀이되는데도 총기나 칼로 위협당하고 또는 물리력 사용으로 적어도 한 명 이상이 살해당하는 일이 벌어지는데도, 미국이 비행기 납치범에게 죗값을 물은 사례는 단 한 건도 발견할 수 없었다." 그 비행기 납치범들은 전부 반카스트로 세력이었기 때문이다. (Pilger 2003)

블룸은 2002년 10월 21일 콜로라도(Colorado) 주 볼더(Boulder)에서 한 연설에선 다음과 같이 말했다. "만약 제가 미국 대통령이라면 수일 내로 미국을 향한 테러리스트 공격을 중단시킬 수 있습니다. 영원히 말이죠. 저는 먼저 미 제국주의의 희생자가 된 모든 과부들과 고아들, 고통받은 사람들과 가난해진 사람들, 그 밖의 수많은 희생자들에게 공개적으로 충심으로 사과할 것입니다. 다음에 저는 미국의 국제적 개입을 중단하겠다고 선언하고 이스라엘은 이제 더 이상 미국의 51번째 주가 아니며 믿거나 말거나 외국이라는 점을 이스라엘에 알려주겠습니다. 그리고 국방예산을 적어도 90퍼센트 줄이고 그 돈을 우리의 희생자들에게 보상하고 우리의 폭격으로 인한 파괴를 복구하는 데에 쓰겠습니다. 돈은 충분할 것입니다. 미국의 1년 국방예산이 얼마나 되는지 아십니까? 단 1년 예산인데도 예수 그리스도가 탄생한 이래로 매 시간당 2만 달러 이상이 돌아갈 수 있는 액수입니다. 이게 제가 백악관에 들어가 3일 동안에 할 일입니다. 4일째 되는 날 저는 암살당할 것입니다."

블룸은 또 다른 연설에선 "당신이 아무리 편집증적일지라도 정부가 실제로 하는 일은 당신이 상상하는 것보다 더 나쁩니다. 공식적으로 부인될 때까지 어떤 것도 믿지 마십시오"라고 말했다. 애국적인 미국인들이 그의 애국심을 의심하는 건 당연한 일이었다. 그는 2004년에 출간한 『미국 제국론(Feeling the World to Death: Essays on the American Empire)』에 실린 「미국인과의 대화」라는 글에서 "당신은 자신이 애국적이라고 생각합니까?"라는 이메일 질문에 대해 이렇게 답했다.

"저는 애국적이 아닙니다. 실은 애국적이길 원치 않습니다. 저는 애국적으로 의심받는다고까지 말할 수 있겠습니다. 많은 좌파들이 1960년대나 지금이나 애국주의 이슈를 보수파에게 넘겨주고 싶어 하지 않습니다. 좌파는 미국이 공언한 원칙에 따라 행동할 것을 요구하기 때문에 자신들이 진정한 애국자라고 주장합니다. 좋은 말이지만, 저는 그런 좌파 중의 한 명은 아닙니다. 저는 '애국적'이 인간의 고상한 면의 하나라고 생각하지 않습니다. 조지 버나드 쇼는 '애국심' 이란 당신이 태어났다는 이유만으로 당신의 나라가 다른 모든 나라들보다 우월하다고 믿는 신념이라고 썼지요." (Current Biography 2007)

아름답고 멋진 말이지만, 다수 미국인을 납득시키는 건 영원히 어려울 것이다. 우리 인간이라고 하는 동물의 한계 때문이라고 보는 게 옳겠다. 애국심에 정면 도전하기보다는 "누구를 위한 애국심인가"를 물으면서 '애국' 이라는 가면 뒤에 숨은 차별과 갈등을 드러내는 게 더 나은 전략은 아닐까? 2005년 8월부터 시작된 '카트리나 재앙' 은 바로 그런 의문을 곱씹게 한 사건이었다.

참고문헌 Blum 2003, Current Biography 2007, Pilger 2003, Zinn 2001a · 2003, 강김아리 2005, 강준만 2009a, 권순택 2005c, 신광호 2007, 오치 미치오 1999, 장호순 1998, 최철호 1999b, 태원준 2006, 한용걸 2006a

'인종차별 참사' 인가?
카트리나 재앙

'빌 코스비가 옳은가?'

대중문화의 '스타'들은 '아메리칸 드림'의 상징으로서 미국 사회를 정당화하고 미화하는 이데올로기적 기능을 수행하고 있다는 주장이 있다. 한동안 미국에서 가장 높은 수입을 올렸던 코미디언 빌 코스비 (Bill Cosby)의 경우 1991년에 1억 달러를 벌었으며, 마이클 잭슨 (Michael Jackson, 1958~2009)이 소니(Sony)사와 맺은 15년 계약 금액은 8억 달러에 이르렀다. 이 두 사람 모두 흑인이다. 당시 미국 인구의 12.4퍼센트를 차지한 흑인들이 빈곤을 떠맡다시피 하면서도 저항의 식을 대중문화 상품 소비를 통해 해소하고 있었던 것도 결코 우연이 아니다.

미국 방송을 위시한 미국 대중문화를 꼭 부정적으로 볼 필요는 없다. 오락은 우리의 삶에 있어서 매우 소중한 가치다. 이를 부인해선 곤란하다. 오락을 부인함이란 곧 위선이며 그 위선에 근거한 통제는

시추에이션 코미디 〈코스비 가족〉으로 세계 유명인사가 된 빌 코스비(가운데). 오프라 윈프리와 빌 코스비 같은 역할 모델들은 흑인들의 자성을 촉구하는 발언을 종종 하는데, 이는 빈곤 문제를 정책을 통해 직접 다루지 않고 개인의 책임으로 환원하는 여론을 형성하기도 한다.

폭력일 수 있다. 그러나 그런 전제와 더불어 오락적 가치의 과잉이 낳을 수 있는 문제 또는 오락적 가치가 지배하는 체제의 이면도 살펴보는 게 공정하지 않을까.

미국 대중문화에 탐닉하는 순간 삶의 지루함과 번민과 고통으로부터 탈출할 수 있다는 건 분명하다. 그러나 언제까지 그리고 어느 정도까지 그게 가능한가? 물신 숭배와 감각적 쾌락은 인간의 본능을 중시한다는 점에서 긍정적인 면이 없는 건 아니나 그것은 '비용'을 수반한다. 오락성이라는 가치를 향해 무한질주를 해온 미국 대중문화가 요구하는 '비용'은 과연 무엇일까?

코스비는 늘 흑인의 각성을 촉구하는 것으로 유명했다. 그는 2004년

5월 전미 흑인지위향상협회에서 "흑인 청소년을 둔 부모들이 달라져야 흑인 사회에 장래가 있다"는 연설을 했다. 흑인 청소년들이 엉터리 문법과 슬럼가 특유의 욕설로 가득 찬 영어를 계속 쓴다면 절대 주류 사회에 들어갈 수 없으며, 부모들이 자녀의 잘못을 꾸짖지 않는다면 책임 있는 시민으로 인정받지 못할 것이라는 지적이었다. 진보적 흑인 민권운동가인 목사 제시 잭슨(Jesse L. Jackson, Sr.)을 비롯한 흑인 청중은 그의 연설에 기립박수로 공감을 표시했다. 『뉴욕타임스』는 2004년 10월 대통령 선거를 앞두고 "빌 코스비가 흑인뿐 아니라 백인도 냉엄하게 꾸짖으며 교육의 중요성을 가르칠 수 있다면 그를 대통령으로 뽑고 싶다"는 칼럼을 게재하기도 했다.

그러나 2005년 5월에 출간된 펜실베이니아대학 사회학과 교수 마이클 다이슨(Michael E. Dyson)의 『빌 코스비가 옳은가?(Is Bill Cosby Right?: Or Has the Black Middle Class Lost Its Minds?)』는 코스비의 주장을 '본말이 전도된 웃기는 소리'로 일축했다. 디트로이트 빈민가 출신이며 흑인인 다이슨은 흑인들이 교육 및 의료의 기회를 제대로 못 갖고 하류층으로 전락할 수밖에 없는 구조적 문제점을 지적하지 않은 채 "열심히 하면 된다"는 식으로 얘기하는 것은 공허하다고 주장했다. 그러나 전통적인 민주당 성향으로 분류됐던 흑인 유권자의 상당수가 2004년 대선에서 공화당 지지로 돌아선 점을 지적하며 "흑인 민권운동이 한창이던 1960년대와 달리 이번에는 다이슨 교수의 주장보다 '훌륭한 아버지' 코스비의 질타가 더 반향을 불러일으킬 것"이라는 분석도 나왔다. (김승련 2005b)

미국은 선진국인가?

빌 코스비가 옳은가? 2005년 8월 29일 허리케인 카트리나(Katrina)가 뉴올리언스를 비롯한 미국 남부 해안을 덮쳤을 때에 이 물음에 대한 답은 부정적인 것으로 바뀌었다. 뉴올리언스 제방이 무너지면서 도시의 80퍼센트가 물에 잠기고 1800여 명의 인명을 앗아가고 812억 달러의 재산피해를 냈는데, 이 '미국판 쓰나미'의 피해자들이 거의 대부분 흑인들(빈민)이었기 때문이다. 이들은 대부분 도심에 살며 하루 벌어 하루 먹고사는 빈민 노동자들이라 초대형 허리케인에 대한 정보도 거의 없었고, 또 알았다 하더라도 대피할 만한 형편도 안 됐다.(이도운 2005)

8월 31일 레이 내긴(C. Ray Nagin, Jr.) 뉴올리언스(New Orleans) 시장이 "물에 잠긴 도시를 포기해야 할 것 같다. 2~3개월 동안 도시의 기능을 되찾기 어렵다"고 '도시 포기'를 발표하는 그 순간에도 '재즈의 고향' 뉴올리언스는 약탈이 들끓는 악몽의 도시로 변해 가고 있었다. 뉴올리언스의 상점 약탈은 식품 약품을 위한 '생존형'에서 점차 보석 · 무기류 · 자동차 탈취라는 '범죄형'으로 변모해 가고 있었다. 또 경찰력이 구조에 주력하는 것을 틈타 '경찰 코앞에서' 전자제품을 꺼내가는 일도 벌어졌다. 결국 처음에는 "약탈을 비난하기가 어렵다"던 내긴 시장도 경찰 1500명에게 "구조와 약탈범 검거 활동을 동시에 하라"고 지시하기에 이르렀다.(권순택 2005a)

영국 로이터통신(Reuters)은 뉴올리언스가 무법천지가 된 것에 대해 한 해 전 쓰나미 피해를 당했던 스리랑카 주민들의 말을 인용해 "쓰나미 때는 약탈당한 사람이 한 명도 없었으며 서로 돕기 위해 혼신의 노

(위)카트리나 참사로 인해 많은 사람들이 물과 식량, 주택 부족에 시달려야 했다. © Marvin Nauman
(아래)피해가 장기화되자 전국 각지에서 모금과 구호활동, 자원봉사(사진)가 이어졌다. © Robert Kaufmann

력을 기울였는데, 미국에서 지금 일어나고 있는 일을 보면 아시아인이 훨씬 더 문명화됐음을 확인할 수 있다"고 보도했다.(이미숙 2005a)

카트리나로 뉴올리언스의 제방이 붕괴된 지 사흘 뒤인 2005년 9월 1일 조지 부시 대통령은 텔레비전에 나와 "누구도 제방이 붕괴될 것으로 예상했다고 생각하지 않았다"며 천재지변이었음을 강조했다. 그러나 나중에(2006년 3월) 부시는 붕괴 전날인 8월 28일 제방이 붕괴될 수도 있다는 내용의 브리핑을 받은 것으로 드러났다.(권순택 2006)

자주 그랬듯이, 부시는 이번에도 대기업들에 지원을 요청했다. 일부 대기업들이 호응했다. 수백만 달러를 기부한 월마트의 리 스콧은 "우리는 이들 공동체의 일부나 다름이 없기 때문에 당연히 도와줄 의무가 있다"고 말했다. 과연 그럴까? 그러나 이는 반월마트 운동을 염두에 둔 홍보에 지나지 않았다는 나중에 밝혀진다. 카트리나 재앙이 어느 정도 수습된 후 리 스콧은 자기 회사가 베풀 수 있는 선행의 한계를 고백했다. 그는 2000장의 담요 지원 요청을 거부하면서 "우리는 원하는 단체마다 트레일러 3대 분량의 상품을 보내줄 수 없다"고 했다. (Reich 2008)

미 연방정부가 늑장대응을 한 것에 대해 흑인들은 "백인 거주지역이었으면 늑장대응을 하지 않았을 것"이라며 아비규환의 현장을 "인종차별 참사"라고 비난하며 절규했다. 9월 2일 유명 흑인 래퍼인 카니예 웨스트(Kanye West)는 뉴욕에서 진행된 NBC의 카트리나 이재민 구호모금 생방송에 출연해 "조지 부시 행정부는 흑인들에 대해 신경 쓰지 않으며 미 방송의 흑인들을 비추는 태도는 인종차별적"이라고 주장했다.

"흑인이 하면 약탈이고 백인이 하면 식량 찾기냐"

뉴올리언스 참사 현장 사진 두 장도 "흑인이 하면 약탈이고 백인이 하면 식량 찾기냐"는 인종차별 논란을 불러왔다. 두 장의 사진은 모두 물에 잠긴 뉴올리언스에서 비슷한 상황에 놓여 있는 흑인 남자와 백인 여자를 찍은 것이었다. AP통신 기자가 흑인 남자를 찍은 사진에는 '식품점에서 물건을 약탈한 뒤 물을 건너고 있다'는 설명이 달렸다. 게티이미지(Getty Image) 소속 사진기자 크리스 그레이덴이 찍어 AFP 통신을 통해 제공한 백인 여성의 사진에는 '식품점에서 빵과 음료수를 찾은 뒤 물을 건너고 있다'는 설명이 붙었다. 8월 30일 야후 뉴스에 각각 올라온 이들 사진은 한 사진 공유 사이트에 나란히 소개됨으로써 누리꾼(네티즌)들로부터 비난을 받았다.

그러나 AP는 사진기자가 직접 흑인 남자가 식품점에 들어갔다 나오는 것을 봤으며 자체 가이드라인에 따라 '약탈'이란 표현을 썼다고 밝혔다. AFP에 사진을 제공한 그레이덴은 식품점 문이 열린 채 물건이 거리의 물 위에 떠다니고 있었으며 사진에 나오는 사람에게 직접 물어볼 수도 없는 상황이어서 약탈 여부를 알 수 없었다고 해명했다. 그는 "뉴올리언스와 같은 극한 상황에서 음식과 물 같은 필수품을 가져가는 것을 훔친 것으로 간주할 수 없다"고 주장했다.(권순택 2005b)

9월 4일 흑인 인권 운동가인 재시 잭슨은 흑인들의 상점 약탈 장면을 텔레비전이 반복해서 방영하는 것을 비난하면서 "흑인이 하면 약탈이고 백인이 하면 식량 찾기냐"고 반문했다. 반면 부시 정권에서 흑인으로선 최고의 자리에 오른 콘돌리자 라이스(Condoleezza Rice) 국무장관은 "나는 앨라배마 출신 흑인"이라며 "단지 흑인이라는 이유로

그들을 방치했다는 주장은 전혀 사실이 아닐 것으로 믿는다"고 반박했다. (이호갑 2005)

9월 5일 비난여론을 무마하기 위해 세 번째 현지 시찰에 나선 부시 대통령은 배턴루지에서 시민들의 항의세례를 받았다. 한 여성은 "부시의 대답을 들어야겠다"며 길을 가로막았다. 캐슬린 블랑코 루이지애나 주지사는 들끓는 비난 여론에 주민들이 수용된 휴스턴 방문계획을 취소했다. 정부 비판에는 이재민이 다수 발생한 아칸소에서 주지사를 했던 빌 클린턴 전 대통령도 가세했다. 그는 범정부 차원의 '카트리나 위원회' 구성을 제안하며 부시 정부의 무능한 대응을 질타했다. 그러나 클린턴과 함께 '카트리나 재단'을 설립키로 한 아버지 부시는 지금의 여론을 '비난게임'이라며 아들을 옹호했다. (이태규 2005a)

9월 5일 방한(訪韓)한 하버드대학 교수 마이클 샌델(Michael J. Sandel)은 "허리케인 카트리나가 초래한 뉴올리언스의 비극은 자유주의적 다원성과 다문화주의라는 미국적 장점이 사회적 연대와 공동체 정신의 부족이라는 취약성으로 작용한다는 것을 뚜렷이 보여준다"고 말했다. 존 롤스의 자유주의를 비판하며 공동체주의를 주창해온 그는 "미국의 극단적 개인주의는 결국 개인의 (자유로운) 선택이 시장의 힘에 이끌리는 소비주의로 귀결된다"고 말했다. 그는 또 "나는 공화당원이 아니다"라며 "나의 공동체주의는 내가 소속한 공동체만큼 내가 소속하지 않은 공동체도 존중해야 한다는 것이며, 공동체 내부에서는 다수의 선택이 지배적 가치가 되기에 앞서 이것이 옳은 것인지 따져보고 시험해보자는 것"이라고 말했다. (권재현 2005, 안수찬 2005a)

9월 8일 발표된 퓨 리서치센터(the Pew Research Center)의 여론조사 (6~7일 실시, 조사 대상 1000명) 결과는 카트리나 전후 상황을 바라보는 흑·백 간의 시각차를 극명하게 드러냈다. 흑인의 66퍼센트가 "만약 백인 지역이 피해를 보았으면 정부의 대응이 더 빨랐을 것"이라고 응답했다. 반면 77퍼센트의 백인은 "정부 대응은 다르지 않았을 것"이라고 답했다.

CNN과 갤럽이 9월 8일부터 11일까지 공동 실시한 여론조사 결과도 비슷하게 나왔다. 부시 정부의 뉴올리언스에 대한 늑장 대응에 인종적 요인이 개입됐느냐고 보는 질문에 흑인은 60퍼센트가 "그렇다"고 답변한 반면, 백인의 86퍼센트는 "그렇지 않다"고 응답한 것으로 조사됐다.(이도운 2005a)

"카트리나가 흑인들을 일깨우고 있다"

정부의 대응이 부실하자, 흑인 유명인사들이 이재민 구호 노력에 앞장섰다. 미시시피 출신 '토크쇼의 여왕' 오프라 윈프리(Oprah Winfrey)는 이재민을 위해 100만 달러(약 10억 원)를 기부하고 현장으로 달려가 이재민을 껴안고 위로하는 모습을 보여줬다. 유명한 흑인 변호사 윌리 개리(Willie E. Gary)는 이재민들을 실어 나를 수 있게 자신의 737제트기를 내놓았다.

AP통신은 9월 9일 "카트리나가 미국의 흑인들을 일깨우고 있다"는 기사에서 "카트리나를 계기로 흑인들이 자신들의 위상을 자각하고 단합을 외치기 시작했다"고 보도했다. 워싱턴의 메트로폴리탄 흑인 감리교회 로널드 브랙스턴 목사는 인터뷰를 통해 이렇게 말했다. "카트리나가 미국 사회의 가면을 벗겼다. 이제야 사람들은 같은 미국 사회에서도 서로 무엇이 어떻게 달랐는지 생생하게 볼 수 있게 됐다."

UCLA 흑인 사회학자 더넬 헌트 교수는 "카트리나로 드러난 흑인들의 사회적 참상은 200년 전 노예제도가 존재하고 KKK 운동이 벌어지던 시기와 맞먹을 정도"라고 말했다. 『깜둥이를 빌리는 법(How to Rent a Negro)』(2005)을 쓴 작가 더맬리 아요(Damali Ayo)는 "흑인들은 미국 사회에서 자신들이 어떤 대접을 받고 있었는지 돌아보기 시작했다"고 말했다. 그는 "로드니 킹 사건(1991년 로스앤젤레스 백인 경찰 네 명이 과잉 검문검색을 하는 과정에서 흑인 청년을 구타한 사건)이 '매 맞는 흑인'을 보여준 단편적인 사례였다면, 카트리나는 흑인들이 소외받고 무시당하고 있다는 보편적인 정서를 건드린 총체적 사건"이라고 말했다.(이은주 2005)

9월 9일 허용범(2005a)은 "가장 납득하기 어려웠던 것은 둑이 터져 도시 전체가 물에 잠긴 후 미국 정부가 보여준 재난 대응방식이었다. 어마어마한 병력과 장비를 보유한 미국이 처음부터 대규모 구조요원을 투입하지 않은 것은 아무리 생각해도 이유를 알 수 없다"며 다음과 같이 말했다.

"법적 절차와 사후 책임을 먼저 따지는 관리들의 보신과 관료주의가 이토록 느러터지고 무능한 대처를 초래한 원인이라고밖에 생각되지 않았다. 도시는 약탈과 방화, 총격전으로 무법천지가 되었다. 다른 일도 있었다. 구조원들은 이재민들을 실어다 컨벤션센터나 수퍼돔 같은 데 부려놓았다. 그러고선 잊어버렸다. …… 문 밖에는 시체가 나뒹굴고, 사람들은 분노의 주먹을 휘두르고, 자살하는 사람마저 속출하는 아비규환 속에서 어떤 민주 시민인들 제정신이었을까. 뉴올리언스의 경찰 1500명 중 3분의 1이 경찰관직을 내던져버렸다. 이것이 뉴올리언스에서 수재 일주일 사이에 일어난 일이었다. 세계 사람들은 지금 이 끔찍한 참화에 동정하면서도 미국이라는 나라의 능력과 수준에 냉소를 보내고 있다."

9월 9일 이규태(2005)는 " '어디 가십니까' 라고 묻는 한국의 인사말이 있다. …… 외국인에게는 분노를 유발할 이 말이 정을 나누는 인사말로 정착한 것은 조상들이 살아온 사회의 정착성(定着性)이 별나게 강해 정이라는 접착제로 억세게 엉켜 있어 떠난다는 것에 원천적인 거부감을 갖기 때문이다"라면서 다음과 같이 말했다.

"미국 카트리나의 천재에서 수십만 명의 이재민이 생겼는데 그 난민 수용소에서 한국 사람을 찾아볼 수 없었다는 보도는 충격적이다. 흑인은 물론 일본, 중국, 태국, 베트남 등 동양계 난민들은 득실거리는데 재해지역에 적지 않은 3000명이나 살고 있다는 한국인을 수용소에서 찾아볼 수 없다는 것에 세상의 눈들이 초점을 맞춘 것이다. 대부분의 한국 난민은 인근지역 한국인의 집이나 한국교회에 흡수되어 있었기 때문이다. 더러는 아는 사람도 있었겠지만 서로 모르면서 집에 들일 수 있는 이 정신자원이 바로 '잘살건 못살건 함께 살지 가기는 어디 가십니까' 라는, 이역만리에서의 한국 정(情)의 표출인 것이다."

"카트리나는 미 역사상 최악의 재앙"

9월 11일 유일한 흑인 상원의원인 버락 오바마는 ABC에 출연해 "9·11테러 직후 보여 준 대통령의 열정이 이번엔 왜 안 보였느냐"고 꼬집었다. 9월 12일 부시 대통령은 뉴올리언스를 세 번째 방문한 자리에서 "허리케인은 피부 색깔을 봐 가면서 덮치지 않았다"고 거듭 강조했다.(김승련 2005)

9월 13일 라이스 국무장관은 "허리케인 피해를 입어 '좌초된' 뉴올리언스의 이재민들은 남부지역에서 인종과 빈곤 문제가 여전히 매우 추한 모습으로 얽혀 있음을 보여주고 있다"며 "이를 극복하기 위해 미국 정부가 더 노력해야 한다"고 말했다. 그는 그러나 "인종이라는 이슈에 있어서 이 세상 어느 나라도 미국보다 앞서 있지 못하다"며 "세계 어느 나라에서 열리는 회의를 가봐도 미국만큼 정부 관리, 기업인, 언론인의 인종이 다양한 곳은 없다"고 주장했다. 그는 "인종 문제는 미국 역사에 있어 특히 남부지역 일부에 남아 있는 '흔적'과 같다"면서 "따라서 미국이 인종문제를 제대로 다루지 못한다고 결론을 낸다면 실수를 하는 것"이라고 말했다.(이도운 2005a)

9월 14일 워싱턴의 일간 『이그재미너(Examiner)』는 "카트리나 피해액은 총 2000억 달러(약 200조 원)를 훌쩍 뛰어넘어 9 · 11테러 피해 규모의 10배가 될 것"이라며 "카트리나는 미 역사상 최악의 재앙으로 기록될 것"이라고 보도했다.(안석호 2005)

9월 16일 이미숙(2005b)은 미국의 자선기금 모금액은 1998년 처음으로 2000억 달러를 돌파한 데 이어 2004년엔 2500억 달러가 모금됐으며 카트리나 내습 이후 9월 중순까지 모금된 금액은 총 7억 8800만 달러라며 "카트리나 사태에서 확인된 것은 미국 정부는 무기력하고 냉담했으나 시민들은 유능하고 헌신적이었다는 점이다"라고 말했다.

9월 20일 조홍식(2005)은 카트리나는 미국의 내부적 치부를 적나라하게 드러냈지만 "그러나 우리는 오늘이 지나가고 내일이 오면 역시 미국은 세계 최강대국이자 세계 최고의 선진국이라고 찬양할 준비가 돼 있다. 또 미국의 단점이 이러저러하지만 여전히 우리의 자식들을 미국에서 원정출산하거나 유학시킬 준비가 돼 있다. 이것이야말로 우리의 치부이자 콤플렉스인지도 모른다. 불행하게도 카트리나의 비극은 우리가 꿈에서 깨어나는 데 충분한 역할을 하지 못할 것이란 예감이 든다"고 말했다.

2005년 12월 6일 열린 미 하원 허리케인 카트리나 특별조사위원회에는 카트리나 재해에서 살아남은 흑인 생존자 다섯 명을 참석시킨 가운데 당시 상황에 대한 증언을 들었다. 증언자들은 한결같이 "뉴올리언스에 남겨진 사람들이 대부분 흑인이어서 정부가 늑장 대응을 했다"고 항의했으며 "이는 나치의 홀로코스트나 인종청소와 다를 게 없다"고 주장했다.

흑인 생존자들은 카트리나가 지나간 뒤 투입된 구조대들로부터 인종차별적인 모욕을 당했다고 증언했다. 카트리나 이후 뉴올리언스에서 텍사스 주로 이주해 살고 있던 패트리샤 톰슨은 증언에서 "심지어 군인들이 손녀의 머리에 총을 겨냥했다"고 폭로했다. 경찰이 두려워 울고 있는 자신의 다섯 살배기 손녀에게 울음을 그치라며 총을 겨눴고 손녀는 한참동안 손을 들고 있어야 했다는 것이다. 도움을 요청하는 노인들에게도 경찰들은 걸핏하면 총을 들이댔다고 증언했다. 그러나 공화당 의원들은 "죽은 사람들은 가스실로 걸어 들어간 게 아니다"라며 "증인들이 거짓말을 하고 있다"고 몰아세워 증인들과 옥신각신하는 모습을 보여주기도 했다.

뉴올리언스에 배치된 무장 군인.

　한 여성 증언자는 "흑인들의 희생이 인종문제가 아니라고 생각하는 사람은 주변에 하나도 없다"며 "가난한 흑인들이 사는 곳이 아니었다면 정부는 어떠한 계획이든 세웠을 것"이라고 말했다. 그는 또 "카트리나가 지나간 뒤 버스와 헬리콥터, 재난국의 트럭이 수없이 많이 지나갔지만 어느 하나도 우리를 위해 멈춰서거나 도와주려 하지 않았다"고 증언했다. 한 여성은 "지방정부고 연방정부고 간에 생각만 하면 화가 치민다"고 말했다. 소개작전으로 고속도로에서 날을 지새

울 때도 군인들이 총을 겨눈 채 전쟁포로 취급을 했다며 "경찰과 군인들이 우리를 죄인 취급할 권리가 없다"고 항의했다.

이들은 카트리나가 지나간 뒤 복구작업 과정에서도 흑인 생존자들은 인종적인 차별 대우를 받고 있다고 말했다. 뉴올리언스 임시주택에 살고 있다는 한 여성은 "카트리나가 발생한 지 석 달이 지난 지금도 구더기와 파리가 우글거리는 곳에서 하루하루를 살고 있다"고 말했다. 다섯 명의 증인 가운데 네 명은 정부의 늑장대응의 원인이 인종문제였다고 증언한 반면, 한 명은 "인종차별이라기보다 빈부에 대한 차별로 느껴진다"고 밝혔다.(윤성노 2005a)

'프런티어의 종말과 한계'

2006년 2월 13일 미 감사원과 국토안보부 감사실이 발표한 850달러 규모의 허리케인 구호감사 보고서에 따르면 연방재난관리청을 통해 구호금을 받은 250만 명 중 90만 명이 거짓신고로 돈을 받은 것으로 나타났다. 이는 상당 부분 정부 기능의 '아웃소싱' 때문이었다. 연방재난관리청은 아웃소싱을 맡은 민간업체들을 관리하기 위해 또 다른 업체를 고용해야 했으니, 더 말해 무엇하겠는가.(박민선 2007)

카트리나 재앙 1년이 지난 2006년 8월까지 보금자리로 돌아가지 못한 주민은 35만 명으로 추산되었다. 45만 4000명이 살던 뉴올리언스엔 예전의 절반 정도인 23만여 명 만이 돌아와 살고 있었다. 정신적 상흔도 아물지 않았다. 2006년 8월까지 텍사스 휴스턴에선 카트리나 이재민 56명이 자살했다. 환경단체 지구정책연구소장인 레스터 브라운은 AP통신 인터뷰에서 "(루이지애나와 테네시 출신의) 37만여 명이 아직

타지에서 생활하고 있다. 뉴올리언스는 시 규모가 절반으로 줄어들었다. 이들은 아마 사상 최초의 대규모 기상 난민일 것"이라고 말했다. (박찬수 2006)

『USA 투데이』와 갤럽이 2006년 8월 3~17일 루이지애나, 미시시피, 앨라배마(Alabama) 주 등 카트리나 피해지역 주민 602명을 상대로 실시한 여론조사 결과는 이런 참담한 현실을 잘 보여주었다. 카트리나 대참사 후 "완전히 정상생활로 돌아왔다"고 답한 사람은 전체 응답자의 16퍼센트에 불과했고, "어떤 경우에도 정상생활로 돌아오지 못할 것"이라고 답한 사람이 26퍼센트에 달한 사실은 카트리나의 후유증이 얼마나 컸던가를 새삼 일깨웠다.

부시 행정부가 카트리나 긴급 구호비로 이라크 전비(戰費)에 버금가는 1100억 달러의 거금을 책정했고, 이미 총 440억 달러가 투입됐지만 깊게 패인 주민들의 상처가 쉬 아물 것 같지 않았다. 더 큰 문제는 카트리나가 촉발한 주민들의 대규모 이주, 이른바 '카트리나 디아스포라(Diaspora)'의 비극이 끝나지 않은 채 계속 이어지고 있었다는 점이다. 게다가 카트리나로 인해 정부 정책에 대한 불신이 깊어지고, 뿌리 깊은 흑백 갈등의 불씨를 재확인한 것도 큰 문제였다.(연합뉴스 2006)

2006년 9월 미국 국제시사 문제 칼럼니스트 존 페퍼(John Feffer 2006)는 "1년 전, 미국 정부는 처참한 무능력을 세계에 드러냈다. 부시 행정부는 수십억 달러를 '국내 안전'에 쏟아붓고도, 멸종 직전의 공룡만큼이나 빠르고 확실하게 허리케인 카트리나에 당했다"며 "카트리나에 대한 미국의 진짜 문제는 그 배경이 훨씬 더 심각하다는 점이다. 그것은 미국 외교정책인 본질인 '개척이론(frontier thesis)'과 지구 온난화와 관계가 있다"고 주장했다.

"부시 행정부는 자신의 업무를 개척이론에 적용했다. 아프가니스탄과 이라크에서, 또 다른 제3의 장소에서 미국은 민주주의에 대한 '개척'을 시도하고 있다. 그것은 천연자원에 대한 미국의 통제를 강화하고 있다. 이는 특히 중동에서 잘 드러나고 있다. 이러한 확장은 미국이 석유를 장악하려는 게 1차적 목적이다. 석유를 확보한 미국은 여타의 진지한 에너지 보존노력을 미뤄버렸고, 세계적 혹은 미국 차원에서 온실가스 배출 규제노력을 위축시켰다."

페퍼는 "미래의 카트리나 재앙을 막고, 지구 온난화문제에 대처하기 위해서는 미국이 우선 에너지 정책을 변화시켜야 한다. 그것은 개척을 확대하려는 미국 외교정책의 근본적인 변화를 요구한다. 워싱턴의 지도부는 미국의 확장 노력이 한계에 도달했음을 알아야 한다. 지금 그 한계들은 영토가 아니라 개념의 문제다"라고 했다.

"1890년대와 달리 미국은 개척의 종말과 한계의 시대가 왔음을 완전히 이해해야 한다. 이제 워싱턴은 진정한 보수주의자가 되어야 한다. 미국인들은 에너지를 지켜나가야 하고, 동맹을 보수(保守)해야 한다. 그리고 미국인들은 지구 온난화와 싸우려는 국제적인 활동에 있어 다른 나라들과 연대함으로써 영토를 보전해나가야 한다. 세계 도처의 관심 있는 시민들과 함께하면서, 우리는 단지 높아진 해수면에 위협받고 있는 뉴올리언스나 다른 미국 도시들뿐 아니라 전 세계를 구해야 할 것이다."

미국 저널리스트 바바라 에런라이히(Barbara Ehrenreich)는 이렇게 말했다. "카트리나는 정부가 국민들을 도와준다고 할 때조차 그 방식이 얼마나 군사화되어 있는지를 보여주는 완벽한 예입니다. 정부가 처음 보인 대응이 군사적 대응이었어요. 마침내 원조할 사람들을 내려보냈을 때 그 사람들이란 무장 경호병들로, 가게를 지키고 사람들을 컨벤션 센터에 가두는 일을 했지요. 총을 겨누고 말이에요! 정말 믿을 수가 없어요."(Engelhardt 2008)

2010년 8월 카트리나 참사는 5주년을 맞았지만, 뉴올리언스를 중심으로 한 루이지애나 곳곳엔 5년 전 상흔이 여전하고, 연방정부나 주정부의 관료주의에 대한 주민들의 분노는 꺼지지 않고 있었다. 그간 연방정부는 도로·교량·방죽의 보수, 주택 재건 등에 역사상 전례 없는 1430억 달러를 쏟아부었지만, 집을 떠났던 이재민들의 3분의 1가량이 돌아오지 않았고, 여전히 수만 명이 인근 텍사스 주 등에서 집도 없이 트레일러에서 생활하고 있었다.

8월 29일 5주년 행사 일정에 맞춰 10일간의 여름휴가를 마친 버락 오바마 대통령은 부인 미셸 오바마(Michelle L. Obama)와 함께 곧바로 뉴올리언스로 향해 세이버대학에서 행한 연설에서 "카트리나는 자연재해이자 인재였다"며 전임 행정부와 차별화를 시도하면서 "정부의 능력과 책임성을 다시 회복해 가고 있으며, 앞으로 다시는 미국민을 재해의 참담한 고통에 내버려두지 않게 시스템을 개혁해나갈 것"이라고 말했다.

미국 언론은 뉴올리언스가 폐허 속에서 쏟아올린 희망의 싹을 '연방정부'나 '시정부'의 지원이 아닌 시민들의 자발적인 참여에 의한 '풀뿌리 재건문화'에서 찾았다. 『로스앤젤레스타임스』는 카트리나 5주년 특집기사에서 "카트리나는 시민들이 스스로 나서 낡고 비능률적인 뉴올리언스의 시정기능을 쇄신하는 촉매제가 됐다"며 시민들의 의식 변화에 주목했다. 『크리스천사이언스모니터』는 "공동체 구성원 간 대화는 과거에는 전혀 주요 관심사가 아니었지만 카트리나가 모든 것을 바꿔놓았다"며 "뉴올리언스는 이제 미국의 새로운 건축과 녹색 기술의 산실이 됐다"고 평가했다. 루이지애나 주립대학 연구원 프레더릭 웨일은 "카트리나 이후 주민들의 24퍼센트가 시의 주요 정책을 결정하는 공공모임에 참석하고 있다"며 "이는 폭풍이 가져다준 매우 의미 있는 사회적 변화"라고 분석했다.(강진구 2010, 류재훈 2010a)

국가의 수치, 미국 분리교육의 복귀

'카트리나 재앙'이 진행되던 2005년 9월 28일 미국 세일럼 라디오의 한 고정 프로그램에서 놀라운 발언이 튀어 나왔다. "범죄 감소가 목적이라면 모든 흑인 아기를 낙태시키면 된다." 토크쇼 사회자이자 이날 프로그램 출연자인 윌리엄 베넷이 청취자와 전화 대화를 나누면서 무심코 던진 이 한마디가 일파만파를 일으켰다. 베넷은 레이건 대통령 시절 교육부 장관, 조지 부시 대통령 취임 이후 식품의약국(FDA) 국장을 지냈고 도덕 재무장론을 펴온 보수주의자였다.

베넷은 '발언의 파장'을 깨달은 듯 "그러나 그것은 불가능하고 웃길뿐더러 도덕적으로 비난받을 일이다. 어쨌건 범죄율은 내려갈 것이다"라고 바로 부연 설명했다. 그러나 그 정도 해명으로 넘어갈 일이 아니었다. 하워드 딘(Howard B. Dean III) 민주당 전국위원회(DNC) 위원장은 "공화당의 가치가 결국 이런 것이냐"고 비난했다. 심지어 보수적 여성단체인 여성독립성 포럼 측도 "이런 점 때문에 보수적인 흑인들도 공화당을 신뢰할 수 없다"며 공격에 가세했다.

베넷은 9월 30일 "라디오에서 한마디 했다고 전체 문맥을 살펴보지도 않고 이렇게 매도하는 것은 부당하다. 이런 말은 학술서적에 나오는 말이다"라고 항변했다. 그가 말한 '학술서적'이란 미국에서 12주 이상 베스트셀러 1~5위를 오르내리고 있던 경제서적 『슈퍼 괴짜경제학(Freakonomics)』으로, 이 유명한 경제서적에도 비슷한 주장이 나온다는 항변이었다.

저자인 시카고대학 스티븐 레빗(Steven D. Levitt) 교수는 책에서 '뉴욕 시에서만 1990년 2245건이나 발생한 살인 사건이 2003년에 596건으로 줄어든 이유'를 소개했다. 범죄가 감소한 것은 흔히 말하듯 경제성장, 총기 규제, 경찰력 강화 때문이 아니라 '1973년의 낙태합헌 판결' 때문이라는 게 레빗 교수의 주장이었다. 즉, 값비싼 불법 낙태 비용을 감당하기 어려운 저소득 저학력 미혼모가 1973년 이후 저렴한 낙태시술을 받을 수 있게 되면서, '그때 태어났더라면 1990년대에 범죄자가 됐을지도 모르는 후보군' 자체가 줄어들었다는 것이다. 물론 책에서는 미혼모가 '흑인'이라는 말이 등장하지도 않을 뿐 아니라 저자는 자신의 분석이 정치적 공방에 휘말리는 것을 경계했다.(김승련 2005a)

2005년 10월 교육문제 저널리스트로 백인인 조너선 코졸(Jonathan Kozol)은 『국가의 수치: 미국 분리교육의 복귀(The Shame of the Nation: The Restoration of Apartheid Schooling in America)』에서 "미국은 인종분리(아파르트헤이트)로 가고 있다. 그것도 학교에서 시작된다"고 주장했다. 이 책에 따르면, 뉴욕 브롱크스 지역은 대부분의 학교가 95퍼센트 이상 흑인과 히스패닉 학생들로 채워졌다. 코졸이 방문한 한 고등학교는 18년 만에 백인 두 명이 입학해 화제가 됐다. 학교가 흑인 밀집지역에 있어서만은 아니었다. 공립학교 학생의 백인 학부모들이 학생을 빼가고 있었던 것이다. 시애틀의 한 초등학교는 인구의 절반이 백인인 구역에 있지만 95퍼센트의 학생이 흑인과 인디언, 서남아시아계였다.

브롱크스 지역의 공립학교에서는 1000명을 수용하도록 설계된 학교가 1500명의 학생을 수용하기 일쑤였다. 한 초등학교 교장은 "1969년 교직을 시작할 때만 해도 모든 공립학교가 미술, 음악 전공 정교사를 채용하고 있었다. 지금은 거의 찾아볼 수 없고, 있어도 시간제 교사"라고 밝혔다.

뉴욕 시 공립 초등학교에서는 학생 1인당 연 1만 1000달러(약 1100만원)의 교육비가 투자된 반면 백인 거주지인 롱아일랜드의 맨해셋에서는 배인 2만 2000달러나 됐다. 이에 따라 교육 성과도 판이하게 달랐다. 뉴욕 주에서 백인 학생이 반수 이상을 차지하는 고등학교는 80퍼센트의 학생이 4년 내 졸업하지만, 흑인과 히스패닉이 반수 이상인 학교에서는 4년 내 졸업하는 학생 비율이 40퍼센트에 불과했다.

코졸은 한 흑인 여중생의 편지를 인용해 공립학교의 흑인 학생들이 스스로를 '차고에 버려진 쓰레기'처럼 느낀다고 전했다. 이 소녀는 "만약 어느 날 우리들이 한꺼번에 죽어버린다면 백인들은 안도감을 느낄 것"이라고 편지에 썼다. 코졸은 이렇게 경고했다. "1896년 대법원은 흑인과 백인은 '동등하지만 분리된다'고 판시했다. 오늘날 미국이 이 정신으로 돌아가고 있는가?"(유윤종 2005)

2005년 11월 미국 언론 보도에 따르면 미국 내 인종차별이 법전에서 사라진 지 오래였지만 실생활에서 인종 간 장벽은 여전히 높았다. 유색인종 전문직들도 승진에 있어서 백인에 번번이 밀려나고 있었다. 이는 『포춘』이 선정한 500대 기업의 CEO 가운데 98퍼센트, 고액연봉자의 95퍼센트가 백인인 사실만으로도 증명되었다. 소수인종 출신 전문가 그룹을 대상으로 조사한 결과 흑인의 곱슬머리 같은 소수인종 외양이 직장 내 왕따 요인으로 작용해 이들의 이직을 부채질하는 것으로 나타났다.

또한 인종의 장벽은 결혼에서 두드러지게 나타났다. 다른 민족 간의 결혼이 해마다 떨어져 2002년 다른 인종 사이의 결혼은 2.9퍼센트밖에 안되는 것으로 조사됐다. 조사결과 나이가 들어가며 인종 차이를 더 중요하게 생각하는 것으로 나타났다. 1990년대 초반 조사결과 12~13세는 26.8퍼센트가 다른 인종과 관계를 맺고 있다고 했으나 18~19세는 14.2퍼센트로 절반 가까이 줄어든 것으로 나타났다. 히스패닉계가 다른 인종과의 교류가 많아 2000년대 초 18~19세는 45퍼센트, 24~25세는 33퍼센트가 다른 인종과 교류하고 있다고 응답했다.(윤성노 2005)

'분리교육의 복귀'는 2007년 연방대법원에 의해서도 이루어진다. 6월 28일 대법원이 인종적인 통합(integration) 교육을 목적으로 '거주지'보다 '인종'을 고려해 학생들의 학교를 배정해오던 정책에 대해 제동을 거는 판결을 내린 것이다. 대법원은 이날 켄터키(Kentucky) 주의 루이빌과 워싱턴(Washington) 주의 시애틀 시가 흑백 통합교육을 하려는 목적으로 학생의 거주지와 관계없이 학생을 배정하는 프로그램을 무효화하는 판결을 내렸다. 아홉 명의 대법관 중 다섯 명이 이런 의견을 냈고, 네 명은 이에 반대했다. AP통신은 이번 판결로 학교 당국이 다양성을 확보하기 위해 흑백통합정책을 제한적으로 사용할 수 있으나, 루이빌과 시애틀에서는 정책이 바뀌어야 한다는 것을 의미한다고 보도했다.(이하원 2007)

이상 소개한 이야기들은 카트리나 재앙이 '인종차별 참사'였건 아니었건, 인종차별은 미국 사회에 건재하며 그것도 왕성하게 작동하고 있는 현실을 드러냈다고 볼 수 있겠다. 그럼에도 미국이 좋다고 세계 각국에서 노동자들이 수단과 방법을 가리지 않고 몰려들고, 이들은 "우리를 합법화하라!"고 외치는 풍경이 연출된다. 이 또한 미국의 축복인가?

참고문헌 Engelhardt 2008, Feffer 2006, Levitt & Dubner 2009, Podesta 2010, Reich 2008, 강진구 2010, 권순택 2005a · 2005b · 2006, 권재현 2005, 김승련 2005 · 2005a · 2005b, 류재훈 2010a, 박민선 2007, 박찬수 2006, 안석호 2005, 안수찬 2005a, 연합뉴스 2006, 유윤종 2005, 윤성노 2005 · 2005a, 이규태 2005, 이도운 2005 · 2005a, 이미숙 2005a · 2005b, 이은주 2005, 이태규 2005a, 이하원 2007, 이호갑 2005, 조흥식 2005, 한용걸 2006, 허용범 2005a

"우리를 합법화하라!"
미국 인구 3억 돌파

'소수계 우대정책(Affirmative Action)'의 실종

2006년 3월 14일 『뉴욕타임스』는 미국 대학들이 소수민족이나 여성을 위해 마련된 특별 장학금을 백인 남학생에게도 주기 시작했다고 보도했다. 1960년대부터 시행해온 '소수계 우대정책(Affirmative Action)'이 사라지고 있다는 것이다.

실제로 2006년 1월 뉴욕(New York) 주 뉴욕주립대학에 이어 2월에는 일리노이 주 서든일리노이대학이 소수민족이나 여성을 위해 마련된 장학금의 수혜 대상을 백인 남성에까지 확대했다. 심지어 2005년 미주리 주 세인트루이스(Saint Louis)에 있는 워싱턴대학의 경우 이 대학 최초의 흑인 학장을 기리기 위해 만든 장학금에서 흑인이란 자격 요건을 없앴다. 그간 이 장학금 수혜자는 전원이 흑인이었으나 2006년에는 전체 42명 중 12명의 백인이 포함됐다. 수백만 달러 규모의 소수계 전용 장학금이 줄줄이 본래 설립 취지를 잃고 일반 장학금으로 성격이 변하고 있었던 것이다.

이러한 사태는 "입학사정 시 조건 없는 소수계 우대는 위헌"이라고 선언한 미 연방대법원 판결 때문에 나타났다. 1997년 대법원은 미시간대학 학부와 법과대학원에 응시했다 떨어진 학생 세 명이 "백인이라는 이유로 역차별을 당했다"며 낸 소송에서 엇갈린 판결을 내렸다. 법과대학원에 대해선 "일정 요건을 갖춘 소수민족 응시생들만 우대했기 때문에 인종적 다양성 확보 차원에서 합헌(합헌 6, 위헌 3)"이라는 결정을 내렸다. 반면 학부에 대해선 "소수계 학생에게 무조건 가산점을 주는 정책은 위헌(5대 4)"이라고 결정했다.

이런 결정이 내려지자 미 행정부는 미시간대학 학부 판결에 근거, 소수인종과 여성에 대한 특혜를 없애라고 대학들을 압박했다. 게다가 백인에 대한 역차별 철폐를 주장하는 시민단체들은 장학금에 대한 인종 제한 규정을 없애지 않으면 소송을 제기하겠다고 위협했다. 실제로 '기회평등 센터'라는 단체는 2003년부터 200개 대학에 소수계 전용 장학금제도를 고치지 않으면 소송을 내겠다는 문건을 발송, 이 중 150개 대학이 관련 규칙을 수정한 것으로 나타났다. 소송 사태를 우려한 대학들이 고심 끝에 소수계 우대정책을 포기한 것이다. 이 같은 변화와 관련해 소수계 우대 옹호론자들은 "앞으로 경제적 약자인 소수민족의 교육 기회가 줄어들어 사회적 불평등이 심화될 것"이라고 우려했다. (남정호 2006)

소수계 우대정책을 지지하면 진보파, 반대하면 보수파인가? 크게 보아 맞는 분류지만, 그 중간에 속한 사람들도 있었다. 좌우(左右)를 뛰어넘어 스스로 '급진 중도파'를 자처한 마이클 린드(Michael Lind)는 진보파가 보통사람들을 소외시키고 있다면서, 소수계 우대정책은 소수민족과 백인 노동자 계층이 서로 목을 조르는 상황을 유지하려는 지배세력의 분할정복 전략이라고 주장했다.(Spayde & Walljasper 2004) 이 주장을 어떻게 평가하건, 사실 소수계 우대정책과 이민정책에 반대하는 중심세력은 백인 노동자 계층이었다. 소수계 우대정책 철폐와 더불어 불법이민 규제 강화가 시도된 건 바로 그런 사정을 의미하는 것이기도 했다.

이민 규제 강화법 논란

2005년 기준으로 미국 내 불법체류자는 모두 1110만 명에 달했다. 2000년 840만 명에서 급증한 것이다. 이 가운데 히스패닉이 618만 명으로 가장 많았고 이어 중남미(유색 혼혈) 248만 명, 아시아계 151만 명, 유럽 및 캐나다 63만 명, 아프리카 등 기타 30만 명 순이었다. 2006년 엔 1200만 명을 돌파한 것으로 추산되었다.

2005년 12월 미 하원은 공화당 주도로 불법이민 규제 강화 법안을 통과시켰다. 불법이민 단속 및 처벌 강화를 골자로 한 이른바 '센센브레너법(Sensenbrenner Bill)'이었다. 종교·시민단체들은 "반이민법의 내용이 지극히 비인도주의적"이라며 잇따라 반대 입장을 분명히 했다. 로스앤젤레스 가톨릭 대교구의 로저 마호니(Roger M. Mahony) 추기경은 신도들에게 반이민법에 적극 저항할 것을 공개적으로 촉구하기도 했다.

이 법안은 불법체류자들에 대해 고국으로 되돌아가 임시 근로자 또는 영주 희망자로서 재신청을 하게 했다. 또 법안에는 20억 달러를 들여 미국-멕시코 국경에 320킬로미터에 달하는 국경장벽을 건설하는 내용도 들어 있었다. 이와 함께 불법이민자를 고용한 업체는 심각한 타격을 받게 하고, 불법이민 알선 및 송출 등에 관여한 사람들에게도 중벌을 받게 했다. 교회 등 사회봉사단체 등이 불법이민자들을 인도적 차원에서 지원하는 것조차 문제가 되었다. 이 법안이 통과된다면 불법이민자들은 모두 본국으로 돌아가야 할 상황에 처하며, 이들이 미국에서 낳아 이미 미국 시민권을 갖고 있는 자녀 300만 명과도 헤어져야 했다.

미 상원의 불법이민에 대한 규제 강화 법안의 심의는 3월 28일에 시작하기로 예정돼 있었다. 이 심의를 앞두고 이민 노동자들의 관련 법안 반대 시위가 미국 곳곳에서 벌어졌다. 3월 23일 위스콘신 밀워키에서 불이 붙은 시위는 3월 25일 로스앤젤레스에서 50만여 명이 참여한 거리 행진으로 커졌다. 이날 콜로라도 덴버에서도 5만여 명이 시위를 벌였다.

"잠자는 거인을 발로 차 깨웠다." 미국 로스앤젤레스 도심을 가득 메운 50만여 명의 가두시위대를 묘사한 『로스앤젤레스타임스』 기사의 한 구절이다. 경찰이 헬리콥터를 타고 하늘에서 추산한 인원이 이 정도일 뿐, 시위를 조직한 측에서는 100만 명에 이른다고 주장했다. 로스앤젤레스 역사상 전례가 없는 시위 규모였다.

히스패닉이 주축이 된 로스앤젤레스의 시위에서 이민 노동자들은 평화를 상징하는 흰색 티셔츠를 입고 성조기와 함께 멕시코 국기, 과테말라 국기 등을 흔들면서 "불법이민자들은 이미 미국의 일부"라며 "우리를 합법화해달라"고 주장했다. 이들은 성조기를 흔들며 스페인

미—멕시코 국경 인접 도시 티후아나에서 벌어진 반이민법 반대 시위.

어로 "시 세 푸에데!(Sí, se puede; 우리는 할 수 있다!)"라고 외쳤다.

이날 시위엔 안토니오 바이라이고사 로스앤젤레스시장도 참석해 시위대에 지지를 보냈으며 한인 사회도 조직적으로 참여했다. 7만 명 이 운집한 1994년 불법체류자의 정부보조금 지급 금지법안 반대 시위 이래 최대 규모였다. 앞서 밀워키에서는 주최 측 추산 3만여 명이 시 위에 참여했고 24일 애리조나 피닉스에서는 2만여 명이 모였다.

상황이 급박해지자 부시 대통령은 3월 25일 주례 라디오 연설을 통 해 "우리는 미국인들이 하기 싫어하는 일을 마다하지 않는 이민자들 을 기억해야 한다"면서 "그들은 미국 경제가 활력을 유지하는 데에 기여하고 있다"고 역설했다. 부시 대통령은 불법이민 규제의 필요성

2006년 4월 10일 로스앤젤레스에서 벌어진 반이민법 반대 시위. ⓒ Korean Resource Center

은 인정하면서도, 불법이민자들이 제공하는 노동력은 '초청 노동자 (guest worker)'의 형태로 유지해야 한다는 주장을 폈다. 초청 노동자 프로그램이란 이미 미국에 입국해 있는 불법이민자들을 등록시켜 합법적으로 고용하자는 것이다.

부시 대통령의 주장은 그러나 공화당 내에서도 통하지 않았다. 차기 대권을 노리고 있던 미 상원 원내대표 빌 프리스트(Bill Frist)는 부시 대통령의 도움으로 상원 원내대표가 됐지만 대통령이 추진하고 있던 '초청 근로자' 프로그램은 상정 법안에서 배제하고 있었다. 반면 공화당의 또다른 대권주자인 존 매케인(John S. McCain III) 상원의원은 부시 대통령의 입장에 동조하며 당내 부시 지지자 사이에서의 입지 확대를 겨냥했다. 이에 대해 공화당 내 보수파 등은 매케인이 민주당의 에드워드 케네디 상원의원과 함께 2500만 외국인 노동자의 부담을 미국인에게 지우려 하고 있다며 공격했다.

민주당은 법안에 강하게 반대했다. 민주당의 대권주자인 힐러리 클린턴 상원 의원은 "새 이민법이 처리되면 현재 민사상 위법 정도로 분류되던 불법체류 행위가 중죄로 취급될 것"이라며 "새 법안은 문자 그대로 선량한 사마리아인은 물론 심지어 예수님조차 범죄인으로 취급할 수 있기 때문에 성경과는 배치되는 것"이라고 주장했다. 민주당의 반대 움직임에는 11월 중간선거를 앞두고 이민 사회를 끌어안으려는 의도도 작용했다. 반대로 공화당이 법안을 강하게 밀어붙이고 있는 것은 9·11테러 이후 국수주의적으로 변한 미 보수층의 정서에 부합하려는 경향과 관련이 있었다.(고태성 2006, 박신홍 2006, 이진 2006, 최형두 2006b)

'한 시간 7.74달러 노동'의 고통을 아는가?

2006년 3월 27일 미 상원 법사위가 하원의 '센센브레너법'에 정면으로 배치되는 독자적 이민법을 찬성 12, 반대 6으로 처리해 파란을 일으켰다. 10명의 공화당 의원 가운데 네 명이 민주당 의원 여덟 명에 가세해 통과시킨 독자적 이민법안은 '센센브레너법'과는 달리 친이민법으로 볼 수 있었다. 그만큼 불법체류자들에게는 고무적인 각종 내용을 포괄하고 있었다. 무엇보다 부시 대통령이 주장해온 '초청 노동자' 제도를 수용했다. 즉 불법체류자라도 일단 공개적으로 등록하면 고국에 갔다 오지 않더라도 6년 동안 미국 내에서 일할 수 있게 하되,

다만 이 6년 동안에 60일 이상 직업을 갖지 못할 경우는 추방당하는 내용이었다. 스콧 매클렐런 백악관 대변인은 즉각 "대통령이 만족해하고 있다"고 말했다.

법사위안은 또 '초청 노동자'로 6년 동안 일하면 영주권 신청을 할 수 있게 했고 영주권 취득 후 다시 5년이 지나면 시민권을 신청할 수 있게 함으로써 불법체류자들을 법적으로 구제하는 길도 확실히 열어놓았다. 법사위안은 불법체류자들을 지원하는 종교단체 등도 처벌대상에 포함시킨 '센센브레너법'의 조항도 배제했다.

이에 대해 공화당 강경 보수파들은 법사위 공화당 의원들의 분열을 못마땅하게 여기면서 상원 전체회의에서 문제의 법안을 무력화하겠다고 공언했다. 이들은 "법사위안은 범법자들을 사면하겠다는 것"이라면서 "보통의 미국인들은 국경을 강화하고 불법이민을 근절할 것을 요구하고 있다"고 주장했다. 이날 디트로이트, 로스앤젤레스, 샌프란시스코, 휴스턴 등에서는 많게는 수만 명에 이르는 이민 노동자들이 반이민법 반대시위를 계속했고 워싱턴 의사당 주변에서도 한국 교민 100여 명을 포함한 1000여 명이 시위를 벌였다.(고태성 2006a)

3월 27일 『워싱턴포스트』는 하원의 불법이민 규제강화 법안이 실시될 경우 미국의 건설업 같은 업종들이 심각한 타격을 입을 것이라는 르포기사를 실었다. 퓨 히스패닉 리서치센터의 조사에 따르면 1100만여 명의 불법체류자들은 미국 노동인력의 5퍼센트를 차지했는데, 가장 험한 저임노동이 대부분이었다. 이 연구소의 추산에 따르면 워싱턴 지역 310만 명의 노동력 중 30만 명이 불법노동자였고, 빌딩 청소일의 51퍼센트, 건설의 31퍼센트, 식품점 및 식당종업원 22퍼센트를 차지하고 있었다. 이 기사가 소개한 한 장면을 보자.

버지니아(Virginia) 주 스프링필드(Springfield)의 한 공사장에서는 23명의 멕시코 및 남미 출신자들이 한 시간에 7.74달러라는 저임을 받고 하루종일 흙먼지를 뒤집어쓰며 묵묵히 일했다. 이 공사장을 맡고 있는 건설회사 사장 빌 트리머는 "만약 월급을 두 배 올려주면 미국인들이 여기서 일을 하겠느냐"고 되물었다. 그는 "월급을 올려준다고 해결될 문제가 아니다. 일의 종류와 성격에 관련된 문제다. 이런 일은 정말 고되다"라고 말했다.(최형두 2006c)

2006년 5월 25일 우여곡절 끝에 미국 상원은 1100만 명의 불법체류자들에게 영주권이나 시민권 획득의 길을 열어주는 포괄적 이민법안을 찬성 62, 반대 36으로 통과시켰다. 이로써 미국 전역을 달궜던 이민자 시위는 첫 결실을 얻었지만, 상·하원의 법안이 다를 경우 양원 협의회에서 내용을 조정해 단일안을 만들어야 하는 문제를 안고 있었다. 상원 법안이 통과된 뒤 하원 강경파인 공화당의 톰 탠크레도(Tom Tancredo) 의원은 "나와 (강경파) 동료들은 여전히 안보를 우선해 이민문제에 접근한다는 태도를 지지하고 있다"며 상원 법안에 반대할 뜻을 분명히 밝혔다.(박찬수 2006a) 실제로 이 법안은 공화당 하원의원들의 반대로 좌절되었다.

약 1년 후인 2007년 5월 17일 미국 백악관과 상원의 주요 민주·공화 의원 10명은 1200만 명으로 추산되는 불법체류자의 양성화 등을 뼈대로 한 포괄적 이민법안에 합의했다. 민주당의 에드워드 케네디 상원의원과 공화당의 존 킬(Jon L. Kyl) 상원의원이 주축이 된 이 합의안은 불법체류자들을 위한 제트(Z)비자와 임시노동자를 위한 와이(Y)

비자 신설을 규정했다. 이 합의안은 또 가족이민보다는 취업이민을 늘린다는 데 역점을 두었다. 고용주의 신규채용자에 대한 신분제출도 의무화했으며, 불법입국을 막으려고 국경순찰대를 1만 8000명을 증원하고 미국-멕시코 국경에 장벽을 추가 건설해 국경 경비를 강화하는 것 등을 포함시켰다.(류재훈 2007)

그러나 이 법안은 심의중단과 재심의 의결로 이어지는 곡절 끝에 6월 28일, 최종 표결을 앞둔 의사절차 표결에서 46대 53으로 부결되고 말았다. 이는 공화당 보수파의원들의 승리이자 법안 통과에 진력해온 부시 대통령의 심각한 패배로 받아들여졌다.(연합뉴스 2007)

중국계 미국인인 에이미 추아(Amy Chua 2008) 예일대학 법대 교수는 『제국의 미래(Day of Empire)』(2007)에서 "2001년 9월 11일 모든 것이 바뀌었다"며 "이민자들을 모든 문제의 원흉으로 몰거나 미국의 성공을 앵글로색슨과 개신교의 가치관에서 찾으려는 시도들은 그릇된 것"이라고 비판했다. "미국의 제국으로서의 역할을 옹호하는 사람들이 범한 커다란 실수는 자유시장과 민주주의, 미국의 상품과 상표, 소비자 문화가 세계적으로 확산되면 공통의 가치관과 미국의 지도력에 대한 갈망을 만들어내면서 다른 민족들을 '미국화' 할 것이라고 추측한 데 있다." 그녀는 역사상 초강대국들은 관용으로 일어섰고, 불관용으로 무너졌다는 점을 지적하면서 현대 제국인 미국이 바로 그 같은 사실을 깨달아야 한다고 역설했다.

'흑인 대 백인'에서 '흑인 대 히스패닉'으로

이민법 논란에도 히스패닉 인구의 파워는 점점 더 커지고 있었다.

미국 최대 규모의 식품백화점인 크로거(사진)가 휴스턴 매장명을 스페인어로 '시장'을 뜻하는 '메르카도'로 바꾼 것에서도 히스패닉의 구매력을 짐작할 수 있다.

2006년 9월 4일 미국 조지아대학 연구팀은 히스패닉의 2006년 구매력이 7980억 달러(약 766조 원)에 달하고, 2007년에는 8631억 달러로 흑인 구매력(8470억 달러)을 앞지를 것으로 내다봤다. 구매력은 가용 개인소득 중 상품과 서비스 구입에 사용할 수 있는 부분을 말한다. 히스패닉은 저임금이지만 경기의 영향을 별로 받지 않는 농업, 세탁, 조경 등의 서비스 분야에 종사해 취업인구가 지속적으로 늘어남으로써 구매력이 증가하고 있었으며, 이들의 창업이 크게 늘어난 점도 구매력 상승의 한 원인으로 분석됐다.

미국에서 히스패닉의 영향력이 확대되는 가장 큰 요인은 물론 인구가 많아지고 있다는 점이었다. 2003년 인구조사국 보고에 따르면 히스패닉은 인구 증가율(3.6퍼센트) 면에서 제일 높았다. 이어 아시아계

(3.4퍼센트), 흑인(1.3퍼센트), 백인(0.8퍼센트) 순이었다. 히스패닉 소유 사업체도 1997~2002년 사이 31퍼센트(다른 인종 10퍼센트)나 늘어났다.

히스패닉이 인구 증가를 선도한 가운데 2007년 7월 미국 내 소수계 (minority) 인구가 처음으로 1억 명을 넘었다. 물론 소수계 중에서도 히스패닉계의 증가세가 가장 두드러졌다. 3.4퍼센트의 증가율로 4430만 명(전체의 14.8퍼센트)을 기록했다. 그 뒤를 아시아계(3.2퍼센트 증가 · 1490만 명), 아프리카계(1.3퍼센트 증가 · 4020만 명)가 이었다. 특히 수도 워싱턴을 비롯해, 하와이 · 뉴멕시코 · 캘리포니아 · 텍사스 네 개 주 는 백인보다 소수계가 더 많았다. 한편 미국 전체 인구의 중간 나이 (median age)는 36.4세로, 2000년의 35.3세에 비해 1세 이상 높아졌다. 백인의 중간 나이는 40.5세. 히스패닉계는 27.4세로 10년 이상 차이가

났다.(전병근 2007)

히스패닉의 영향력이 커지면서 그들은 경제와 정치 부문에서 무시할 수 없는 존재가 됐다. 무엇보다 각종 상품광고와 기업 웹사이트는 영어 외에 히스패닉의 공용어인 스페인어 버전을 만드는 것이 기본이 됐다. 2006년 초 한 음악 제작자가 미국 국가까지 스페인어로 바꾸어 라디오로 방송했다가 논란이 일기도 했다.

선거광고도 마찬가지였다. 2004년 대선 당시 조지 부시 대통령과 민주당 케리 후보는 일부 지역에서 스페인어로 된 텔레비전 선거 광고를 선보였다. 플로리다와 캘리포니아 등 히스패닉이 다수 거주하는 지역에서는 정치인들이 이들의 표에 사활을 걸 정도였다. 이런 배경을 업고 정치권에 진출한 히스패닉 인사들도 늘기 시작했다. 부시 행정부에서 임명된 앨버토 곤잘러스(Alberto R. Gonzales) 법무장관, 칼로스 구티에레즈(Carlos M. Gutierrez) 상무장관, 헥터 바레토(Hector V. Barreto) 중소기업청장 등이 대표적인 인물들이었다. 히스패닉들은 미국에서 번 돈을 본국에 송금함으로써 본국 경제에도 큰 영향을 끼쳤다. 2005년 이들이 송금한 전체 액수는 320억 달러에 달했으며, 이 중 멕시코 이민자들의 송금만 연간 140억 달러에 이르렀다.(최원석 2006)

2006년 10월 3일 『뉴욕타임스』는 히스패닉계 이민자가 크게 늘면서 기존의 '흑인 대 백인' 보다 '흑인 대 히스패닉' 의 갈등이 심화되고 있다고 보도했다. 히스패닉이 흑인과 갈등을 빚는 가장 큰 문제는 한정된 일자리를 둘러싸고 서로 경쟁관계에 놓여있다는 점이 꼽혔다. 예컨대, 조지아 주에서 흑인 남성의 실업률은 히스패닉계 남성보다 세 배 정도 높았다. 히스패닉의 진출로 일자리를 잃은 흑인들은 히스패닉에 대한 적대감을 높였고, 이 때문에 히스패닉계 이민자도 흑인에 대해 경계하는 악순환이 벌어지는 상황이 벌어졌다.

흑인들의 피해의식은 범죄로까지 이어져 2005년에는 농장에서 일하던 여섯 명의 멕시코 이민자들이 흑인 네 명에게 살해당하는 사건까지 발생했다. 흑인들은 수세기에 걸친 고난의 역사를 통해 어렵게 자리 잡은 곳에 갑자기 히스패닉계 이민자들이 찾아와 손쉽게 자신들의 자리를 차지해버렸다고 분개했다. 히스패닉계 이민자들이 더 낮은 임금으로 일자리를 빼앗고 있다는 것이다. 조지아 주 애킨슨 카운티(Atkinson County)에 사는 흑인 조이스 테일러는 "일자리는 대부분 히스패닉 차지인데다 식료품점에서도 흑인보다는 히스패닉 위주로 장사를 한다"며 "내 아이들의 생활이 더욱 힘들어질까 봐 걱정"이라고 말했다.

그러나 히스패닉계 이민자들은 흑인들이 인종차별의 폐해를 누구보다도 잘 알고 있으면서도 똑같은 이민자들에게 적대심을 갖고 비난하고 있다고 반박했다. 흑인들이 일자리를 잃는 것은 그들이 일을 열심히 하지 않기 때문인데도 애꿎은 히스패닉 탓만 하고 있다는 주장이었다. 멕시코 출신인 베니토 곤잘레스는 "흑인들은 일하기를 싫어하며 조금만 힘들어도 떠나버리기 때문에 고용주들이 열심히 일하는 멕시코인들을 선호하는 것"이라고 주장했다.

브루킹스 연구소 인구통계학자 윌리엄 프레이는 "흑인들의 근거지이자 최근 히스패닉이 물밀듯 몰려오는 미국 남부지역에서 인종갈등이 특히 심해지고 있다"고 말했다. 특히 불법이민자들을 합법화하려는 새로운 시민 운동이 확산되면서 흑인 사이의 불만은 극에 달했다.

의회가 임시노동자 프로그램 제정 움직임을 중단하는 등 수습에 나섰지만 흑인과 히스패닉 간 갈등의 골은 갈수록 깊어지고 있었다. 『뉴욕타임스』는 "남부지역에서 새롭게 나타난 인종적 갈등이 공포와 인종편견을 확대·재생산하는 악순환으로 이어질 것으로 우려된다"고 지적했다.(박지희 2006)

미국 인구 3억 돌파

히스패닉의 높은 인구 증가율 덕분에 2006년 10월 17일 오전 7시 46분 미국의 인구 시계가 3억 명을 가리켰다. 1620년 청교도 102명이 탄 메이플라워(Mayflower)호가 신대륙에 상륙한 지 386년 만이다. 17일 아침, ABC 〈굿모닝 아메리카(Good Morning America)〉에선 환호성이 터졌다

미국 통계국 자료에 따르면, 전 국민은 백인 66.9퍼센트, 라틴계 14.4퍼센트, 흑인 13.4퍼센트, 아시아계 4.9퍼센트, 아메리카 인디언 등 소수계 1.9퍼센트 등이었다. 백인과 라틴계 혼혈을 중복 계산한 다른 조사에 따르면 백인 80.1퍼센트, 라틴계 14.8퍼센트, 흑인 12.8퍼센트, 아시아인 4.4퍼센트, 기타 1.2퍼센트 등이었다.

그런데 주목할 만한 것은 5세 미만의 유아 중 44퍼센트가 히스패닉과 아시아인이라는 점이었다. 라틴계의 경우 2000년부터 2005년까지 5세 미만 유아 증가율이 전체 유아 증가율의 70퍼센트를 차지했다. 이 추세라면 2020년엔 총 인구 중 백인이 50퍼센트, 히스패닉이 25퍼센트 이상 차지할 것으로 예측되었다. 텍사스 주 인구조사 관계자는 "히스패닉 여성은 1인당 평균 세 명의 아이를 낳지만 백인 여성은 1.9명,

흑인 여성은 2.3명을 낳는다"고 설명했다.(최승은 · 김정명 2008)

미국 50개 주에서 히스패닉과 아시아계 등 소수인종이 주 인구의 절반을 넘는 곳은 하와이(77퍼센트), 뉴멕시코(56.5퍼센트), 캘리포니아(55.5퍼센트), 텍사스(50.2퍼센트) 등이었다. 이 중 캘리포니아와 텍사스는 미국에서 인구가 가장 많은 곳이어서 더 특별한 의미를 지녔다. 소수민족이 1130만 명으로 2005년 처음 50퍼센트를 넘어선 텍사스 주 관계자는 "텍사스의 현실은 미국의 미래를 미리 엿보게 한다"고 말했다. 캘리포니아 주는 1998년에 소수인종 비율이 절반을 넘었다. 메릴랜드 · 미시시피 · 조지아 · 뉴욕 · 애리조나 등도 소수인종이 40퍼센트에 이르렀다.(박현영 2006)

백인 거주 비율이 가장 높은 주는 북동부 뉴잉글랜드 지역인 것으로 나타났다. 메인, 버몬트, 뉴햄프셔 세 개 주는 백인 인구 비율이 99퍼센트에 가까웠다. 이렇다 할 산업기반이 없어 소수인종이 들어가서 살기에 적합한 직장이 없기 때문이다. 그 다음으로는 중서부에 위치한 농업 중심의 아이오와 주가 백인 비율이 높았다. 남부로 가면 흑인 비율이 높아졌다. 미시시피 주는 흑인 비율이 40퍼센트에 육박했으며, 조지아, 사우스캐롤라이나, 루이지애나 등은 흑인 비율이 30퍼센트였다.

미국 인구가 3억을 돌파하기 하루 전인 10월 16일 미 인구국은 3억 명째 미국인을 찾아 발표하는 것은 불가능하다고 밝혔다. 인구 유출 · 입이 잦고 출생 · 이민 등 증가 원인도 다양했기 때문이다. 하지만 미 언론들은 '로스앤젤레스에서 태어난 히스패닉 이민자의 후손'이 그 주인공일 것으로 보았다. '3억 시대'를 열어젖힌 힘이 히스패닉

이민자들로부터 나왔다는 의미였다. 1967년 인구 2억 돌파 당시 백악관 주도로 요란한 기념식이 벌어졌던 데 비해 3억 돌파와 관련된 특별한 행사가 열리지 않은 것도 정치적으로 민감한 이민 문제와 결부돼 있기 때문이란 분석이 나왔다.(조민근 2006)

인구 3억 돌파와 함께 '미국은 만원' 이란 비명 또는 엄살이 곳곳에서 터져나왔다. 하지만 '인구폭발론' 이 기우라는 반론도 만만찮았다. 인구연구기구(PRI)의 스티븐 모서 대표는 "앞으로 급속한 고령화가 예상되는 만큼 현재의 경제규모와 복지제도를 유지하려면 지금의 인구 증가율도 오히려 부족하다"고 밝혔다. 2006년 미 대륙 전체의 4.7퍼센트만이 개발된 상태라 인구가 4억이 되더라도 인구 밀도는 독일의 6분의 1 수준이 될 뿐이라는 것이다. 이 같은 논란에 대해 미 인구국의 전 국장인 케네스 프레윗은 "인구 증가가 미국의 고민거리인 것은 사실이지만 인구 감소보다는 훨씬 풀기 쉬운 문제"라고 말했다.(조민근 2006)

인종 간 결혼의 증가

다인종, 다민족으로 구성된 미국의 '인구 3억 시대' 는 평화로울 것인가? 2006년 6월 『USA 투데이』가 여론조사기관 갤럽과 공동으로 실시한 여론조사 결과, 미국인의 48퍼센트는 다른 사람의 견해에 관대하지 못하다고 답했다. 또 지난 5년간 미국의 물질주의가 심화됐다는 응답은 68퍼센트나 됐다. 미국 정부의 결정을 지지하는 정도가 덜해졌다는 답변은 56퍼센트였다.

희망적인 관측도 나왔는데, 그 근거 중 하나는 인종 간 결혼이 늘고 있다는 것이었다. 2007년 4월 12일 스탠퍼드대학 사회학과 마이클 로젠펠드 교수는 AP통신과의 인터뷰에서 "2005년 5900만 쌍의 부부 중 7퍼센트(413만 명)가 다른 인종끼리의 결합인 것으로 추정된다"며 "1970년의 비율 2퍼센트와 비교하면 결혼의 양상은 대폭 달라졌다"고 말했다. AP통신은 인구조사 통계를 인용해, 백인과 흑인의 결혼이 1970년에는 6만 5000건이었으나 2005년엔 42만 2000건으로 급증했다고 보도했다. 2005년 백인과 아시아인이 결혼한 경우는 75만 5000건이었으며, 백인과 중남미계가 결혼한 사례는 무려 175만 건에 이르렀다.

미국의 유명인사들이 배우자로 다른 인종을 선택하는 경우도 늘었다. 백인인 윌리엄 코언(William S. Cohen) 전 국방장관, 영화배우 로버트 드니로(Robert De Niro)는 흑인을 아내로 맞이했다. 흑인인 대법관 클래런스 토머스(Clarence Thomas), 시민 운동 지도자 줄리언 본드(H. Julian Bond)는 백인 여성과 결혼했다. 흑인 여성으로 상원의원을 지낸 캐럴 모슬리 브라운(Carol Moseley Braun)의 남편은 백인이다. 2006년 흑인으로는 처음 구세군 지도자 자리에 오른 이스라엘 가이더(Israel L. Gaither)는 대법원 판결이 나오던 해인 1967년 구세군에서 최초로 백인 여성과 결혼했다. 당시 그의 결혼은 백인 중심의 구세군에 상당한 충격을 안겨주었다.

AP통신은 "다른 인종 간 결혼이 급증하는 이유는 세계 각국의 이민자가 미국으로 몰려들기 때문"이라고 분석했다. 그러면서 "그러한 결혼이 늘면서 인종 간 벽이 허물어지고 있다"고 보도했다. 로젠펠드 교수는 "만일 다른 인종이 한 가족의 구성원이 되면 가족은 그를 더 이상 남으로 생각하지 않게 된다"며 "피가 섞이는 건 (사회적으로도) 좋은 일"이라고 말했다. AP통신은 "각종 여론조사에 따르면 압도적인 다수가 다른 인종 간 결혼에 찬성한다"며 "특히 젊은 층의 지지가 높다"고 했다. 따라서 인종이 다른 젊은이들의 결혼은 더욱 늘어날 것이라는 전망이었다.(이상일 2007)

그럼에도 여전히 문제는 흑인, 아시아계, 히스패닉계 등 소수인종 사이에서 빚어지는 불통과 갈등이었다. 2007년 12월 비영리단체인 '뉴 아메리카 미디어(New America Media)'가 처음으로 소수인종만을 대상으로 실시해 발표한 여론조사 결과에 따르면 대부분의 응답자들은 다른 소수인종보다는 백인들과 일할 때 더 편안함을 느끼는 것으로 조사됐다. 흑인들 가운데 히스패닉계가 흑인들의 일자리와 정치적 힘을 빼앗는다고 응답한 사례는 51퍼센트, 반대로 히스패닉계의 44퍼센트는 높은 범죄율 때문에 흑인들을 두려워하고 있다고 대답했다. 흑인들의 71퍼센트가 미국의 사법제도를 '부유하고 힘 있는 사람들을 위한 것'이라고 응답한 반면, 히스패닉계는 45퍼센트가, 아시안계는 27퍼센트만이 미국 사법제도에 대한 불신감을 표출했다. 소수인종 간 소통이 없다는 점도 상호 불신을 조장하는 원인으로 지목되었다. 히스패닉계와 아시아계의 경우는 거의 4분의 3이 그리고 흑인들의 61퍼센트가 다른 인종과는 한 번도 '데이트'를 해본 적이 없다고 응답했다.(고태성 2007)

인종 간 결혼에 대해 보조금을 지원하는 건 어떨까? 당장 반미국적 발상이라는 반대에 부딪히겠지만, 인종 간 결혼이 늘수록 "우리를 합법화하라!"는 절규에 대한 호응도 높아질 터이니, 상상으로나마 해봄직한 생각이다. 과연 '3억 미국'은 어디로 갈 것인가? 미국만이 아니라 전 세계의 주목을 요하는 물음이다.

참고문헌 Chua 2008, Lind 2003 · 2003a, Spayde & Walljasper 2004, 고태성 2006 · 2006a · 2007, 김진우 2008, 김현주 2002, 남정호 2006, 류재훈 2007, 박신홍 2006, 박지희 2006, 박찬수 2006a, 박현영 2006, 연합뉴스 2007, 윤창수 2006, 이상일 2007, 이진 2006, 전병근 2007, 조민근 2006, 차예지 2009, 최승은 · 김정명 2008, 최원석 2006, 최형두 2006b · 2006c

제5장
'두 개의 미국'은 어디로 가는가?

'네오콘의 퇴조, 네오뎀의 등장'
2006년 중간선거

네오콘의 퇴조

"권력은 영원하지 않다"는 건 언제 어느 곳에서건 명백한 진리다. 2006년 2월 6일 『월스트리트저널』은 네오콘이 좌지우지하던 조지 부시 행정부의 대외정책이 이제 '네오리얼리스트(neorealist; 신현실주의자)' 주도로 바뀌고 있다고 보도했다. 네오리얼리스트가 네오콘과 다른 점은 '민주주의 확산'에는 뜻을 같이 하지만 국제무대에서 미국이 모든 것을 혼자 할 수 있다는 데 동의하지 않는 것이었다. 네오리얼리스트의 부상은 국무장관 콘돌리자 라이스의 영향력 확대와 직접적으로 연결되며, 북한 국방위원장 김정일을 '피그미(Pygmy)'로 불렀던 부시가 2005년 그를 '미스터 김정일'로 호칭한 것도 이런 변화를 반영하고 있다고 이 신문은 분석했다.(고태성 2006c)

독일 사상가 위르겐 하버마스(Jürgen Habermas)는 2006년 2월 네오콘은 보수주의자가 아니라 오히려 혁명주의자에 가깝다고 주장했다.

콘돌리자 라이스(사진)를 위시한 네오리얼리스트는 국제사회와의 협력을 중시했다. 미국이 이란·북한 핵 문제에 있어서 '다자주의'를 내세운 이유다.

"그들이 생각하는 것은 세상을 미국 모델에 따라 변화시키는 것이다. 자신들의 무기인 군사적 우월성을 이용해 세상을 바꾸겠다는 것이다. 이라크전쟁이 터지고 부시가 재선된 뒤 네오콘들도 약간 현실적으로 바뀐 것 같다. 나는 이들이 옛날로 돌아가 키신저 정도의 보수주의자가 되기를 희망한다."

미국의 보수 논객인 프랜시스 후쿠야마(Francis Fukuyama)도 2006년 2월 『네오콘 이후: 갈림길에 선 미국(After neoconservatism)』이라는 책에서 네오콘의 군사력에 기댄 대외정책을 비판하며 "더는 네오콘을 지지할 수 없다"고 밝혔다. 그는 "역사는 이라크전을 좋게 평가하지 않을 것 같다"며 "부시 행정부와 네오콘 지지자들은 무력 사용에 대해 세계가 보일 반응을 잘못 예측했다"고 말했다. 그는 네오콘이 이슬람권에 대해 지닌 태도에 관해 "네오콘의 가장 큰 잘못은 이슬람 급진주의의 위험을 과대평가하는 것"이라며 "그들은 이를 '불량국가' 문제나 핵 확산 우려와 결부하는 잘못도 저질렀다"고 비판했다.(이본영 2006)

그러나 네오콘의 잘못에 대한 책임은 부시 대통령이 져야 하는 것이었고, 이에 대한 책임 추궁은 2006년 3월 21일 백악관 기자회견장에서도 나타났다. 백악관 최고령 출입기자인 헬렌 토머스(Helen Thomas)

2006년 북한이 발사한 대포동 2호. ⓒ Kobus Savonije

와 부시 사이에 오고 간 설전을 보자. "대통령, 당신의 침공 결정으로 수천 명의 미군과 이라크인이 죽었다. (당신이 제시한) 모든 침공 이유는 거짓으로 드러났다. 이라크를 침공한 진짜 이유가 뭔가?" "어떤 대통령도 전쟁을 바라지 않는다. 당신이 들은 얘기는 모두 사실이 아니다. 이라크는 적에게 안전한 피난처를 제공했다. 그게 이유다" "이라크는 어떤 짓도 하지 않았다" "내 말을 끊지 말라. 그들은 한 일이 있다. 탈레반은 알카에다에 피난처를 제공했다" "그건 (아프가니스탄이지) 이라크가 아니다" "헬렌, 내 말을 끊지 말라. 나는 이라크에서도 (아프가니스탄과) 똑같은 위험을 봤다"(박찬수, 2009a)

네오콘의 실패는 대북정책에서도 잘 나타났다. 네오콘이 주도했던 부시 행정부의 강경 일변도 정책에도, 북한은 2006년 7월 대륙간탄도 미사일을 포함한 네 발의 미사일을 쏘아 올렸다. 북한은 2006년 10월 9일 지하 핵실험을 강행함으로써 세계 여덟 번째 핵 국가가 되었다. 그 논란 많았던 '악의 축' 발언에도 불구하고 부시 행정부는 북한이 '핵 국가'가 되는 걸 막지 못했다. 왜 그랬을까?

전 CNN 전문기자 마이크 치노이(Mike Chinoy 2010)는 2008년에 출간한 『북핵 롤러코스터(Meltdown)』에서 강경파와 온건파의 갈등, 부시의 무능에서 원인을 찾았다. 한마디로 집권 이후 6년간 북한을 불필요한 벼랑끝 전술로 몰고 간 건 '부시의 외교정책의 실패' 때문이라는 게 치노이의 주장이다. 치노이는 부시의 한쪽 뇌에서는 '북한과 대화해야 한다'는 이성이 작동했지만, 본능을 담당하는 뇌는 '김정일이 싫다'였다고 분석한다. 부시의 본능과 감정은 극단적이었다. 리처드 아미티지(Richard L. Armitage) 전 국무부 부장관의 회고다. "부시는 '김정일은 역겨운 놈(Asshole), 개자식(Son of bitch)'이라고 해외 지도자들에게 말하고 다녔다."

2006년 11 · 7 중간선거

부시 행정부의 대북정책 실패가 잘 보여주듯이, 부시 행정부는 이제 완연한 퇴조의 길에 들어서고 있었다. 국내에서도 지지 기반을 잃고 있었다. 이를 잘 보여준 게 2006년 11월 7일 치러진 중간선거 결과였다.

이 중간선거는 혼란으로 얼룩졌다. 연방수사국(FBI)은 양당 후보의 득표율 격차가 1퍼센트 포인트 안쪽으로 초박빙 판세를 보인 버지니아 주 유권자들에게 투표 포기를 종용하거나 유권자를 잘못된 투표소로 안내해 허탕 치게 하는 전화 등이 잇따랐다는 선관위 의뢰에 따라 수사에 착수했다. 애리조나 주에선 무장괴한 세 명이 투손(Tucson) 시 투표소 앞에서 히스패닉계 유권자들을 저지하고 심문했다는 신고가 FBI에 접수됐다.

또 연방 법률에 따라 오후 9시 이후 선거 홍보 전화를 걸 수 없지만 유권자들은 이날 밤 늦게까지 '로보콜(robo-calls)'이라고 불리는 신종 선거기법 공세에 시달려야 했다. 민주당은 공화당이 유권자들에게 자당 후보를 홍보하고 민주당 후보를 비방하는 내용의 녹음 멘트를 들려줬다고 비난했다. 또 새로 도입된 전자 투개표기가 고장나거나 투표소 관리들이 기기를 제대로 다루지 못해 큰 혼란이 빚어졌다.

미국 정부는 2000년 대선 때 수작업 집계 혼란 때문에 재집계한 사태가 재현되지 않게 터치스크린식 전자투표기와 광학 스캐너를 대거 도입, 전국 유권자 가운데 80퍼센트가 이 방식으로 한 표를 행사했다. 그러나 유권자의 3분의 1이 이들 기기를 처음 사용하기 때문에 불편함이 가중됐다. 콜로라도 주도 덴버의 일부 투표소는 전자투표기와 투표용지 스캐너가 계속 문제를 일으켜 투표하는 데만 1시간 30분을 기다려야 했다.(임병선 2006)

그런 혼란에도 불구하고 민주당은 '공화당의 부패문화 청산'을 내세워 과반의석을 확보하는 데에 성공했다. 민주당은 상원의원 100석 중 51석, 하원 435석 중 234석을 차지했다. 이 선거에서 공화당 현역의원 30명이 낙선했다. 2년마다 치러진 여섯 번의 총선에서 번번이 패배해온 민주당의 의회 장악은 1994년 이후 12년 만의 일이었다. 12년 전 '깅리치 혁명(the Gingrich Revolution)' 때와는 정반대 상황이 벌어진 것이다.

AP통신은 "공화당이 선거에서 진 것은 전통적으로 중간지대에 있는 가톨릭과 무당파, 히스패닉 그리고 중산층들을 잃었기 때문"이라고 분석했다. 공화당은 자신들의 보수적인 고정표만을 지킨 반면, 민주당은 중간층으로 표를 확장해 갔다는 것이다. 공화당의 존 매케인 상원의원이 "우리는 정부를 변화시키려고 워싱턴에 갔으나, 결국 정부가 우리를 변화시키고 말았다"고 말한 것과 맥을 같이한다고 지적했다. 공화당 의원들은 끊임없이 중간층을 공략하고자 노력했으나, 결국 현실에선 중간층으로부터 고립되고 말았다는 것이다.

AP통신 등 미 언론들의 출구조사에 따르면 이 선거에 중요한 선택 요인으로 미국 경제와 부패, 테러와 이라크전쟁 등이 꼽혔다. 특히 AP 통신은 유권자의 4분의 3이 부패와 각종 스캔들을 후보 선택의 가장 중요한 요인이라고 대답해 이라크전을 중요한 요인이라고 응답한 유권자 3분의 2를 앞섰다고 밝혔다. 실제 스캔들에 연루된 공화당 후보들은 여지없이 무너졌다. 선거직전 동성애 스캔들로 비판을 받았던 마크 폴리의 플로리다 지역구를 비롯해 아브라모프 스캔들(로비스트 잭 아브라모프가 로비 대가로 뇌물과 정치자금을 제공한 사건)에 연루된 봅 네이(Bob Ney), 톰 딜레이(Thomas D. DeLay) 의원 지역구 등은 모두 민주당에 의석을 빼앗겼다.

'네오뎀'의 등장

이 선거에선 불법이민 문제가 선거쟁점으로 부각되면서 히스패닉이 민주당으로 돌아서는 결과를 초래했다. 출구조사 결과 히스패닉은 하원의원 선거에서 10명 중 일곱 명이 민주당에 투표한 것으로 나타났다. 공화당 후보에게 투효한 사람은 2002년 중간선거에 비해 11퍼센트 포인트 떨어진 26퍼센트였다. 전통적인 민주당 지지층인 흑인은 90퍼센트 정도가 여전히 민주당에 투표했고, 아시아계 등 소수민족도 민주당 선호경향을 보였다

반면 공화당은 종교단체의 지지기반마저 상당히 잃은 것으로 나타났다. 공화당은 유권자의 4분의 1을 차지하는 복음주의파에서 70퍼센트의 득표율을 올렸지만 이는 2004년 대선 때 부시 대통령이 얻은 78퍼센트보다는 낮아진 것이었다. 백인은 전체적으로 민주와 공화당 지지가 반반 정도로 나타났다.

민주당은 지역적으로도 기반을 크게 확장했다. 그동안 공화당이 우세했던 오하이오 주에서 공화당 하원 서열 4위인 데보라 프라이스(Deborah D. Pryce) 의원이 민주당에 패배했다. 민주당은 오하이오와 매사추세츠에서 16년 만에 처음으로 주지사 자리를 빼앗아 왔고, 뉴욕 주에서도 12년 만에 주지사 선거에서 승리하는 기쁨을 맛봤다. 또 상원선거의 경우 공화당이 현직 상원의원 지역구인 미주리와 오하이오, 펜실베이니아, 로드아일랜드, 몬태나 등에서 모두 민주당에 의석을 빼앗겨 큰 충격을 받았다. 결국 민주당은 그동안 공화당의 아성이던 지역에 지지기반을 넓힘으로써 2008년 대선을 향한 유리한 고지를 선점하게 된 셈이다. (천영식 2006)

이 선거에서 공화당 네오콘 세력은 쇠락했지만, 그렇다고 해서 민주당 진보파가 재미를 본 건 아니었다. 보수적 성향의 민주당원을 가리키는 이른바 '네오뎀(neo-Dem)' 이 떠올랐다는 분석이 나왔다. 중서부와 남부 출신 가운데 네오뎀 상·하원 의원은 줄잡아 30여 명이었

으며 이 중 상당수는 초선이었다. 민주당 내 신우파 또는 중도파로 분류되는 네오뎀은 이라크전쟁에는 반대하지만, 낙태나 인간배아 줄기세포 연구를 반대하고 총기 소유를 찬성하는 등 공화당 성향을 보였다. 폴 새뮤얼슨(Paul A. Samuelson, 1915~2009) 교수는 이 중간선거가 미국을 자유지상주의와 복음주의에서 떼어내 '중간' 으로 옮겨놓았다고 평가했다.(김철웅 2006)

민주당 새 지도부는 하원의장으로 낸시 펠로시(Nancy Pelosi)를 택했다. 여성으로서는 사상 최초로 하원의장 취임한 그녀는 이미 2002년 의회 사상 처음으로 여성 하원의원 원내대표 기록도 세웠다. 펠로시는 하원의원과 볼티모어 시장을 역임한 이탈리아 출신 정치인 달레산드르(Thomas D' Alesandro, Jr.)의 5남 1녀 중 외동딸이었다.

2006년 11월 9일, 이라크전쟁을 주도하고, 해외주둔미군재배치검토(GPR)를 진두지휘하며 전 세계 미군의 전략 변화를 이끌던 도널드 럼스펠드 미국 국방장관이 사임했다. 사실상 경질이었다. 조지 부시 미 대통령은 이날 럼스펠드 장관을 경질하고 후임 국방장관에 아버지인 조지 H. W. 부시(George H. W. Bush) 전 대통령 시절 CIA 국장을 지낸 로버트 게이츠(Robert M. Gates) 텍사스A&M대학 총장을 임명했다. 부시 대통령은 이날 백악관 기자회견에서 "이라크전쟁에 대한 새로운 시각과 펜타곤(국방부)의 새로운 리더십이 필요하다"고 말했다. 이라크전쟁에 대한 비판론이 최대 쟁점으로 부각된 '11 · 7 중간선거' 에서 집권 공화당이 참패한 데 따른 문책 인사임을 분명히 한 것이다.(김승련 2006)

언론은 향후 이라크 정책의 선회 가능성이 주목된다고 했지만, 이

부시는 2006년 11월 9일 럼스펠드의 사임을 발표하며 후임으로 로버트 게이츠(맨오른쪽)를 임명했다.

라크전이 어디 국방장관 수준에서 결정될 수 있는 사안이었겠는가? 2006년 12월 사담 후세인은 이라크 법정에서 쿠르드족에 대한 대량학살의 죄목으로 사형선고를 받은 직후 교수형을 당했지만, 점점 더 이라크의 문제는 후세인의 문제가 아니라는 게 분명해지고 있었다.

한인 정치인들의 약진

미국 중간선거에서 민주당이 하원과 주지사에 이어 상원까지 장악한 것에 대해 유럽 언론들은 올 것이 왔다는 반응을 보였다. 영국 『데일리텔레그래프(The Daily Telegraph)』는 "이번 선거가 부시 대통령의 그간 직무수행에 대한 평가"라면서 "미국 국민들은 이라크 침공 이후 관리 실패에 크게 실망했으며 이민 및 세금과 관련한 공약을 지키지 않아 분노한 상태"라고 지적했다. BBC는 이라크전쟁이 중간선거의 가장 뜨거운 감자였다며 민주당이 유권자의 표심을 사로잡을 수 있었던 것은 부시 대통령과 공화당 주도의 이라크전쟁에 대한 네거티브 선거전략 덕분이라고 보도했다.

프랑스 『르몽드(Le Monde)』는 중간선거 결과 민주당의 하원 장악이 현실화됐고, 상원 장악 가능성이 높아지면서 부시 대통령의 말년이 순탄치 않을 것이라고 전망했다. 또 미국 외교 · 경제정책에 있어 부시 대통령의 강경정책에 급브레이크가 걸릴 가능성이 높으며 전체적으로 민주당 성향의 정책 변화가 예상된다고 지적했다. 신문은 부시 대통령의 이라크 정책을 비난해온 미 민주당이 하원을 장악함으로써 미국 일방주의 외교를 견제해온 프랑스의 유럽 내 입지가 한층 공고해질 것이라고 분석했다.

스페인 일간 『엘파이스(El Pais)』는 이라크전쟁 비판여론뿐 아니라 공화당의 잇단 부패와 비리사건 및 추문과 같은 도덕성 문제 등이 크게 작용했다고 분석했다. 신문은 "출구조사 결과 유권자들의 4분의 3이 공화당 의원들의 부패와 스캔들이 투표에 중요한 영향을 미쳤다고 답했다"면서 "12년 동안 공화당이 의회권력을 장악하면서 빚어진 도덕성 문제가 결정타가 됐다"고 설명했다.

이탈리아 『라레푸블리카(La Repubblica)』는 중간선거 이후 힐러리 클린턴 상원의원의 입지가 한층 높아졌다고 보도했다. 이 신문은 힐러리가 70퍼센트의 득표율을 기록해 존 스펜서(John Spencer)를 큰 표 차이로 물리치고 뉴욕 주지사로 재선출 됐다면서 미 역사상 최초로 영부인 출신의 대통령이 탄생할지 여부에 이목이 쏠려 있다고 전했다.

(이지혜 2006)

이 중간선거에선 한인 후보들의 약
진이 두드러졌다. 한인 최초로 연방
하원의원(공화당)을 지낸 김창준이
1999년 정계를 은퇴한 이후 이렇다
할 실적이 없었는데, 이 선거에서 입
후보자 규모로는 사상 최다인 28명이
주 상·하원과 교육위원, 시의원 등
에 출마해 15명이 당선됐다. 당선자
수 또한 역대 최대 규모였다.(김창준

한인 출신의 미 국회의원 임용근.

은 1961년 도미해 캘리포니아 주에서 시의원과 시장을 거쳐 1992년부터 연
방하원의원을 지냈으며, 1999년 말 하원의원 4선 도전 실패를 끝으로 정계를
은퇴했다.)

주 상원의원 출마자 중에서는 신호범(워싱턴)·도나 김(하와이) 후
보가, 주 하원의원으로는 임용근(오리건)·메리 정(캘리포니아)·실비
아 장 루크(하와이)·샤론 하(하와이)·훈영 합굿(미시간) 후보 등이 당
선됐으며, 이 가운데 오리건(Oregon) 주 하원에 출마한 공화당의 임용
근(John Lim) 후보는 한인 최다선인 5선에 성공했다. 임용근은 1966년
미국으로 이민 와 아메리칸 로열젤리 회사를 창업하고, 오리건 주 한
인 회장과 미주한인총연합회 회장 등을 지냈다. 1990년엔 오리건 주
지사에 도전해 2위에 오르기도 했던 그는 한인 최초의 주지사라는 꿈
을 접지 않고 2010년에도 도전했으나 고배를 마셨다.

입양아 출신으로 미시간 주 하원의원에 도전했던 민주당 합굿 후보도 86.9퍼센트의 압도적 지지로 재선에 성공했다. 1974년 인천에서 태어난 그는 2년 뒤 미국으로 입양돼 미시간주립대학에서 정치학을 전공한 뒤 2002년 주 하원의원에 당선되면서 정계에 발을 들였다. 2005년 11월 부모를 찾기 위해 한국을 방문하기도 했지만 서류가 남아 있지 않아 상봉에는 실패했다. 교민들이 많이 살고 있는 캘리포니아 주에서도 한인 후보의 약진이 두드러졌다. 주 조세형평위원에 출마한 미셸 박(Michelle Park Steel) 후보가 60.3퍼센트의 압도적 지지율로 당선된 것을 비롯해 샌프란시스코 교육위원에 출마한 제인 김과 어바인 시의원에 출마한 강석희 후보 등 네 명의 한인 후보가 당선의 영예를 안았다.(이세영 2006)

공화·민주라는 당파적 구도하에선 2006년 11·7 중간선거의 의미가 큰 것이었겠지만, 두 정당의 수렴화 현상을 우려하는 사람들의 입장에선 이렇다 할 의미를 찾기 어려웠다. '네오콘의 퇴조'와 '네오뎀의 등장'이 갖는 의미를 외면할 순 없겠지만, 바탕에 깔린 보수적 기조는 그대로였으니, 심하게 말하자면 두 정당 간 '밥그릇 싸움' 판도에 큰 변화가 일어났다고 말할 수 있겠다. 그러나 그 변화의 물결을 타고 최초의 흑인 대통령이 탄생하는 건 결코 과소평가할 수 없다고 보는 게 옳지 않을까?

참고문헌 Chinoy 2010, Pritchard 2008, 고태성 2006c, 김승련 2006, 김종목 2010, 김철웅 2006, 박찬수 2009a, 손세호 2007, 우태희 2008, 이본영 2006, 이세영 2006, 이지혜 2006, 임병선 2006, 천영식 2006

'웹2.0' 혁명
롱테일, UCC, 유튜브

UCC의 성장

새로운 디지털 기술발전은 어떤 정치 · 사회적 변화를 가져올까? 2000
년대 중반 본격화된 이른바 '웹2.0' 혁명은 그런 궁금증을 유발하기
에 충분했다. 전 세계적으로 광풍(狂風)이라 해도 좋을 정도로 열렬한
반응 속에 성장해 갔기 때문이다.

본래 차세대 웹을 뜻하는 웹2.0(Web 2.0)은 월드와이드웹이 1990년
대 초 처음 등장한 이후 지금까지 경험한 인터넷웹을 1.0 버전이라 보
고, 앞으로 새로 전개될 웹을 2.0 버전에 해당한다는 뜻을 담고 있다.
구체적으로는 정보참여, 공유, 개방이라는 가치를 실현하는 데 필요
한 신기술을 수용하는 것을 목표로 삼고 있다. 웹 2.0이라는 호칭은 미
국의 IT 전문 출판 미디어인 오라일리(O´reilly)의 부사장 데일 도허티
(Dale Doughterty)가 컨퍼런스를 위한 브레인스토밍 중 "닷컴 붕괴에서
살아남은 인터넷 기업들의 성공 요인에는 어떤 공통점이 있다"고 지

적하면서 닷컴 붕괴와 그 서바이벌에 일종의 전환점이 있다고 보고 이를 웹 2.0으로 부르자고 한 데서 비롯되었다.(우병현 2006)

김국현(2006)은 웹 2.0의 사회적 변화 효과로 ①경제를 보는 시각의 변화: 롱테일(long tail) ②인간행동의 변화: 집단지성(collective intelligence) 혹은 대중의 지혜(wisdom of crowds) ③서비스 산업으로의 변화: 3차 산업적 특성을 가진 이상계 ④기업 핵심 역량의 변화: 사용자들이 참여하고 데이터를 축적하는 구조 ⑤기술의 변화: 기술의 재발견, 기술의 재구성 ⑥형식미의 변화: 깔끔한 '필(feel)'로의 합의를 들었다.

웹2.0의 키워드는 UCC(User Created Content)였다. UCC는 인터넷 이용자들이 직접 만든 게시글이나 동영상·만화·음악파일 등을 일컬으며, 미니 홈페이지, 블로그, 대형 포털 등에서 볼 수 있다. UGC(user generated contents)라고도 한다. UCC라는 말은 세계 미디어계에서 통용되는 공식 용어는 아니다. 영어로는 'Contents Created by User'라고 해야 의미가 보다 명확하게 전달된다. 그래서 미국의 포털 사이트에서 아무리 'UCC'라고 검색해봐야 원하는 답을 얻기는 힘들다. 그래도 여기선 한국에서 널리 쓰인 UCC로 계속 부르기로 하자. UCC는 디지털카메라와 캠코더가 널리 보급되면서 폭발적으로 늘었는데, 세계 최대의 UCC 사이트인 미국의 유튜브(youtube.com)는 2000년대 중반 1억 건 이상의 동영상을 보유하고 있었다. 처음엔 주로 순수한 아마추어들이 만든 UCC가 주류를 이루었으나, 점차 프로급 고수들이 만든 PCC(Proteur Created Contents)가 주도권을 장악해 갔다. '프로추어'는 전문가(프로페셔널)와 비전문가(아마추어)를 합성한 단어로 전문가에 견줄 수 있는 실력을 갖춘 사용자다. UCC의 인기가 급증하면서 SCC(seller-created content)도 나타났다. SCC란 판매자가 자신의 제품이나 서비스를 홍보하기 위해 네티즌이 쉽게 시선을 돌리지 않게 일부러 조악한 화질이나 엽기적인 소재를 사용해 일반인이 제작한 것처럼 보이게 하는 UCC였다.(김원배 2006, 김희섭 · 탁상훈 2006, 백승재 2007, 이국배 2006, 최우규 2006)

롱테일과 집단지성

롱테일(long tail)이란 무엇인가? 크리스 앤더슨(Chris Anderson 2006a)이 2004년 10월 『와이어드(Wired)』에 기고한 글에서 처음 사용한 롱테일은 다품종 소량 생산된 비주류 상품이 대중적인 주류 상품을 밀어내고 시장점유율을 높여 가는 현상을 말한다. 높이 10미터 이상에 가로로 1킬로미터 이상 되는 롱테일(긴 꼬리)을 가진 공룡을 고객으로 간주해보자. 그간 기업들은 '공룡의 머리'에서 수익을 내어 롱테일의 손실을 보전하는 사업 모델을 써왔다. 그런데 2004년 가을 미국의 인터넷 서점 아마존(Amazon)이 이런 구조를 근본적으로 변화시킴으로써 꼬리가 더 중요한 '롱테일 법칙'을 실현했다는 주장이 나왔다. 그게 어떻게 가능했을까?

　서점을 포함한 유통업체의 가장 큰 고민은 늘 상품의 진열과 공간이다. 진열할 수 있는 품목엔 한계가 있다. 잘나가는 상품을 고객의 눈에 잘 띄는 곳에 진열한다. 나머지는 구석 아니면 창고에 머물러야 한다. 좋은 곳에 진열만 되면 잘 나갈 수 있는 상품도 초기의 선택에서 배제되면 영영 고객을 만날 길이 없다. 그래서 자사 제품을 좋은 자리에 진열하고자 하는 영업 사원들은 유통업체를 상대로 사투를 벌여야한다. 이 과정에서 비리가 자주 발생하곤 한다. 이게 바로 오프라인 매장의 전형적인 모습이었다.

그런데 온라인에선 그럴 필요가 없어졌다. 물론 온라인에서도 좋은자리는 있게 마련이지만, 오프라인에서처럼 생사(生死)를 결정지을 정도로 절대적인 건 아니다. 책의 경우 도서목록에 올리는 데에 추가 비용이 들지 않는다. 거의 제로에 가깝다. 아마존이 다루는 230만 종이넘는 서적엔 차별이 없다. 검색 기능에 따라 공급자의 '진열'이 아니라 수요자의 '필요'가 지배하는 공정 경쟁이 가능해진다. 머리와 꼬리의 차이는 순식간에 사라진다.

'롱테일 법칙'은 다수의 소액구매자의 매출이 상위 20퍼센트의 매출을 능가할 수도 있음을 의미하기 때문에 '역 파레토의 법칙'이라고도 한다.(파레토의 법칙은 상위 20퍼센트가 매출액의 80퍼센트를 점한다는법칙이다.) 이런 롱테일 법칙의 실현을 기술적으로 가능케 하는 구조와 서비스를 개발하자는 게 바로 '웹 2.0'의 정신이다.

우메다 모치오(2006)는 "롱테일과 웹 2.0은 표리일체의 관계에 있다"며 다음과 같이 말했다. "키워드는 '불특정 다수 무한대의 자유로운 참가'다. 그것이 인터넷상에서는 아니, 인터넷상에서'만' 거의 '제로 비용'으로 실현된다. 롱테일 현상의 핵심은 '참가의 자유와 자연도태가 보장되는 구조를 도입하면 그간 알지 못했던 가능성이 나타나고 롱테일 부분이 성장해 간다'는 것이다. 그리고 이것을 기술적으로 가능케 하는 구조와 서비스를 개발하자는 생각이 바로 웹 2.0이다."

집단지성(Collective Intelligence)이란 무엇인가? 웹을 통해 뭉쳐진 개인 지성의 합을 말하는 것으로, 돈 탭스코트(Don Tapscott)가 『위키노믹스』에서 역설했다. 원래 이 개념은 1911년 곤충학자 윌리엄 모턴 휠러(William Morton Wheeler)가 개미를 관찰하면서 제기했다. 그는 개미 집단이 하나의 머리를 지닌 커다란 한 마리의 짐승처럼 움직인다며 '슈퍼생물체'란 개념을 만들어냈다. 집단지성 개념은 1983년 피터 러셀의 저작에서 사회학적 정의가 이뤄졌으며, 1994년 피에르 레비(Pierre Lévy)는 『집단지성(L' intelligence collective: Pour une anthropologie du cyberespace)』이라는 책에서 '인류가 낳은 가장 강력한 소통체계'인 인터넷에서 개인들은 '인류의 가장 보편적인 지적체계를 낳을 것'이라고 예견했다. H. G. 웰스(Herbert G. Wells, 1866~1946)의 '세계두뇌(world brain)', 하워드 블룸(Howard Bloom)의 '지구촌 두뇌(Global Brain)', 하워드 라인골드(Howard Rheingold)의 '참여군중(Smart Mobs)', '공공지능(public intelligence)' 등도 비슷한 개념으로 쓰였다. (Tapscott & Williams 2007, 고병권 2007, 임지선 2007, 함석진 2007)

그러나 모든 이들이 다 웹2.0을 찬양한 건 아니었다. 1989년 29세에 인터넷 가상현실(virtual reality)이란 말을 처음 창안해 1990년대에 크게 인정받았던 재론 래니어(Jaron Z. Lanier)는 2000년 『와이어드』 12월호에 실린 글에서 컴퓨터 기술을 무조건 신뢰하는 풍조를 '사이버네틱 전체주의(cybernetic totalism)'라고 명명하고 "컴퓨터가 물질과 생명을 지배하는 최종적인 지적 주인이 되면서 우리가 죽기 전에 종말론적인 대격변이 일어나리라는 놀라운 믿음을 갖는" 종말론이 유행처럼 퍼져나가고 있다고 비판했다. (이인식 2010)

2006년 래니어는 웹사이트 포럼인 에지(www.edge.org)에서 발행하는 『에지(Edge)』에 「디지털 마오이즘(Digital Maoism): 새로운 온라인 집단주의의 위험」이라는 제목의 논문을 통해 인터넷을 찬양하는 논객들과 격렬한 논쟁을 벌였다. 그는 "인터넷 안에서의 집단주의, 대중의 지혜, 커뮤니티의 진보라고? 모든 것은 잘못된 결론들이다"라고 단언했다. 그는 집단주의의 위험에 대해 경고하면서 그것을 극단적인 좌파나 우파, 마오이즘 그리고 독일 나치즘 같은 집단주의 운동들과 동일시했다. 웹2.0 찬양론에 대한 과격한 반박인 셈이다.(Friebe & Lobo 2007)

유튜브 혁명

2005년 2월에 유튜브(YouTube)를 창업한 주인공들은 20대 청년들이었다. 8세 때 대만에서 이민을 온 스티브 첸(Steve Chen)은 1978년생, 5세 때부터 자기가 그린 그림을 판매하는 데에 재능을 보인 채드 헐리(Chad Hurley)는 1977년생, 스탠퍼드대학에서 공부를 계속 하겠다며 중간에 유튜브를 떠난 조드 카림(Jawed Karim)은 1979년생이었다. (Current Biography 2007a)

친구들과 저녁을 먹으며 촬영한 사진과 동영상을 이메일로 주고받다가 용량 때문에 불편함을 느낀 첸은 "동영상을 편리하게 공유할 수 있는 사이트를 만들어야겠다"고 착안해, 친구인 채드 헐리, 조드 카림 등과 함께 동영상 공유사이트 유튜브를 실리콘밸리의 허름한 차고에서 1150달러로 창업한 것이다. 유튜브는 TV를 뜻하는 미국속어 '튜브(tube)'에서 따온 것으로 '당신이 만드는 텔레비전'란 의미였던바, 유튜브의 캐치프레이즈는 "당신 자신을 방송하라(Broadcast Yourself)"였

유튜브는 글로벌 기업인 구글의 서비스이기 때문에 각 지사를 통한 세계 각국으로의 접근이 가능하다.

다. 이 컨셉은 꼭 들어맞았다. 2006년 11월 구글은 유튜브(YouTube)를 16억 5000만 달러(1조 5800억 원)에 인수했다. 20대 청년들이 창업한 지 2년도 안돼 '초대박'을 터뜨린 것이다.

유튜브는 2006년 11월 시사주간지 『타임』의 '올해의 최고 발명'으로 선정됐다. 『타임』은 유튜브가 ①값싼 기기와 간단한 소프트웨어로 비디오를 촬영·편집할 수 있게 한 것 ②웹2.0의 혁명 ③톱다운(top-down; 하향) 방식의 미디어 문화를 종식한 것 등 세 가지 혁명을 이끌어냈다고 분석했다.(김강석 2007)

유튜브는 2008년 1월 23일 세계에서 19번째로 한글 사이트를 오픈했다. 전문가들은 유튜브가 한국 시장을 통해 얻고자 하는 것은 콘텐츠 수입과 테스트베드로서의 기능 그리고 광고주의 확보라고 분석했다. 유튜브 인터내셔널의 총괄 책임자 사키나 알시왈라는 "한국 콘텐츠 중에 전 세계적으로 어필할 수 있는 콘텐츠가 많다"며 "이런 시장에 유저 기반을 지원하고 콘텐츠 생산을 장려하기 위한 플랫폼을 마련"하고자 하는 것이라고 설명했다. 우병현 태그스토리(TagStory) 대표는 "2004년부터 웹2.0에 대한 논의가 있었고 그중 하나가 동영상 UCC였다. 2006년과 2007년 유튜브와 판도라TV 등이 최고의 인기를 누렸지만 이제 화제가 소멸되고 보편화되는 단계인 것 같다. 동영상 UCC는 이제 일반적인 서비스로 어디에나 존재하고 당연한 것으로 인식된다"고 말했다.(정대필 2008)

블로그에 이어 유튜브 UCC도 '정치 매체'로 활약했다. 웹(web)과 항해지도인 로그(log)가 결합한 블로그(blog)는 포털사이트 등에서 제공하는 공간에 자신만의 방을 꾸며 스스로 콘텐츠를 만드는 것으로 글이나 사진, 동영상을 올릴 수 있는 '1인 미디어' 웹 사이트다. 블로그의 운영자는 블로거(blogger)라고 했다. 미국 선거에서 블로거가 주목받기 시작한 것은 주류 언론이 놓친 사실을 특종보도하면서부터였다. 예컨대, 블로거들은 트렌트 로트(C. Trent Lott, Sr.) 공화당 의원이 2002년 말 공화당 상원의원 출신의 스트롬 서몬드(J. Strom Thurmond, 1902~2003)의 생일 파티에서 인종차별적 발언을 옹호한 사실을 밝혀냈고, 이라크 침공에서 사망한 미군의 관을 찍은 국방부 사진을 특종 보도했다.

2006년 중간선거는 '유튜브 선거'로 불릴 정도로 유튜브 UCC가 맹활약을 했다. 2008년 대선을 염두에 두고 힐러리 클린턴과 버락 오바마 등 주요 민주당 주자들은 동영상이나 블로그를 통해 선거 운동을 전개했으며, 존 매케인 공화당 상원의원도 유튜브를 통한 동영상 캠페인에 나섰고, 보수 성향의 블로거들을 초청해 버스투어 캠페인을 열기도 했다.

특히 조지 오웰(George Orwell, 1903~1950)의 『1984』를 패러디해 힐러리 의원을 독재자로 묘사한 동영상은 유튜브에서 2007년 5월 300만 회가 넘는 조회수를 기록하기도 했다. 힐러리의 부정적 이미지를 확산했던 이 동영상은 제작자가 오바마 의원 쪽 기획업체 직원임이 밝혀지면서 파장을 일으켰다. 이외에 힐러리 의원이 국가를 엉망으로 부르는 '음치 동영상'도 그녀의 이미지에 타격을 줬다.(이선민 2007)

2007년 7월 23일 노스캐롤라이나(North Carolina) 주 찰스톤(Charleston)에 버락 오바마, 힐러리 클린턴, 존 에드워즈 등 민주당 대선 예비후보 여덟 명이 한자리에 모였다. CNN과 동영상 사이트인 유튜브가 공동으로 제작한 질문에 답변하고 토론하기 위해서였다. 토론회에 앞서 3000여 명의 유권자들이 직접 UCC를 만들어 인터넷에 올리게 했다. 당내 지방토론회에 불과한 이 행사를 500만 명 이상이 시청했다.

왜 그랬을까? 이전 토론회와는 달리 재미가 있었다. 유권자들은 "이라크전쟁을 어떻게 할 것인가?" "북한·쿠바·이란의 지도자를 만날 것인가?" 등 딱딱한 질문도 던졌지만 오바마에게 "당신은 충분히 까만가?(Are you black enough?)", 힐러리에게 "당신은 충분히 여성스러운가?(Are you feminine enough?)"라는 묘한 질문도 던졌다. 젊은 여성 두 명은 함께 쑥스러운 모습으로 동영상에 나타나 "우리는 결혼했다. 당신이 대통령이 되면 우리 결혼을 합법화하겠는가?"라고 물었다. 또 어떤 이는 "미국 흑인들의 노예노동에 대해 배상하겠는가?"라고 물었다. 구경거리론 그만이었다. 공화당도 이에 자극받아 4개월 뒤 5000개의 UCC를 공모 받아 같은 방식으로 플로리다에서 지방 토론회를 열었다.(설원태 2007, 우태희 2008)

메릴랜드대학의 톰 새럴 교수는 "미국 정치는 이제 어느 한 당의 우위가 장기화할 수 없는 열린 정치 시대로 가고 있다"고 진단했는데, 그게 사실이라면 혹 이런 변화와 관련이 있는 건 아닐까? 2006년 구글 대표 에릭 슈미트(Eric E. Schmidt)는 "2008년 대선에서 뉴미디어를 가장 효과적으로 이용한 후보가 승리할 것"이라고 전망했는데, 이는 과연 미국 정치의 축복일까, 저주일까? 물론 답은 그 어느 가운데겠지만, '집단지성'과 '디지털 마오이즘'으로 대변되는 인터넷 찬반양론은 이후 내내 평행선을 달리며 대립한다.

참고문헌 Anderson 2006a, Current Biography 2007a, Friebe & Lobo 2007, Tapscott & Williams 2007, 간다 도시아키 2007, 고병권 2007, 김강석 2007, 김국현 2006, 김원배 2006, 김희섭·탁상훈 2006, 류재훈 2007c, 백승재 2007, 설원태 2007, 우메다 모치오 2006, 우병현 2006, 우태희 2008, 이국배 2006, 이선민 2007, 이인식 2010, 임지선 2007, 정대필 2008, 최연진 2008, 최우규 2006, 함석진 2007

'공포의 문화'
'두 개의 미국'으로 구성된 제국

조승희 사건

2007년 4월 2일 한미(韓美) FTA(Free Trade Agreement; 자유무역협정) 협상이 타결되었다. 2006년 2월 2일 한미 양국이 미국 워싱턴 의회의사당에서 공동기자회견을 열고 양국 간 FTA 협상 개시를 공식 발표한지 14개월 만이었다. 한국에선 스크린쿼터 철폐, 미국산 쇠고기 수입재개, 의약품 가격 재조정, 배기가스 규제완화 등 이른바 '4대 선결조건'을 수용하는 등 저자세를 보였다. 이는 '세상에서 가장 황당한 FTA'라는 비판이 쏟아지면서 엄청난 사회적 갈등을 불러일으켰다.(우석훈 2006) 정도는 덜할지라도 미국에서도 논란이 된 가운데 비준은 수년간 계속 미뤄진다.

한미 FTA 협상 타결로 한국과 미국의 거리는 훨씬 더 좁혀진 것으로 여겨졌는데, 그로부터 2주 후인 4월 16일 미국 버지니아텍(버지니아공대) 영문학과에 다니던 한국계 미국인 조승희(1984~2007)가 캠퍼

조승희 범행 당시 대피한 학생들의 모습. ⓒ William Chase Damiano

스 강의실 등에 있던 동료 대학생과 교수 등 32명을 권총으로 무차별 사살하고 자신도 스스로 목숨을 끊은 사건이 발생했다. 이 사건은 '미국 역사상 단 한 명의 총잡이가 학교 캠퍼스 안이나 밖에서 저지른 것으로는 가장 치명적'이라는 기록을 남겼다.

조승희는 사건 당일 총과 칼로 무장한 자신의 모습을 담은 사진과 동영상 및 주장을 담은 선언문(매니페스토)을 미 최대 방송사인 NBC에 우편물로 보냈다. NBC는 18일 오후 6시 30분 〈나이틀리 뉴스(Nightly News)〉에서 조승희가 보낸 동영상과 사진 가운데 일부를 공개한 데 이어 19일에도 일부 동영상을 공개했다. 조승희가 16일 버지니아공대 기숙사에서 두 명을 살해한 직후에 보낸 이 우편물에는 전투복을 연상하게 하는 등산조끼를 입은 채 양손에 권총 두 자루를 들고 위협하는 모습이 담겨 있었다.

조승희는 동영상을 통해 "시간이 됐다. 거사는 오늘이다. 너희는 나를 피 흘리게 하고 궁지로 몰았으며 결국 내가 이런 선택을 할 수밖에 없게 만들었다"며 자신의 행위에 대한 정당성을 주장했다. 동영상에서 그는 "누가 얼굴에 침을 뱉는 것이 어떤 기분인지 알아? 목구멍으로 쓰레기를 넘기는 기분, 자기 무덤을 파는 기분이 어떤지 알아?" 라며 주변에 대한 불만감을 강하게 표출했다. 그는 "벤츠 자동차로, 금목걸이로, 보드카와 코냑으로도 부족했냐"라면서 부유층에 대한 강한 적개심을 드러내기도 했다. 19일 추가로 공개한 동영상에는 조승희가 자신을 모세와 동일시하는 듯한 장면이 포함되어 있었다.(최영해 · 이세형 2007)

이 참사로 전 미국은 오열했다. 미국의 언론은 '대량학살'이라고 규정하고 나섰고, 부시 대통령은 직접 나서서 아픔을 함께하고자 했다. 허리케인 카트리나가 발생했을 때엔 미적거린다고 비난받던 대통령이 이번에는 추도식에 전용 헬기를 타고 나타날 정도였다. 이와 관련해 미국 교육학자 스비 샤피로(Svi Shapiro 2007)는 "버지니아공대에서 32명이 죽은 바로 그날 바그다드에서는 183명이 죽었다"며 다음과 같이 말했다.

"다른 나라의 변화를 강요하는 우리의 잘못된 모험이 남겨준, 아직도 지속되고 있는 끔찍한 유산이다. 그것은 우리 지도자들의 오만한 권력의지의 결과로 수만 명이 죽고 수많은 사람들이 고통을 겪은 일이다. 사람들은 한 개인의 폭력은 우발적인 정신착란의 행동으로 보면서도 정부의 폭력은 이성적인 정책으로 본다. 그러나 그 두 가지는 다른 사람에게 우리의 말을 듣게 하거나 우리를 '존경'하도록 강요한다는 점에서 서로 닮았다."

이어 샤피로는 "조승희가 보여준 분노는 다른 수많은 학교 폭력과 마찬가지로 그가 느낀 깊은 무력감과 관련이 있다. 컬럼바인 사건에 관해 쓴 글에서 나는 우리 사회에서 학교들은 학생들이 자신의 가치를 인정받기 위해 끊임없이 투쟁하는 투기장과도 같은 곳임을 지적했다. 조승희가 일종의 결함 때문에—말을 잘하지 못했다고 한다— 학교에서 무시당하고 과소평가되었다는 것은 놀라운 일이 아니다"며 다음과 같이 말했다.

"버지니아공대 사건에 대한 언급에서 범죄학과 교수인 앨런 폭스 (J. Alan Fox)는 미국이 점점 더 경쟁적인, 서로 잡아먹는 사회가 되었다고 말한다. 그는 우리 사회가 어떤 대가를 치르건 성공한 사람을 찬양할 뿐, 실패한 사람에게는 동정을 베풀지 않는 곳이 되었다고 말한다. …… 이런 이야기로 우리 학교에서의 끔찍한 폭력을 변명하자는 것은 전혀 아니다. 그러나 우리는 이런 사건들이 우리가 그 속에서 살고 있는 좀 더 큰 문화와 관련이 있다는 것을 인정해야 한다."

우선 미국의 폭력적인 문화부터 인정하고 들어가는 게 좋겠다. 이 사건 이전에도 수많은 총기 난사사건들이 있었거니와 이 사건이 과거 그 어떤 사건보다 더 큰 충격을 안겼다고 하니, 이제 미국인들 사이에서 총기 규제를 찬성하는 여론이 일 법도 하지 않은가. 그러나 다수 미국인들은 요지부동이었다. 사건 발생 6일 만인 4월 22일 ABC의 여론조사에 따르면, 권총 판매 규제에 대한 찬성은 38퍼센트인 반면, 반대

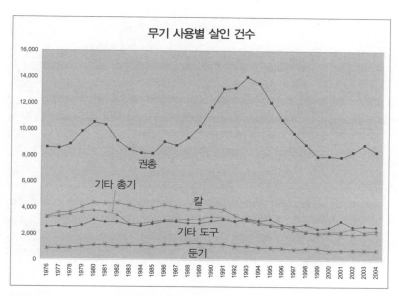

무기 사용별 살인 건수

1976-2004년 무기 사용으로 인한 살인 통계자료. 출처: 미 사법통계국

는 60퍼센트였다. 총기 사고의 주요 원인이 무엇이냐는 질문에 총기 소지의 자유 때문이라는 답은 18퍼센트에 불과했으며, 가정교육 탓 35퍼센트, 폭력적인 영화 등 대중문화 탓이라는 게 40퍼센트였다. 2007년 12월 CNN 조사에서도 "총기 소유는 개인의 자유"라고 답한 사람이 65퍼센트, 2008년 갤럽 조사에선 73퍼센트로 나타났다.

총기관련 모든 정보가 집결되며 총기를 구경하고 사고파는 '건 쇼 (Gun Show)'는 미국인들의 축제다. 한 해 동안 미국 전역에서 열리는 '건 쇼'가 5000개가 넘는다고 하니, 총기 규제는 그들에게 축제를 그만두라는 말밖에 더 되겠는가. 2008년 2월 북일리노이대학 교정에서 학생 다섯 명이 살해되고 용의자는 자살하는 총격사건이 발생했을 때, 민주당 대통령후보 경선에 나선 버락 오바마가 "나는 개인은 총기

2007 휴스턴 건 쇼. 출처: http://flickr.com/photos/glasgows

를 가지고 다닐 권리가 있다고 생각한다. 그러나 상식적인 규제를 받아야 한다"고 말한 것도 그런 '축제' 의식에 굴복한 타협으로 볼 수 있겠다.(이현주 2010)

한국의 과민반응

한국 사회는 미국 버지니아공대에서 일어난 총기 난사사건을 '한국 문제'로 여기는 과민반응을 보였다. 한국과 미국은 이른바 혈맹(血盟)을 넘어 이미 한몸이 된 걸까? 한미 FTA 협상 인준을 기대하고 있던 노무현 정부는 마치 공황 상태에 빠진 것 같았다. 노무현(1946~2009) 대통령은 세 번에 걸친 애도 표시를 했고, 정부 차원의 조문사절단을 보내는 방안까지 적극 검토했지만, 이는 미국 측의 반대로 무산됐다. 주한 미국대사관 앞에서는 희생자들의 명복을 비는 촛불기도회가 열렸고, 주미대사 이태식은 "한국 대신 사죄를 표한다"고 했고 "슬픔을 나누고 자성하는 뜻에서 32일 동안 금식을 하자"고 제안하기도 했다. (이제훈 2007, 정용환 2007)

언론도 다를 바 없었다. 집요하게 반복되는, 미국인들을 상대로 '한국은 잘못 없다'거나 '무관하다'는 너무도 뻔하고 당연한 답을 얻어내기 위한 구걸식 또는 강요식 질문은 보기에 민망했다. "송구한 마음으로 애도합니다"라고 표현한 어느 신문사설도 그랬고, 소설가 이문열(2007)이 때마침 미국 보스턴에 있다는 이유로 그의 '조승희 범죄 분석'을 1면 머리기사로 다룬 처사도 '과잉'이었다.

이와 관련해 서경식(2007)은 "버지니아 공과대학에서 총기 난사사건이 일어난 직후 노무현 대통령이 되풀이해서 애도의 말을 하고 주미 한국대사가 눈물을 흘리면서 '참회'의 필요성을 호소한 데 대해 나는 큰 위화감을 느꼈다. 분명히 말하자면 미국인이 싫어하는 대상이 되고 싶지 않다는 비굴한 식민지 근성 같은 것을 느꼈다"고 주장했다.

남정호(2007)는 "조승희 사건에 대한 한국인의 대응은 과잉의 연속이었다. 범인이 한국인으로 밝혀지자 대통령부터 난리가 났다. 그러다 '범인은 범인이고 한국인은 한국인'으로 미국인들은 본다는 보도가 나가자 또 다른 '오버 액션'이 등장했다"며 다음과 같이 말했다.

"언론들은 '성숙한 대응' 운운하며 이를 대서특필했고, 한국인들은 감격에 겨워했다. 미군 교통사고에 여중생 두 명이 숨졌다고 성조기를 태우는 사람들 눈에는 상상하기 어려운 관대함이었을 것이다. 한국 사회를 분석하는 고전적인 틀은 '소용돌이 이론'이다. 절대 권력을 향해 모든 파워가 집중되는 모델이다. 한국인들의 인식도 구심

2007년 버지니아공대에서 개최된 추모집회.

점을 향해 빨려 가는 소용돌이 패턴 같다. 그래선지 단편적인 보도를 토대로 조승희 사건 이후 미국에는 아무 후유증도 없는 것처럼 믿는 듯하다. 그러나 세상이 어디 그런가. 몇몇 신문과 버지니아 주지사가 '한국 사람 책임이 아니다' 라고 했다고 미국 전체에 선입견이 없다고 믿는다면 극히 단세포적 발상이다. 인종차별을 규탄하는 사설이 신문마다 실려도 혐오범죄가 날뛰는 곳이 미국이다."

이어 남정호는 "최근 메릴랜드 주 한국계 학생의 정학 소식이 보도됐다. 조승희 사건을 계기로 놀림 받자 '나도 총으로 쏠 수 있다' 고 했다가 정학을 당했다. 우리 눈엔 어처구니없는 일이다. 그러나 더 심각한 문제는 쉬쉬해서 안 알려졌을 뿐 비슷한 사건이 여러 건 일어났고, 또 일어날 수 있다는 사실이다"라며 다음과 같이 주장했다.

"뉴욕의 한 청소년단체 대표는 '최근 알려진 비슷한 사건만 네다섯 건'이라고 털어놨다. 다른 사건의 유형도 비슷하다. 폭탄 그림을 그리고선 '내가 조승희였다면 더 크게 했겠다'라고 말했다가 정학당한 경우도 있었다. 어떤 학생은 범인들의 입장에서 9·11테러에 대한 작문을 했다가 학교에서 쫓겨났다. 뉴욕에서만 이럴진대 미 전역에서 얼마나 많은 사건이 벌어졌는지 모른다."

'두 개의 미국'으로 구성된 제국

도대체 미국에 무슨 문제가 일어나고 있었는가? 2007년 5월 『애틀랜틱먼슬리』의 편집장을 지낸 컬런 머피(Cullen Murphy)는 『우리가 로마인가?: 제국의 몰락과 미국의 운명(Are We Rome?: The Fall of an Empire and the Fate of America)』이라는 책을 출간해 화제를 모았다. 이 책의 내용은 오늘날 미국이 쇠락 직전의 로마제국을 닮았다는 것인데, 실제로 미국에선 미국과 로마를 비교하는 일이 흔해졌다. 『뉴욕타임스』는 이런 현상을 두고 미국이 "성조기 무늬의 토가(toga; 로마 시민 복장)에 감싸였다"고 보도했다.

머피에 따르면 로마와 미국은 광대한 영토와 여러 인종으로 구성됐다는 점만 비슷한 게 아니다. 그는 부시 대통령을 로마의 디오클레티아누스(Diocletianus; 284-305) 황제에 비유했다. ●전제적 통치 스타일 ●부패한 부하들 측면에서 그렇다는 것이다. 디오클레티아누스가 서(西)고트족 용병에게 국방을 맡겼듯이, 부시 행정부는 이라크전 수행을 위해 핼리버턴(Halliburton)이나 웨켄허트(Wackenhut) 같은 용병·보안업체의 힘을 빌렸다. 두 '제국' 모두 ●선과 악의 대결구도에서 자신은 '구세주'로 여기고 ●국경 너머로 지나치게 뻗어나간 나머지 내부에서 여러 위기에 직면했다고 지적했다.

머피와 성향은 다르지만, 보수적인 블로거들도 미국을 로마에 빗대곤 했다. 이들에게 미국 내 멕시코 출신 불법이주자들은 로마를 침략한 반달족과 동(東)고트족이었다. 정통파 기독교 목사들은 미국 사회를 물들인 포르노 산업이나 낙태 찬성론, 동성 결혼 현상을 네로(Nero) 황제 시대의 도덕적 타락에 비유했다.

사실 미국은 건국 때부터 로마를 닮으려고 했다. 미국 초기 지도자들은 그라쿠스(Gracchus) 형제나 카토(Cato) 같은 로마의 정치인들을 사표(師表)로 삼았다. 초대 대통령인 조지 워싱턴이 가장 좋아한 문학 작품도 18세기 영국의 정치가이자 문필가 조지프 애디슨(Joseph

Addison, 1672~1719)의 희곡작품 〈카토(Cato)〉(1713)였다. 당시엔 로마의 긍정적인 측면이 부각됐다면 이젠 부정적인 면이 거론된다는 게 차이점이었다.

그런데, 로마제국도 넘어서지 못한 '장애물'이 두 개 있었다. 하나는 게르만족의 영향권인 라인강이었고 다른 하나는 메소포타미아(오늘날 이라크)의 티그리스·유프라테스 계곡이었다. 『뉴욕타임스』는 또 "발레리아누스(Valerianus; 253-260)란 황제는 페르시아(오늘날의 이란)에 포로로 붙잡혀, 처형되기 전까지 페르시아 왕이 말에 오를 때마다 '인간 발판'이 되는 수모를 겪었다"고 덧붙였다. 이라크전쟁의 수렁에 빠진 채 이란과 대치하고 있던 미국의 상황을 비꼰 것이다.(손세호 2007, 이용수 2007)

어디 그뿐인가. 미국은 이미 '두 개의 미국'으로 분열되었다는 진단이 많은 논자들에게서 쏟아지고 있었다. "나는 여전히 '두 개의 미국'이 있다고 믿습니다." 2007년 6월 7일, 민주당 대선주자 중 한 명인 존 에드워즈 전 상원의원이 음주운전으로 기소된 힐튼호텔 가문의 억만장자 상속녀 패리스 힐튼(Paris Hilton)이 '신경쇠약'을 이유로 교도소에서 풀려난 것에 대해 한 발언이다. 힐튼은 결국 다음 날 재수감됐지만, 그녀의 가석방은 미국판 '유전무죄'로 뜨거운 논란을 일으켰다.

게이츠·버핏의 해법, 무어의 고발

에드워즈가 '두 개의 미국' 화두를 던진 바로 그날, 이에 답이라도 하겠다는 듯 마이크로소프트 회장 빌 게이츠는 자신이 1975년에 중퇴했던 하버드대학 졸업식에서 명예졸업장과 법학박사 학위를 받고 연설하면서 "창조적 자본주의(creative capitalism)로 세계에 만연하는 질병과 가난·불평등을 없애자"고 말했다. 게이츠는 "(지구상에) 희망이 없다고 생각하는 회의론자들은 '불평등은 태초부터 있었고, 지구에 종말이 올 때까지도 우리와 함께 존재할 것'이라고 말하지만 나는 전혀 동의하지 않는다"며 '창조적 자본주의'로 지구의 문제를 극복할 수 있다고 역설했다.

게이츠는 '창조적 자본주의'의 개념을 이렇게 설명했다. "우리는 시장의 힘(market forces)을 가난한 사람을 위해 쓸 수 있다. 만일 (정부와 기업이) 시장의 힘을 확장할 수 있다면 더욱 많은 사람이 돈을 벌 것이고, 생계를 유지할 수 있게 될 것이다. 그건 심각한 불평등에 시달리는 사람들을 돕는 것이다." 그는 "만일 우리가 기업이 시장에서 이윤을, 정치가 표를 추구하는 방식으로 가난한 사람의 필요를 충족하는 방안(창조적 자본주의)을 찾을 수 있다면 이 세상의 불평등을 줄이는 지속 가능한 길을 발견할 수 있을 것"이라고 강조했다. (이상일 2007a)

'오마하의 현인(賢人)'으로 불리는 버크셔 해서웨이(Berkshire Hathaway Inc.) 회장 워렌 버핏(Warren E. Buffett)은 '세금 인상'이라는 해법을 내놓았다. 그는 2007년 6월 26일 뉴욕에서 열린 힐러리 클린턴 상원의원 기금 마련 행사에서 자신이 2006년 4600만 달러(약 426억 원)를 벌어 17.7퍼센트를 세금으로 낸 반면 자신의 부하 직원들은 평균 소득의 32.9퍼센트, 최고 39.7퍼센트의 세금을 냈다고 공개했다. 이어 그는 후원회에 참석한 부자들을 향해 "여기 있는 분들 중 자기 비서보다 높은 세율의 세금을 낸 분이 있다면 내가 100만 달러를 내놓겠다"면서 "부자들에 유리하게 돼 있는 불공정한 미국의 세제를 뜯어고쳐야 한다"고 주장했다. 버핏의 세금이 낮은 이유는 자본 소득세와 일반 소득세의 차이 때문이었다. 자본 소득세는 실현된 이익(carried interest)에 대해 최고 15퍼센트의 세금만 물리는 반면, 일반 소득세의 세율은 최고 35퍼센트에 달했다. 이 때문에 사모펀드나 헤지펀드 매니저들은 평범한 월급쟁이에 비해 오히려 세금 혜택을 받는 셈이었다.(최규민 2007)

게이츠가 역설한 '창조적 자본주의', 버핏이 제시한 '세금 인상'은 이론적으론 모두 실현 가능한 해법이었지만, '하나의 미국'이 찬성하는 것을 '다른 하나의 미국'은 한사코 반대하니 현실과는 동떨어진 꿈이란 건 분명했다.

2007년 6월 29일 전국적으로 개봉된 마이클 무어 감독의 다큐멘터리 영화 〈시코(Sicko; 환자)〉는 의료 분야에 존재하는 '두 개의 미국'을 실감나게 묘사했다. 무어 감독은 이미 2004년 조지 부시 대통령을 비판한 영화 〈화씨 911〉로 반전 운동의 기폭제를 제공한 바 있었다. 〈시코〉는 손가락 두 개가 절단된 어느 가난한 노동자의 이야기에서 시작한다. 의사는 봉합 수술비가 없다면 두 개의 손가락 중 어느 손가락을 선택할 것이냐고 노동자에게 묻는다. 이 다큐멘터리는 세계적으로도 최악의 상태에 있는 미국의 의료보험 실태를 고발하면서, 미 본토를 비롯해 미국령 전체에서 소위 '풀 커버리지(full coverage)'가 되는 국민의료보험 혜택은 테러범들을 수용하는 관타나모 수용소밖에 없다는 아이러니를 보여주면서 끝을 맺는다.(이국배 2009)

여건종(2010)은 "미국의 실업자가 다리에 생긴 상처를 바늘로 스스로 꿰매는 장면으로 시작하는 〈시코〉는 민영화되고 규제에서 자유로

워진 의료산업에 지배되고 있는 미국 의료제도가 어떻게 미국의 중산층 이하의 삶을 피폐하게 만드는지를 고발한다"며 다음과 같이 말한다. "국민에게 질병을 치료받을 권리를 부여하는 것은 자본주의 사회의 최소의 양심이다. 마이클 무어에게 이 국민의 기본적이고 필수적인 권리를 확보하지 못하는 미국은 세계 어느 국가보다도 열등한 불량국가다. 그의 풍자와 해학의 배후에 숨어 있는 동력은 분노다. 상식의 분노다. 그는 자신의 다큐멘터리가 꽤나 선동적이고 급진적이라는 비판에 대해 세상을 있는 그대로 보여주려고 했고, 상식을 이야기하고 싶었을 뿐이라고 대답한다. 단지 세상이 너무나 우스꽝스러워서 '진실은 선동적인 것처럼 보이고 상식은 급진적인 것이 되었다'고 불평한다. 그의 다큐멘터리는 우리에게 상식의 이름으로 분노할 힘을 부여하는 상징적 기제다."

미국에서 의료보험이 없는 사람이 갑자기 몸이 아파 병원 응급실에 실려 가면 치료비가 얼마나 나올까? 믿기지 않지만 대체로 7000달러(약 665만 원)가 청구된다. 없는 사람은 죽으라는 이야기다. 무보험자 수는 약 5000만 명으로 추산되었다. 무보험자가 많은 것은 의료보험료가 과도하게 비싸기 때문이다. 회사 지원이 없다면 4인 가족 기준으로 의료보험료를 한 달에 약 1000달러나 내야 한다.

사정이 이러니 모두가 이 영화를 반겼을 법하지만, 이 영화에 대한 평가도 '두 개의 미국'을 고스란히 반영했다. 찬성하는 사람들은 "매우 재미있다. 한심한 의료보험제도의 현실을 생동감 있게 전달해 이번 대통령선거를 계기로 의료보험이 개혁될 수 있는 바탕을 마련했다"고 극찬했다. 반면 반대론자들은 "과장과 오류가 너무 많다. 무어 감독의 영화가 항상 그렇지만 균형 감각이 떨어진다"고 비판했다. 특히 반대론자들의 심기를 거슬리는 장면은 9·11테러 당시 구조활동을 하다 병에 걸린 미국인 환자들이 치료비가 없어 결국 쿠바에서 치료를 받는다는 설정이었다. 그러나 무어 감독은 비판에 아랑곳하지 않고 전국을 순회하며 시사회와 토론회에 참석하면서 영화 바람몰이에 나섰다.(공종식 2007b)

새로운 '도금시대'의 도래

'두 개의 미국'과 관련해 공종식(2007)은 "요즘 미국에서 최고의 수입을 올리는 직종은 헤지펀드 매니저다. 지난해 수입 기준으로 상위 25명 헤지펀드 매니저의 평균 연봉은 보너스를 합쳐 2억 4000만 달러(약 2280억 원)였다. 이 중 1위는 17억 달러를 벌었다. 이처럼 월가에서 고소득을 올리는 사람들이 늘어나면서 요즘 뉴욕 맨해튼 아파트 가격은 천정부지로 치솟고 있다. 전체 미국 부동산시장은 아직도 침체에서 벗어나지 못하고 있지만 맨해튼은 다른 세상이다"라며 다음과 같이 말했다.

"반면 세계 최고의 부자 나라 미국이지만 빈곤층은 고달픈 생활에서 벗어나지 못하고 있다. 소득 하위 계층 20퍼센트의 평균소득은 1만 3000달러(약 1235만 원)에 불과하다. 빈곤층은 3700만 명에 이른다. 1979년부터 2001년 사이 미국 실질가구소득 증가폭을 보면 소득 최상위 5퍼센트 계층의 소득은 81퍼센트 증가했다. 반면 하위 20퍼센트 계층은 실질소득이 3퍼센트 느는 데 그쳤다. 그럼에도 불구하고 미국 정치권에서 '빈곤 문제의 정치 쟁점화'는 금기사항이었다. 중산층 유권자들을 소외시킬 수 있다는 우려에서였다. 그러나 에드워즈 전 상원 의원은 아예 '빈곤과의 전쟁'을 주요한 대선 공약으로 제기해 이 문제를 정면으로 이슈화했다. 유력 대선 주자가 빈곤 문제를 본격 제기하고 있는 것은 그만큼 미국 사회에서 빈곤을 바라보는 시각이 달라졌음을 반영한다."

그러나 바로 그렇기 때문에 에드워즈는 대통령 자리로부터 그만큼 멀어지고 있었다. 2008년 대선은 중산층 유권자들을 소외해선 안 된다는 철칙을 재확인하는 방향으로 나아가게 된다. 사회 분위기도 '흥청망청'으로 쏠리는 듯 했다.

"미국에 새로운 '도금시대(Gilded Age)'가 도래했다." 2007년 7월 15일 『뉴욕타임스』는 1면 톱기사를 비롯해, 세 개 면에 걸쳐 21세기 초의 미국이 금융·미디어·정보통신(IT) 등의 발달로 근 100년 만에 미국에서 대부호들의 세상이 다시 펼쳐졌다고 대서특필했다. 이 신문은 소수의 부자들에게 부가 몰렸던 20세기 초의 상황이 최근 재현되고 있다며 현재를 '신거부의 시대'로 규정했다. 미국 전체 인구의 0.01퍼센트인 1만 5000여 명의 부자(연 수입 950만 달러 이상)가 전체 소득의 5퍼센트 이상을 차지하고 있는바, 이 같은 상황은 20세기를 통틀어도 대공황 직전인 1920년대 후반과 '도금시대'가 절정에 달했던 1915, 1916년 두 차례밖에 없었을 정도로 극히 드문 일이라는 것이다.

도금시대는 남북전쟁(1861-1865) 이후의 19세기 말, 미국이 철강·자동차 중심의 공업국가로 변신하면서 경제적 번영과 더불어 많은 부작용을 낳았던 시기였다. '도금시대'는 마크 트웨인이 셰익스피어의 희곡에서 따온 말로, '돈이 돈을 버는 세상', 모든 것에 금칠을 하는 거부들의 방탕과 사치 등 세태를 비꼬는 부정적 의미가 강했다.

『뉴욕타임스』에 따르면, 거부들이 '낮은 세율'과 '작은 정부'의 덕을 톡톡히 봤다는 점이 비슷했다. 도금시대 때 소득세율은 최고 39.6퍼센트 수준으로, 2007년의 최고 35퍼센트와 비슷했다. 반면 정부가 개입과 규제에 적극적이었던 1970년대 소득세율은 최고 70퍼센트로 두 배에 가까웠다. 부유층에 유리한 세금제도 등으로 부(富)가 편중되는 부작용도 비슷했다. 캘리포니아대학 연구 결과에 따르면, 도금시대 막바지인 1915년 무렵엔 최상위 1퍼센트가 국민총소득의 5퍼센트를 가져갔고 2007년엔 불과 1만 5000가구의 최상위 계층이 매년 950만 달러 이상의 소득을 올렸다.(남정호 2007a, 이태훈 2007)

서브프라임 모기지론 사태

하나의 미국이 새로운 '도금시대'로 흥청망청하고 있을 때 다른 하나의 미국은 이른바 '서브프라임 모기지론(subprime mortgage loan) 사태'로 파산의 벼랑에 내몰리고 있었다. '서브프라임 모기지론'은 '비우량 주택담보대출'을 줄인 말로, 미국 금융기관이 신용도가 낮은 차입자에게 제공한 주택담보대출을 말한다. 여기서 잠시 상식 공부를 하고 넘어 가는게 좋겠다.

서브프라임(subprime)은 '최고 품질보다 못한'이라는 뜻의 영어 단어다. 미국에선 낮은 신용등급자를 가리킬 때 활용되기 때문에 '최우대 금리보단 못한'이란 뜻도 가지고 있다. 미국 금융기관의 주택담보대출은 차입자의 신용도와 부채 규모, 담보 능력 등에 따라 프라임(우량), 알트에이(Alt-A; 보통), 서브프라임(비우량)의 세 등급으로 분류되는

서브프라임 사태 이후 주택 담보유실에 의해 경매처분을 기다리는 사람들. ⓒ Casey Serin

데, 서브프라임은 이 중 가장 낮은 등급이다. 서브프라임 등급자들은 미국 주류 금융권에서 평범한 금리로 돈을 빌리기 어려워 더 높은 이자를 지불해야 한다.(김수현 2007)

2008년 1월 4일 미 방언협회는 '서브프라임'이 '2007년의 단어'에 선정됐다고 밝혔다. 미 방언협회는 "한동안 금융권에서만 쓰이던 '서브프라임'이라는 단어가 이제 어디서나 회자되고 있다"며 "서브프라임은 '기준 이하'란 의미의 접두사 'sub'와 '최고'란 뜻의 'prime'이 결합된 단어지만 일상생활 속에서 '변변찮은'이라는 뜻으로 사용돼 왔다. 서브프라임 모기지 사태에 대한 사회의 우려를 반영한 단어로 의미가 확산됐다"고 설명했다. 예컨대 시험을 앞둔 학생이 "이번에

'서브프라임' 할 것 같다"고 말하면 이는 "시험을 망칠 것 같다"는 뜻이다.(조홍민 2008)

그런데 무엇이 문제였던가? 2003년까지만 해도 예금은행(상업은행)들은 서브프라임 대출을 별로 취급하지 않았다. 그러나 주택가격이 지속적으로 상승하여 주택 장만이 재테크 수단으로 부각되면서 저소득층들의 주택담보대출 수요가 크게 증가하였으며, 이에 따라 예금은행들도 서브프라임 대출을 크게 늘리기 시작했다. 이에 따라 2000년 560억 달러에 불과하던 서브프라임 대출이 2005년 5080억 달러, 2006년 4830억 달러로 급증했다. 또 전체 주택저당대출 중 서브프라임의 비중이 2006년 말 기준으로 13퍼센트에 달했다.

문제의 발단은 2006년 이후 미국 주택 가격 상승세가 둔화되는 한편, 금리까지 치솟으면서 많은 서브프라임 대출자들이 빚 갚기를 포기한 데 있었다. 이에 따라 서브프라임 연체율이 2005년 9월 10.8퍼센트이던 것이 2006년 9월 12.6퍼센트, 2007년 9월 16.3퍼센트로 치솟았다. 연체율이 올라가면서 서브프라임을 기초로 한 파생금융상품의 가치가 급격히 떨어졌기 때문에 여기에 투자한 금융기관들이 대규모 손실을 입게 됐다. 물론 보다 근본적인 이유는 돈독이 오른 금융시장 참여자들의 총체적 도덕적 해이(moral hazard)였다.(김동원 2008)

2007년 1월 몇몇 미국 서브프라임 모기지 업체가 부실 징후를 보인다는 보도가 나오기 시작하더니, 4월 미국 2위의 모기지 업체인 뉴센트리파이낸셜(New Century Financial)이 파산하면서 본격적으로 문제가 터졌다. 8월 초 프랑스 최대 은행인 비엔피 파리바(BNP Paribas)가 서브프라임 관련 상품에 투자한 세 개 펀드의 인출을 중단하고, 9월 영

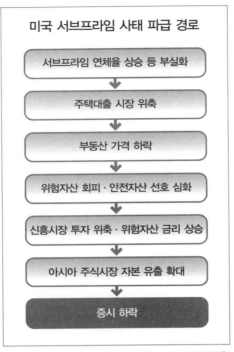

미국 서브프라임 사태 파급 경로

서브프라임 연체율 상승 등 부실화

주택대출 시장 위축

부동산 가격 하락

위험자산 회피 · 안전자산 선호 심화

신흥시장 투자 위축 · 위험자산 금리 상승

아시아 주식시장 자본 유출 확대

증시 하락

자료: 한국 대외경제정책연구원

국의 모기지 은행 노던록(Nothern Rock)이 파산하면서 금융 위기는 전 세계로 확산되었다. 세계적 은행들이 '서브프라임 바이러스'에 감염된 것으로 드러난데다 금융 경색과 주택시장 침체를 넘어 기업어음시장 침체, 소비 침체와 신용카드 연체율 상승으로까지 이어지면서 월가에서는 꼭 100년 전의 금융공황이 재발하는 것 아니냐는 두려움까지 퍼졌다. 『월스트리트저널』 2007년 12월 10일자는 미국의 서브프라임 모기지의 손실은 1500억~4000억 달러(약 138조~369조 원)로 추산된다며, 이번 위기가 과거 반세기 동안 발생한 대규모 금융 위기와 견줄 만한 규모가 될 것이라고 우려했다.(류재훈 2007d, 박병수 2007, 안선희

2007, 이본영 2007a)

　그런 평가마저 아직 때이른 것이었다. 2008년 3월 14일 미국 5위의 투자은행인 베어스턴스(Bear Stearns)의 파산을 시작으로 금융 위기는 악화일로(惡化一路)를 치닫는다. 『파이낸셜타임스』의 경제분석가 마틴 울프(Martin Wolf)는 음울한 전망마저 내놓는다. "2008년 3월 14일 금요일을 기억하라. 세계 자유시장 자본주의(Global Free-market Capitalism)의 꿈이 사망한 날이다. 30년 동안 우리는 시장 주도의 금융 시스템을 추구해왔다. 베어스턴스를 구제하기로 결정함으로써 미국 통화정책 책임기관이자 시장자율의 선전가인 연방준비제도이사회(FRB)는 이 시대의 종결을 선언했다."(새로운사회를여는연구원 2009)

　그 와중에 대부분이 흑인이거나 히스패닉인 저소득층 200만 가구 정도가 집을 뺏기는 사태가 벌어졌다. 돈을 마구 찍어내서 노름판을 만든 이들은 무대에서 이미 떠나갔고 저소득층에게는 '도덕적 해이(모럴 해저드)'라는 비난만 남았으니, 기가 막힐 일이었다. 흑인 지도자 제시 잭슨 목사는 대통령선거에 나선 정치인 아무도 이 문제를 해결하려 하지 않는다고 비난했지만, 그저 못사는 사람들만 죽어나는 것 외엔 답이 없었다.(한상근 2008)

이라크 파병 미군의 '인간사냥'

이라크전쟁도 어느덧 '수렁'의 수준을 넘어 과거 베트남전쟁의 수준에 근접하는 '악몽'으로 변해 미국을 옥죄고 있었다. 2007년 6월 27일 '부시의 푸들'이라는 조롱을 받아 가며 부시 행정부의 이라크전을 지지했던 영국 총리 토니 블레어가 이라크전 반대 여론과 정치자금 스캔들 속에 10년간의 총리 생활을 접었다. 후임 총리엔 재무장관 고든 브라운(J. Gordon Brown)이 취임했다. 부시는 그날 영국 타블로이드 신문 『더 선(The Sun)』과의 인터뷰에서 "그(블레어)는 푸들 이상이다. 토니의 위대한 기술(언변)은 나도 갖고 싶다"며 블레어를 추켜세웠다. 글쎄, '푸들 이상'이라는 게 칭찬인지는 모르겠다.

블레어는 총리 사임 직전인 5월 미국에 와서 마지막으로 부시를 만났는데, 백악관 바깥에서 시위대의 함성이 울려퍼지는 가운데 그는 "역사가 나를 평가할 것"이라고 했다. 역사가 그를 평가할지는 모르겠지만, 일부 중국인들이 그를 평가한 건 분명했다. 블레어는 총리 퇴임 5개월 후인 2007년 11월 중국 부동산기업 광다(光大)그룹의 초청으로 중국의 둥관(東莞) 시에서 2시간여 동안 강연하고 50만 달러(약 4억 5800만 원)의 거액을 받아 구설수에 올랐다. 『중국청년보(中國靑年報)』는 "중국이 국제 유명인사의 노다지판이 되고 있다"고 비판했지만, 이 또한 '팍스 아메리카나'의 힘인지도 모르겠다.(한창만 2007)

곧 뒤이어 '지구 온난화 방지 전도사'로 알려진 앨 고어 전 미국 부통령도 구설수에 올랐다. 영국 일간 『더 타임스』(2007.12.9)는 고어가 지난 7년 동안 친환경을 내세워 무려 1억 달러(919억여 원)의 부를 챙겼다고 보도했다. 고어는 지난 1년 동안만 10만~16만 달러짜리 강연을 150차례 해 2000만 달러를 벌어들였으며, 그의 재산 목록엔 구글 스톡옵션 1500만 달러, 각종 투자펀드 자문료 1000만 달러, 직접 차린 환경 전문 투자금융사 수익 2000만 달러, 저작권 수입 800만 달러 등이 포함돼 있다는 것이다.(신창호 2007)

이념의 좌우(左右)를 막론하고 지도자들에게 이념은 개인적인 출세

도버 공군기지 내 군용수송기에 실린 사망장병들.

와 축재를 위해 팔아먹는 상품일 뿐인가? 전쟁에선 이념과는 무관한 보통 젊은이들만 죽어 나가니, 세상 참 알다가도 모르겠다. 2007년 8월 시점에서 이라크에 파병된 미군 병사의 사망자는 3666명, 그중 5퍼센트에 해당하는 188명은 자살사였다. 전쟁에 지친 일부 군인들은 노골적인 '인간 사냥'을 즐기는 듯한 모습마저 보였다.

2007년 7월 12일 이라크 바그다드 시내 상공을 돌던 미군 아파치 헬기가 지상에 모인 군중을 향해 갑자기 총구를 열었다. 조종사들이 군중 가운데 AK소총과 로켓발사기로 무장한 적군이 섞여 있다고 판단했기 때문이다. 그런데 이들은 표적이 대부분 민간인임을 알아챈 후에도 후회는커녕, 희생자 시신을 향해 농담을 주고받고 심지어 야유까지 보냈다. 인간에 대한 존엄을 망각한 미군 조종사들의 행각을 여실히 보여준 이 장면은 2010년 4월 5일 폭로전문 사이트인 '위키리크스(WikiLeaks)'가 군이 촬영했던 비디오파일을 인터넷에 공개하면서

이라크 미군의 민간인 사격 직전을 보여주는 위키리크스 비디오.

세상에 알려지게 됐다.

　『뉴욕타임스』와 영국 일간 『가디언(Guardian)』은 '위키리크스' 가 폭로한 아파치 헬기 조종사들의 민간인 공격 상황을 사진과 교신내용을 곁들여 보도했다. 이에 따르면 조종사들은 군중 가운데 AK소총과 로켓포로 무장한 여섯 명을 육안으로 발견했고, 곧바로 본부에 공격 허가 요청을 한 후 이들을 향해 포문을 열었다. 이 공격으로 당시 현장에서 취재하던 로이터통신 사진기자와 차량 운전사를 포함해 민간인 12명이 사망했고, 어린이 두 명이 부상했다. 하지만 이 비디오엔 미군이 공격 이유로 밝혔던 무장 세력의 모습은 없었다.(양홍주 2010)

　이 비디오는 공개 9일 만에 유튜브 클릭 수만 약 600만 회에 이를 만큼 파장이 컸다. 하지만 4월 11일 미 ABC 〈디스 위크(This Week)〉에 출연한 로버트 게이츠 국방장관은 "비디오 공개로 미국 이미지가 훼손되지 않았나"라는 질문에 "전쟁 중에 벌어진 일"이라고 말했다. 그리고 "(미국에) 도움이 되지 않겠지만 오랫동안 영향을 미치지는 않을 것"이라고 했다. 이와 관련해 조찬제(2010)는 이렇게 말한다.

"가공할 만한 것은 조종사들의 교신 내용에서 볼 수 있는 태도다. 이들은 자신들의 공격으로 죽은 사람들을 보고 고소해하고 환호한다. 승합차 속 아이들이 다친 데 대해 미안해하기는커녕 오히려 어른들을 나무란다. '전쟁터에 애들을 데리고 오는 게 잘못이지.' 조종사들에겐 인간에 대한 존엄이라고는 찾아 볼 수 없다. 전쟁은 이들에게 인간을 사냥하는 게임일 뿐이다. 이 비디오는 과거 어두운 기억을 떠올린다. 2004년 아부 그라이브 수용소 수감자 인권유린 사건이다. 포로들을 발가벗겨 바닥에 쓰러뜨리거나 알몸인 포로 머리에 두건을 씌운 채 문이나 침대에 손을 묶는 등 갖은 추행을 저지르면서도 즐거워하는 미군들. 미군은 이런 악몽 때문에 비디오를 감췄던 것일까."

'공포의 문화'

총기 규제나 빈부격차 해소에 대한 반대의 근저엔 '공포'가 깔려 있었다. '두 개의 미국' 중 한 미국(부유층)이 다른 미국(빈곤층)을 두려워하는 것이다. 전쟁엔 반대한다면서도 전쟁을 적극 추진하는 지도자를 선출하는 심리도 마찬가지다. '팍스 아메리카나'는 포기할 수 없다는, '강한 미국'에 대한 선호와 더불어 어차피 전쟁에 나가 싸우다 죽는 군인들의 다수는 '두 개의 미국' 중 한 미국(빈곤층)에 속하는 젊은이들이기 때문이다.

물론 미국 역사를 살펴보면 미국인들이 왜 그러는지 그 이유를 수긍할 수 있지만, 그럼에도 "미국인들은 정말 지독하다"는 생각은 떨치기 어렵다. 프랑스 정치학자 도미니크 모이시(Dominique Moisi 2010)가 『감정의 지정학(The Geopolitics of Emotion)』이라는 책을 쓴 건 바로 그런 이유 때문인 듯하다. 그는 "감정을 이해하지 않고서는 우리가 살고 있는 세계를 완전히 이해할 수 없다"며 두려움, 희망, 굴욕이라는 세 가지 감정들에 초점을 맞추었다.

　왜 감정이 중요한가? 모이시는 "부시 행정부가 미국의 지정학적 야심을 정당화하기 위해 민주주의라는 용어를 지나치게 많이 사용하면서 다른 국가들에서는 그 가치가 위험할 정도로 떨어져버렸다"고 말한다. 이는 세계인의 미국에 대한 인식이 전부는 아니더라도 상당 부분 감정의 문제임을 시사한다. 미국인들의 세계에 대한 인식은 더 말할 것도 없다. 그야말로 감정 덩어리다. 모이시는 미국의 두려움의 문화에 주목하면서 다음과 같이 말한다.

　"미국의 두려움의 문화를 분석하기 위해서 9·11 사태부터 분석해서는 안 된다. 두려움은 미국 역사에서 항시 존재해왔으며, 가장 오래된 예증 가운데 하나가 17세기 초에 있었던 마녀에 대한 공포였다. 미국의 영토 점령에는 폭력이 동반됐다. 인디언 원주민, 노예로 잡혀온 아프리카인뿐 아니라 무엇보다도 같은 개척자들을 향해서도 폭력을 행사했다. 오늘날까지도 존속되고 있는 자유로운 총기 소지는 개인주의를 경축하는 것이기도 하지만, '인간이 인간에게 늑대이고' 두려움이 삶의 자연스러운 일부였던 거칠고 폭력적이고 위험했던 과거의 유산 상속을 의미하기도 한다."

17세기 작자미상의 그림. 두 여성이 메
사추세츠에서 악명 높은 마녀사냥꾼에
게 잡혀 재판을 받는 모습이다. 일부 집
단을 사회에 해를 끼치는 악이라는 희
생양으로 삼아 사회구성원에게 공포와
적개심을 일으킨 예는 중세 마녀사냥,
근대 인종학살, 1950년대 미국의 매카
시즘 광풍을 들 수 있다.

  20세기 내내 그리고 21세기 들어서도 미국 사회를 지배한 주요 감
정은 늘 두려움이었다. 제31대 대통령 프랭클린 루스벨트(Franklin D.
Roosevelt, 1882~1945)의 명언을 상기해보라. "우리가 두렵게 생각해야
할 유일한 것은 두려움 그 자체다(The only thing we have to fear is fear
itself)"라는 대통령 취임사 중 한 대목은 불멸의 명언으로 인구에 회자
돼오지 않았던가?

  미국 언론학자 데이비드 알사이드(David L. Altheide)는 2002년에 출
간한 『공포 만들기: 뉴스와 위기의 형성(Creating Fear: News and the
Construction of Crisis)』에서 ABC, CBS, NBC 등 미국의 3대 공중파 방송
사가 지난 20년 동안 위기, 재앙, 파국, 종말, 역병, 재난 등 공포와 관
련된 어휘들을 얼마나 자주 언급했는지 통계학적으로 분석해, 1989년
가을부터 갑자기 늘어난 점에 주목했다. 바로 그때 베를린장벽이 무

너지면서 미국인들의 공포원이 사라지자, 공포의 진공 사태를 해소하겠다고 나선 사회통제 기구가 바로 언론이었다는 것이다.(이철현 2005)

독일 사회학자 볼프강 소프스키(Wolfgang Sofsky)는 2002년 『공포의 시대: 정신착란, 테러, 전쟁(Zeiten Des Schreckens: Amok, Terror, Krieg)』, 2003년 『작전명 '자유' : 이라크전쟁』, 2005년 『안전의 원리』 등의 저서를 통해 '안전'의 문제를 제기했다. 그는 앞으로의 사회를 이끌어가는 주도이념은 '자유, 평등, 박애'가 아니라 '안전'이라고 주장했다. 물론 '안전'을 뒤집으면 '공포'다. 전 지구적 차원에서 진행되고 있는 서방국가와 이슬람 지하드와의 테러전쟁, 현대 복지국가들이 안고 있는 재정위기 등이 자유와 안전의 관계를 새롭게 정립할 것을 요구하고 있다는 것이다.(이한우 2006) 『감정의 지정학』이 설득력을 갖는 이유이기도 하다.

『공포의 문화(The Culture of Fear)』를 쓴 미국 사회학자 배리 글래스너(Barry Glassner 2005)는 대중이 쉽게, 커다란 공포심을 느끼는 이유로 '공포의 상인'들을 지목했다. 판매부수와 시청률을 높이기 위해 새로운 공포를 선전하는 언론매체, 공포 분위기를 조장해 표를 얻고 정작 중요한 사회 이슈로부터 국민의 이목을 돌려놓는 정치인, 사회의 공포를 자신의 마케팅에 동원하는 각종 단체들에 주된 책임이 있다는 것이다.(조현욱 2008)

나오미 클라인(Naomi Klein)은 『충격 독트린: 재난 자본주의의 부상(The shock doctrine)』(2007)에서 '공포의 문화'가 '재난(disaster) 자본주의'의 수준으로까지 발전했다고 주장했다. 그간 미국 자본주의를 떠받쳐온 '군·산·학복합체'가 빠른 속도로 '재난 자본주의 복합체'로 진화하고 있다는 것이다. 클라인은 몇 년 새 워싱턴의 교외지역에 점점이 들어선 회색 빌딩들에 급조된 보안관련 신생업체들이 입주해 있는 것에 주목했다. 이곳에는 마치 1990년대 실리콘밸리에서처럼 빠른 속도로 돈이 몰리고 있는데, 이곳의 기업들은 새로운 테러리스트 포획 기술을 고안해 국토안보부나 펜타곤에 파는 것이 목표였다. 이러한 '재난 산업'은 신생기업과 투자펀드 이외에 일군의 로비회사를 탄생시켰고, 로비회사는 신생기업들을 유력 정치인에게 연결하겠다고 약속했다. 9·11테러 이전에 그런 로비회사는 두 개 있었지만, 2006년 중반에는 543개로 늘었다. 클라인은 작은 정부와 민영화를 신조로 삼는 신자유주의자들은 이제 전쟁과 테러, 자연 재해와 같은 비상사태를 이용해 세계 전역에 걸친 사회경제 시스템에 대한 충격적인 변화를 강제하려 하고 있다고 주장했다.(손제민 2007)

얼핏 생각하면 '공포의 상인'들이나 '재난의 상인'들이 나쁜 사람들일 것 같지만, 꼭 그렇진 않다. 좌우(左右)를 막론하고 선의를 지닌 사람들도 자신의 선의를 널리 알리기 위한 극대화 효과에 집착한 나머지 '공포의 상인'이나 '재난의 상인' 노릇을 하게 마련이다.

공포영화의 대가인 앨프리드 히치콕(Alfred Hitchcock, 1899~1980)은 "폭탄이 터질 때에는 공포가 없다. 공포는 오직 폭발이 일어나리라는 예감에 존재한다"고 말했다. 바로 이것이 문제다. 늘 그런 예감을 갖고 살아가는 미국인들에게 총기 규제가 안전에 더 가까운 길이라는 합리적 설명이 통할 리 없다. 사실 따지고 보면 국내외적으로 일어나는 극렬한 정쟁(政爭)이라는 것도 바로 '예감 전쟁'이 아닌가. 그럼에도 우리의 공식적인 배움은 감정을 배제한 이론과 원칙에 치중돼 있다. 현실 세계에서 일어나는 대부분의 일들이 감정의 문제임에도 그건 일탈로 간주하면서 엉뚱한 이야기에 정열을 쏟고 있지 않은가. 감정 연구에 충실해야 할 사람은 비단 연인들만은 아니다. 모든 인문사회과학도 또한 그래야 한다.

참고문헌 Glassner 2005, Moisi 2010, Shapiro 2007, 공종식 2007 · 2007b, 국민일보 2007, 김동원 2008, 김수현 2007, 김종철 2009, 남정호 2007 · 2007a, 류재훈 2007d, 박병수 2007, 새로운사회를여는연구원 2009, 서경식 2007, 손세호 2007, 손제민 2007, 신창호 2007, 안선희 2007, 양홍주 2010, 여건종 2010, 우석훈 2006, 이국배 2009, 이문열 2007, 이본영 2007a, 이상일 2007a, 이용수 2007 · 2007a, 이제훈 2007, 이철현 2005, 이태훈 2007, 이한우 2006, 이현주 2010, 정용환 2007, 조영신 2007, 조찬제 2010, 조현욱 2008, 조홍민 2008, 조효제 2007, 최규민 2007, 최영해 · 이세형 2007, 츠츠미 미카 2008, 한상근 2008, 한창만 2007

'폭스뉴스, 진보를 욕보인 10년?'
미국 엘리트들이 모르는 미국

폭스뉴스의 성공

2006년 9월 24일 폭스뉴스 채널의 간판 프로그램인 〈폭스뉴스 선데이(Fox News Sunday)〉에서 벌어진 빌 클린턴 전 대통령과 진행자 크리스 월러스(Chris Wallace) 기자의 대결이 화제가 되었다. 당시 〈폭스뉴스 선데이〉를 보던 시청자들은 화면에서 눈을 떼기가 어려웠다. 클린턴 전 대통령이 월러스 기자에게 말할 틈조차 주지 않고 거의 싸울 듯이 말을 이어 나갔기 때문이다. 엄청나게 흥분했음을 한눈에 알 수 있을 정도였다. 월러스 기자가 클린턴 전 대통령에게 재임 중 오사마 빈 라덴을 제거했어야 옳은 일 아니었느냐는 식으로 질문 공세를 편 것에 발끈한 것이다. 클린턴 전 대통령은 특히 월러스 기자의 질문이 자신에게 타격을 가하려는 보수 진영의 시각을 보여준 것이라며 폭스뉴스가 조지 부시 대통령은 이처럼 거칠게 대하지 않는다고 비난했다. 클린턴 전 대통령의 보좌진은 방송 후 "월러스 기자의 질문을 일종의 공격으로 간주한다"고 밝혔다.

이어 27일엔 클린턴의 대변인이 "월러스 기자와 폭스뉴스가 보수 진영의 정치 공세를 대행했으며 월러스 기자는 폭스뉴스의 사주를 받았다. 하지만 우리는 당파적 공격에 대응할 준비가 되어 있다"고 비판했다. 이에 대해 로저 에일스(Roger E. Ailes) 폭스뉴스 회장은 27일 AP 통신과의 회견에서 "전문적이고 매너가 부드러우며 존경받는 월러스 씨 같은 기자의 질문에 그런 반응을 보인다면 이는 언론인들을 증오하는 것이며 따라서 모든 언론인이 경계해야 할 필요가 있다"고 반격했다. 그는 월러스 기자가 윗선의 지시를 받아 문제의 질문을 의도적으로 했다는 주장에는 "월러스 씨는 자신의 기자 인생에서 질문을 어떻게 하라는 식의 지시를 받은 적이 결코 없다"며 "이는 모든 언론인에 대한 공격"이라고 반박했다.(이기홍 2006)

작은 에피소드 같지만, 그 숨은 뜻은 결코 그렇지 않다. 폭스뉴스를 둘러싼 논란에 무엇이 숨어 있는가? 2006년 10월 폭스뉴스 출범 10주년을 맞아 브라이언 앤더슨(Brian Anderson 2006)은 "폭스뉴스는 다른 뉴스 케이블 채널을 압도한 지 오래되었다. 비록 최근 들어 시청률이 조금 하락하는 듯한 기미를 보여주긴 하지만, CNN, MSNBC 그리고 CNBC를 모두 합한 시청률보다도 더 높은 시청률을 보여주기도 했었다"며 다음과 같이 말했다.

"폭스란 이름은 그 자체로 지난 10년간 성공한 미디어 기업의 대명사가 되었다. 진보주의자들에게 폭스의 탄생과 10주년은 그리 달갑지 않을 것임에 분명하다. 빌 클린턴은 몇 주 전에 〈폭스뉴스 선데이〉의 앵커 크리스 월러스에게 직접적으로 분노를 드러낸 바 있다. 이때 클

크리스 월러스(오른쪽)가 진행하는 〈폭스뉴스 선데이〉. 폭스 측은 부시 정권에는 호의적인 보도로 일관하다가 오바마 대통령이 취임한 이후에는 정부 비판에 앞장섰다.

린턴은 월러스는 지나치게 보수적으로 일관하고 있으며, 이 때문에 자신의 자리를 유지하고 있을 뿐이라고 언급했었다. 당시 빌은 알카에다(Al Qaeda) 처리 문제를 두고 언론의 논평에 시달리고 있을 때였다. 민주당 정치인들과 지지자들은 폭스뉴스가 공화당의 선전 도구라며 비난해왔었다. 앨 고어(Al Gore)는 폭스를 우파의 제5부라고 지칭했으며, 무브온 닷오르그 같은 좌파에서는 폭스의 우파성을 고발하는 〈여우 몰아내기(Outfoxed)〉란 다큐멘터리를 지원하기도 했었다. 또한 좌파는 폭스가 내세우는 '균형감(Fair and Balanced)' 이란 구호가 광고주를 현혹하는 행위라고 주장하면서 FTC(Federal Trade Commission)에 고발하기도 했었다."

폭스뉴스의 리더십

그러나 아무런 소용이 없었다. 폭스뉴스의 리더십은 너무도 확고해, 다른 뉴스 매체들도 폭스뉴스의 영향을 받아 기존의 진보 지향적인 입장에서 중도우파(right of center)적 입장을 취하기 시작했다. 앤더슨은 "MSNBC에서 방송 중인 〈스카보로우 컨트리(Scarborough Country)〉는 현재 전직 공화당 출신 하원의원인 조 스카보로우(Joe Scarborough)가 진행 중이다. 몇 년 전만 해도 상상도 못할 일이다"라며 다음과 같이 말했다.

"진보 진영에서는 세상의 모든 뉴스 가치를 『뉴욕타임스』가 결정지었던 당시를 회상하면서 '그날의 영광'을 그리워할지도 모르겠다. 민주당 국회의원들의 일부는 민주당에 대한 편견을 더 이상 보이지 말아 달라고 폭스에 경고를 보내기도 했었다. 폭스의 입을 다물게 하기 위해서라도 민주당이 다수당이 되고 정권을 다시 가져오려고 할지도 모르겠다. 그러나 폭스는 여우라는 단어만큼이나 느릿느릿하지도, 반진보적이지도, 그렇다고 예측 불가능한 그런 매체는 더더욱 아니다."

퓨 연구소의 2002년도 조사에 따르면, 공화당원들은 폭스 시청을 선호하고 있는 반면에 민주당원은 CNN을 시청하고 있는 것으로 조사됐다. 그러나 2006년 조사에선 다른 결과가 나타났다. 미국인 중 20퍼센트 이상이 폭스뉴스를 시청하고 있는 가운데, 이들 중 상당수(37퍼센트)는 민주당 혹은 무소속인 것으로 드러났다. 폭스뉴스를 보는 사람일수록 이라크전쟁과 관련해 사실과 다른 잘못된 믿음을 갖고 있는 것으로 나타났다. 부시 정부의 주장을 그대로 믿는 경향이 강하다는 것이다.(허광준 2008)

『뉴스위크』(2007.7.2)가 미국 성인 1001명을 대상으로 조사한 결과에 따르면, 사담 후세인 전 이라크 대통령이 9·11테러에 직접 가담했다고 믿는 이들이 전체의 41퍼센트에 달했으며, 20퍼센트는 이라크에서 대량살상무기가 발견된 것으로 잘못 알고 있었다. 『뉴스위크』는 미국인들의 '글로벌 아이큐(국제적 소양)'가 특히 취약하다며 미국을 '열등생 국가(Dunce cap nation)'로 표현했다. 아마존강이 남미가 아니라 아프리카 대륙에 있다고 답한 사람이 22퍼센트나 됐고, 한국이 베트남이나 필리핀보다 일본과 지리적으로 가깝다는 사실을 모르는 사람도 절반을 넘었다고 하니, 그렇게 표현하는 것도 무리는 아니었다. (천지우 2007)

　미국인들의 오해나 무식이 폭스뉴스 탓만은 아니겠지만, 그런 오도의 선봉에 폭스가 있다고 본 민주당 측에서 폭스뉴스에 대해 펄펄 뛰는 건 이해가 가는 일이다. 그렇지만 폭스뉴스를 비판한다고 해서 무엇이 달라질까? 조영신(2006)은 "폭스가 당초 CNN에 대항하는 새로운 뉴스 매체를 만들면서 내세웠던 것은 바로 '시장의 균형'이었다. 진보적 언론들이 진보적으로 편향된 정보를 전달한다는 것이고, 따라서 보수적 언론이 필요하다는 것이 루퍼트 머독의 변이었다. 사실 미국의 언론들이 진보적으로 편향돼 있다는 것은 어제오늘 일은 아니다"라며 다음과 같이 말했다.

　"1960년대 이후부터 미국에서는 언론의 진보적 편향성을 지적하면서 몇몇 시민단체들이 활동을 하기 시작했다. 워싱턴의 AIM(Accuracy in Media)이 가장 대표적인 보수적 언론시민단체다. 현재 대를 이어 AIM을 맡고 있는 도널드 어바인(Don Irvine)은 뉴욕을 중심으로 한 대부분의 언론들이 반기업주의, 반정부주의, 반종교주의를 지향하고 있다면서 현재의 미디어 상황을 비난한다. 문제는 어바인의 주장이 생소한 것이 아니라는 점이다. 최근 미국 언론인들을 대상으로 한 조사에 따르면, 미국 언론인들의 대부분은 자신들이 진보 또는 중도적 진보라고 생각하고 있는 것으로 나타났다. 물론 이 수치는 10년 전에 비해 조금 낮아진 수치이긴 하지만 여전히 스스로를 보수적이라고 규정 짓는 언론인들은 적은 축에 속했다. 반면 일반 국민들은 스스로를 보수적이라고 생각하는 사람이 훨씬 높았다. 진보니 보수니 하는 것을 구별하는 것이 그리 마뜩찮지만 일반인들의 비율에 비해서 언론인들이 진보 쪽으로 치우쳐 있는 것만큼은 분명해 보인다."

이어 조영신은 이런 문제를 제기했다. "여기서 다시 근원적인 질문을 던져봐야 하지 않을까? 언론인들의 정치적 지향성과 국민의 정치적 지향성이 항상 일치해야 하는 것일까? 아니면 언론인들은 그나마 배운 자들이니까 국민들을 계몽하는 선각자가 돼야 하는 것일까? 이 문제에 대해 쉽게 대답할 수 있다면 저널리즘의 다양한 문제들에 보다 분명한 대답을 할 수 있을 듯싶지만 어째 영 대답이 마땅치 않다."

'미국의 엘리트들이 모르는 미국'

폭스뉴스는 과연 공화당의 선전도구인가? 거의 상식화된 이런 인식에 대해 앤더슨은 "균형 잡힌 주장은 아니다"고 반박한다. "2004년 대통령 선거 당시, 폭스의 여론조사 결과는 부시의 당선 가능성을 낮게 잡았었다. 마지막 선거 조사에서조차도 폭스는 케리의 당선을 예측했었다. 나로서는 공화당의 제5부가 이런 주장을 했다는 것을 믿기가 어렵다. 당시 공화당 측에서는 일관되게 부시가 케리보다 앞서 간다는 주장을 했었다."

이어 앤더슨은 "의심할 바 없이 폭스뉴스가 CBS나 CNN보다는 보수적 입장을 취하고 있는 것은 분명하지만, 그건 어디까지나 폭스 방송의 설립 이념이라는 점에 주목할 필요가 있다. 폭스의 실제 사조(ethos)는 공화당이 아니라 반엘리트주의다. 이 때문에 진보 진영이 당황해하는 것이다. 미국의 엘리트들이 모르는 미국이 실제로 존재한다"며 다음과 같이 말했다.

"사람들은 진보 진영이 스스로가 보수 진영보다 더 우월하고 명석하다고 자청하고 있다는 점에 분노하고 있다. 그들은 선거 때마다 보수 진영에 밀리면서도 스스로 명석한데 다른 사람들이 몰라준다고 울분을 토하지만 말이다. 반엘리트주의는 또한 아프가니스탄과 이라크 전을 보도하면서 보여주고 있는 미국 중심적 사고의 핵심이다. 해당 전쟁을 보도하면서 폭스는 단 한 번도 그들을 투사(militant)나 활동가라고 호칭하지 않고 줄곧 테러리스트(terrorist)라고 지칭해왔다. 베트남전 이래로, 주류 언론인들은 테러리스트와 같은 용어가 언론의 중립적 가치를 배반하는 것일 뿐 아니라 세련되지 못한 채 특정 입장을 반영한 것으로 이해해왔다는 점에서, 테러리스트란 호칭은 그 이상의 의미를 품고 있다. 폭스의 반엘리트주의의 또 다른 이면에는 보수적 기독교 신념이 내포되어 있다. 이런 입장은 주류 언론 매체에서도 비이성적이거나 까탈스러운 것으로 보는 것과는 달리 한편으로는 일견 존경과 권위를 담보하고 있다."

또 앤더슨은 "폭스 때문에 진보주의자들이 실망하고 좌절하는 것이 있다면, 그것은 블로그나 라디오의 시사 프로그램(talk show) 등을 통해서 그동안 진보 진영이 독점해왔던 언론 매체를 흔들고 있기 때문이다. 폭스의 의견 중심의 프로그램들 덕분에 보수 진영과 진보 진영 양측의 의견을 들을 수 있게 되었다는 점에선 매우 긍정적이다. 그러나 민주당 출신 정치인들과 활동가들은 폭스조차도 자신들의 입장을 지지해야 한다고 생각하고 있으며, 타 방송국에 비해서 진보 진영의 모습이 덜 보인다는 점에서 격분하고 있는 것이다. 실제로 그동안의 여러 조사 결과를 보면 언론인들은 상대적으로 진보적 성향에 치중되어 있다"며 다음과 같이 말했다.

"보다 중요한 점은, 폭스뉴스는 그동안 수세기 동안 주요 엘리트 언론들이 가르쳐왔던 '언론의 정체성'과 '뉴스의 정체성'에 이의를 제기하고 새로운 방식으로 접근하고 있다는 점이다. 여러 예들 중에서 한 가지만 들어 보자. 주류 언론들은 유엔이 석유식량 프로그램(Oil-for-Food initiative; 생필품 구매를 위한 목적일 경우에는 원유 생산을 허용한 조치)을 시행했을 때 보여주었던 부패 행위를 국제주의(internationalism)란 명분하에 눈을 감았으나, 폭스만이 이를 보도해서 여론을 환기시켰었다. 폭스뉴스의 영향력이 그리 크지 않았다면 이런 것들도 별반 문제가 되지 않았을 것이다. 그러나 지난 10년 동안 폭스는 가장 영향력 있는 뉴스 매체 중 하나로 성장했다."

'기존 관점을 강화하는 뉴스만 선별 시청'

2007년 8월 『뉴욕타임스』의 분석에 따르면, 블루(민주당)와 레드(공화당)로 상징되는 미국 정치판의 양극화 양상이 더욱 심해졌으며, 이런 경향은 양당의 대선후보 가운데 선두주자들의 방송 출연에서 극명하게 드러났다. 공화 지지의 보수색깔이 확연한 폭스뉴스 채널의 경우가 단적인 예였다. 『뉴욕타임스』가 내놓은 후보들의 일요시사 프로그램 출연 통계를 보면, 루돌프 줄리아니(Rudolph Giuliani) 전 뉴욕시장은 2007년 들어 〈폭스뉴스 선데이〉에만 한 차례 출연했다. 프레드 톰슨(Fred Thompson) 전 상원의원도 2007년 여덟 차례 출연했지만, 모두 폭스뉴스였다. 미트 롬니(W. Mitt Romney) 전 메사추세츠 주지사도 〈폭스뉴스 선데이〉에만 13차례 출연했고, 딱 한차례 ABC의 〈디스 위크〉에 얼굴을 내밀었을 뿐이다.

민주당 쪽은 완전히 정반대였다. 힐러리 클린턴 상원의원과 존 에드워즈 전 상원의원은 2007년 들어 한 번도 폭스뉴스에 출연한 적이 없었다. 버락 오바마는 폭스뉴스와의 현장 인터뷰엔 세차례 응한 적이 있지만, 힐러리·에드워즈와 마찬가지로 폭스뉴스의 일요대담 프로그램엔 나선 적이 없었다. 세 명의 민주당 선두주자들은 미 의회흑인코커스(CBC)가 폭스뉴스와 공동 주최키로 한 후보토론회를 거부했다.

다이애나 뮤츠(Diana Mutz) 펜실베이니아대학 정치학과 교수는 "뉴스의 소비자들이 기존의 관점을 강화하는 뉴스만 선별해 보는 경향이 강해지고, 중간층은 뉴스 소비를 기피하면서 빚어진 일"이라고 설명했다.(류재훈 2007a) 시청자들이 기존의 관점을 강화하는 뉴스만 선별해 본다니, 그것 참 큰일 났다. 그렇지만 민주당 입장에서 더욱 큰일은 그런 현상 유지마저도 어렵다는 것이었다. 다른 뉴스 매체도 폭스뉴스를 흉내 내고 있었으니 말이다.

진보파는 폭스뉴스를 비난했지만, 보수파는 『뉴욕타임스』를 비난했다. 마치 서로 '엄살 떨기' 경쟁을 하는 것 같았다. 보수 논객 앤 코울터(Ann Coulter 2007)는 『중상모략(Slander)』에서 "세상 모든 공공광장은 진보주의자들의 선전장소가 됐다"고 주장했다. 방송 앵커들은 공화당과 보수주의자 때리기가 일과이며, 할리우드 영화에선 낙태 찬성론자들은 마음씨 좋은 사람으로, 목사는 나치 같은 이미지로, 공화당원은 부유하고 괴팍한 모습으로 그리는 게 하나의 관습으로 자리 잡았다는 것이다.

코울터는 특히 『뉴욕타임스』를 문제 삼았다. 기사 검색 결과 이 신문은 어느 시기 '극우'를 109개나 사용하면서 '극좌'는 18개밖에 쓰지 않았으며, 어떤 해에는 '기독교 보수주의자'와 '종교적 우파'라는 표현을 거의 200번이나 사용했지만 '무신론 진보주의'나 '무신론 우파'라는 단어는 단 한차례도 언급하지 않았다는 것이다.

누가 옳건 그르건 그녀가 한 가지 옳은 말을 한 건 분명했다. "정치가 지저분한 스포츠가 되어 가고 있다. 서로 귀를 열어 경청하지 않고 이미 결론을 내린 사람들이 충돌만 하고 있기 때문이다. 그래서 험한 말이 난무하고 서로 넌더리를 친다."(채인택 2007)

머독의 『월스트리트저널』 인수

2007년 7월 31일 세계 미디어업계의 황제로 불리는 뉴스코프(News Corporation Ltd.)의 루퍼트 머독(K. Rupert Murdoch)이 『월스트리트저널』을 발행하는 다우존스그룹을 56억 달러(약 5조 3000억 원)에 인수하는 데에 양측이 합의했다. 폭스뉴스로 성공을 거둔 루퍼트 머독이 '신문의 폭스화'마저 시도하려 한 것인가? 머독은 "『월스트리트저널』이

『뉴욕타임스』에 버금가는 의제 설정 역할을 맡게끔 하고 저널의 국제적인 영향력도 강화할 생각"이라며 『뉴욕타임스』와의 본격 경쟁을 선언했다.(장인철 2007)

이에 『뉴욕타임스』는 독자반응을 통해 "머독은 『월스트리트저널』의 '전설'을 훼손할 것"이라는 점을 집중 부각했다. 『뉴욕타임스』는 최근 몇 달 동안 머독 회장에 대한 집중 취재를 통해 그가 『월스트리트저널』을 인수할 경우 사업상의 이해를 관철하기 위해 편집권을 침해할 가능성이 높다는 점을 집중 보도했으며, 『월스트리트저널』 기자들과의 인터뷰를 통해 이들이 머독 회장의 인수에 대해 느끼는 반감을 적나라하게 전달하기도 했다.

『월스트리트저널』 8월 1일자 사설은 "이번 매각 협상이 진행되는 몇 달 동안 『월스트리트저널』과 머독 회장을 싸잡아 비판하면서 이를 은근히 즐긴 세력이 있었다"며 "특히 『뉴욕타임스』가 공격적이었다"고 정면으로 『뉴욕타임스』를 거론했다. 『월스트리트저널』은 이어 "머독 회장이 『월스트리트저널』에 대한 투자를 늘릴 경우 즉각 영향을 받을 경쟁사가 『뉴욕타임스』라는 점이 (뉴욕타임스의 『월스트리트저널』 비판과) 관련이 있는 것 같다"며 "뉴욕타임스가 그동안 『월스트리트저널』의 미래를 걱정한다며 흘린 눈물이 진짜인지 아니면 '악어의 눈물'인지 조만간 드러날 것"이라고 비꼬았다.

이에 『뉴욕타임스』도 다음 날인 2일자 사설에서 『월스트리트저널』의 비판을 즉각 반박하고 나섰다. 『뉴욕타임스』는 「경쟁에 관한 노트」라는 제목의 사설에서 "다른 사업 분야라면 강력한 경쟁자가 위험스러운 상대에게 넘어갈 때 이를 즐기겠지만 언론은 경우가 다르다"

고 말했다. 이 사설은 이어 "언론은 양질의 경쟁을 통해 번성해야 하고, 그래야 결과적으로 독자들이 바른 판단을 할 수 있게 된다"며 『뉴욕타임스』와 많은 사람이 머독 회장의 다우존스 그리고 다우존스의 '보석'인 『월스트리트저널』 인수를 걱정스럽게 지켜봤던 것도 이 때문"이라고 반박했다. 『뉴욕타임스』는 이어 "머독 회장이 50억 달러의 투자금을 지킬 수 있는 최선의 길은 『월스트리트저널』의 전통과 본모습을 보호하는 것"이라며 "우리는 앞으로 세계 최고의 신문 중 하나인 『월스트리트저널』이 머독 회장의 정치적, 경제적 이해관계에 따라 편파보도를 할지 지켜볼 것"이라고 덧붙였다.(공종식 2007a)

2007년 12월 뉴스코프의 다우존스그룹 인수가 성사되자, 머독은 금융기사에 큰 비중을 두던 『월스트리트저널』에 워싱턴의 정치 기사와 국제 기사를 강화할 계획이라고 밝혔다. 『뉴욕타임스』와의 본격 경쟁을 선언한 것이다. 그동안 『월스트리트저널』은 1면에서 시작해 안으로 이어지는 피처 기사가 특징이었다. 그러나 머독은 그런 전통을 뒤엎기를 원했다. 그는 더욱 간결한 기사를 원했으며, 경제 뉴스 못지않게 스포츠와 문화 뉴스의 중요성을 강조했다.(백일현 2007)

2008년 초 머독은 뉴욕에서 『월스트리트저널』과 다우존스 간부들이 참석한 신년회 자리에서 "현재 기사 분량이 지나치게 길다"며 "특히 1면에 실리는 특집기사가 심하다"고 지적했다. 머독은 "분량이 긴 기사는 독자들이 충분한 시간을 갖고 읽을 수 있게 주말판 신문에 주로 싣고, 평일에 실리는 기사는 짧게 쓰는 것이 좋겠다"고 말했다. 그는 또 "스포츠 섹션을 따로 발행하지 않더라도 스포츠 뉴스를 더 많이 실을 공간은 충분하다"며 "바쁜 기업인들이 경기 결과를 쉽게 알 수 있게 간단한 기사나 표를 실어줄 필요가 있다"고 말했다. 경제 분야의 심층기사를 쓰는 것을 최고의 영예로 생각해온 『월스트리트저널』 기자들은 "1면의 심층분석 기사는 『월스트리트저널』의 영혼이나 다름없다"며 "머독 회장이 우리 신문의 권위와 전통을 무너뜨릴지 모른다"고 우려했다.(김희섭 2008)

머독이 원한 『월스트리트저널』 1면의 변화는 이미 한국 신문들이 실시하고 있는 것이었다. 『한겨레신문』의 박찬수에 따르면 "우리나라의 경우 1면 기사를 대개 스트레이트 기사로 채웁니다. 또 1면 스트레이트는 가능하면 짧고 간결하게 쓰라고 주문합니다. 미국 신문처럼 1면에서 다른 지면으로 기사를 흘려 쓰는 경우는 별로 없습니다."(한국언론재단 2001) 한국에선 지식인들이 앞 다투어 미국식으로 가야 한다고 역설하고 있는데, 머독은 한국식이 바람직하다고 주장한 셈이다. 머독이 한국 신문들을 벤치마킹한 것인가?

머독의 '『뉴욕타임스』 죽이기'

『뉴욕타임스』는 머독의 『월스트리트저널』 인수에 대해 비난을 퍼부었지만, 사실 그건 불안감의 발로였다는 게 곧 드러났다. 『뉴욕타임스』는 2008년 1월부터 윌리엄 크리스톨(William Kristol)『위클리스탠더드(The Weekly Standard)』 편집장을 칼럼니스트로 발탁함으로써 큰 논란을 빚었다. 크리스톨은 이라크전쟁의 정당성을 옹호해온 네오콘의 대표 논객으로서 과거 『뉴욕타임스』에 대해서도 '일류 신문이기를 중단한 신문' 이라는 표현까지 써 가며 비판했던 인물이었기 때문이다.(공종식 2008)

그러나 이는 보수적 시각에서 보면 또 달리 볼 수 있는 것이었다. 예컨대, 앤 코울터(Ann Coulter 2007)는 "진보주의자들이 미디어를 장악하고 있다는 사실을 은폐하기 위해 뉴스룸은 몇몇 '보수 인사들'을 자주 등장시켜 마치 뉴스룸이 다양한 이념을 반영하고 있는 것처럼 보이게 한다"고 주장한다. 『뉴욕타임스』가 크리스톨을 칼럼니스트로 발탁한 것도 과연 그런 '은폐'의 목적이었을까? 돌아가는 사태를 보자면 아무래도 그건 아닌 것 같았다.

머독이 『월스트리트저널』을 인수한 지 약 1년 후, 『뉴스위크』(2008년 12월 15일자)는 "『월스트리트저널』 편집국 기자들의 머독에 대한 평가가 1년 새 '야만인'에서 '구세주'로 바뀌었다"며 "머독이 결국 웃었다"고 보도했다. 가두판매 부수는 1년 전보다 20퍼센트 늘었고, 웹사이트도 방문자가 월 2000만 명 수준까지 증가하면서 광고 수입과 온라인 구독료 양쪽에서 흑자를 내고 있다는 것이다.(김민구 2008a)

머독은 이에 만족치 않고 2010년 4월 26일 『월스트리트저널』 뉴욕판을 출범시키면서 『뉴욕타임스』의 아성을 허물겠다고 선언하고 나섰다. 이날 16쪽 전면 컬러로 발행된 『월스트리트저널』의 '그레이터 뉴욕(Greater New York)' 섹션은 도시 뉴스와 스포츠, 부동산, 문화 등으로 구성됐다. 『월스트리트저널』은 뉴욕판에 싣는 광고에 대해 최대 80퍼센트의 파격적인 할인 가격을 제시하고 나섰다. 전면 컬러 한 개 면 광고료로 전국판에는 22만 3000달러, 동부지역판에는 10만 2000달러를 받는 것을 뉴욕판에는 2만 달러 이하에 자매지인 『뉴욕포스트』에 광고를 동시에 실어주겠다는 것이다. 다른 언론들은 "미국 최후의 신문 대전(大戰)이 시작됐다"고 평했다. AP통신은 이 전쟁은 『월스트리트저널』이 뉴욕 독자들에게 지역 뉴스를 확대 제공하겠다는 것이 표면적 이유지만, "좌파 성향의 언론을 무너뜨리겠다"는 머독의 평소 지론이 더 강한 동기라고 분석했다.(고태성·정영오 2010, 박종세 2010, 이본영 2010)

머독은 미국 언론계에서 '식인 상어'라는 악명을 얻고 있지만, 그가 미디어 사업에서 승승장구하고 있는 이유 중의 하나는 '미국 엘리트들이 모르는 미국'을 간파해 이를 상업적으로 이용하고 있기 때문이다. 이른바 '두 개의 미국'은 기존 공화·민주 노선 차이와는 별 관계가 없는 것이다. '두 개의 미국'은 이념과 노선을 뛰어넘어 '가진 자'와 '가지지 못한 자'의 구도로 형성된 것인바, 공화·민주당은 모두 다 '가진 자'에 속한다는 인식이 미국 사회에 널리 퍼져 있다고 보는 게 옳으리라.

오래 전 배링턴 무어(Barrington Moore, Jr., 1913~2005)가 지적했듯이, "엘리트들이 매우 비슷한 목표와 이해관계를 갖고 있을 때 엘리트들 내부의 경쟁은 서민들에게 아무런 의미가 없다. 오늘날의 미국이 바로 그런 경우다."(Marger 1981) 2009년 2월 이란 국회의원 비잔 노바베(Bijan Nobaveh)는 미국 정치인들은 이스라엘 로비의 포로가 돼 있다면서, "공화당 정치인과 민주당 정치인의 차이는 펩시콜라와 코카콜라의 차이와 같다"고 주장했다.

그렇다고 해서 빈부격차를 문제 삼았다간 '두 개의 미국' 중 하나의 미국을 놓치는 셈이 되니, 민주당으로선 이럴 수도 저럴 수도 없는 딜레마에 빠져 있는 셈이었다. 2008년 대선에서 민주당의 버락 오바마가 빈부격차 문제를 의도적으로 외면하고 '화합'을 내세운 건 그

시오니즘과 미국·이스라엘홍보위원회 (AIPAC)의 로비를 규탄하는 'Israel versus Judaism' 단체의 회원. 미국에서는 전미총기협회와 AIPAC이 가장 강력한 로비 단체로, 이들의 지원을 받지 않은 상·하원 의원은 당을 막론하고 드물다. ⓒ Carolmooredc

나름의 '딜레마 돌파전략'으로 볼 수 있겠다. 2008년 대선은 인종의 벽을 뛰어넘은 역사적 쾌거로 평가되지만, 그것이 '두 개의 미국' 체제에까지 구멍을 낸 건 아니라는 데에 미국의 고민이 있다 하겠다. 그럼에도 미국이 끊임없이 가능성의 드라마를 만들어내는 나라이며, '오바마의 미국'이 전 세계인을 열광시킨 '대박 드라마'였음을 어찌 부인할 수 있으랴. 이제 이 기나긴 미국사 산책을 『오바마의 미국』을 살펴보는 것으로 끝맺기로 하자.

참고문헌 Anderson 2006, Coulter 2007, Marger 1981, 고태성·정영오 2010, 공종식 2007a·2008, 김민구 2008a, 김희섭 2008, 류재훈 2007a, 박종세 2010, 백일현 2007, 이기홍 2006, 이본영 2010, 장인철 2007, 조영신 2006, 채인택 2007, 천지우 2007, 한국언론재단 2001, 허광준 2008

베네딕트 앤더슨(Benedict Anderson), 윤형숙 옮김, 『상상의 공동체』, 나남출판, 2002.

브라이언 앤더슨(Brian Anderson), 「폭스 뉴스, 진보를 욕보인 10년?」, 『LA 타임스』, 2006년 10월 4일, 『방송동향과 분석』, 통권 241호(2006년 10월 15일), 63~67쪽에 번역·재수록.

크리스 앤더슨(Chris Anderson), 이노무브그룹 외 옮김, 『롱테일 경제학』, 랜덤하우스, 2006a.

이언 앵겔(Ian Angell), 장은수 옮김, 『지식노동자 선언』, 롱셀러, 2001.

폴 애브리치(Paul Avrich), 하승우 옮김, 『아나키스트의 초상』, 갈무리, 2004.

브루스 바틀릿(Bruce Bartlett), 「미(美) 아웃소싱 실(失)보다 득(得) 많다」, 『세계일보』, 2004년 10월 15일, 22면.

브루스 바틀릿(Bruce Bartlett), 권화섭 정리, 「美 좌파들의 단골메뉴 '불평등'」, 『세계일보』, 2005년 5월 23일자.

라비 바트라(Ravi Batra), 송택순·김원옥 옮김, 『뉴 골든에이지: 미 비즈니스 제국의 몰락, 그 다음 세상』, 리더스북, 2009.

존 베일리스(John Baylis) & 스티브 스미스(Steve Smith) 편저, 하영선 외 옮김, 『세계정치론』, 을유문화사, 2003.

잭 비어티(Jack Beatty), 유한수 옮김, 『거상: 대기업이 미국을 바꿨다』, 물푸레, 2002.

아널드 베이크먼(Arnold Beichman), 권화섭 정리, 「해외논단: 러시아의 끝없는 추락」, 『세계일보』, 2000년 10월 30일, 6면.

아널드 베이크먼(Arnold Beichman), 권화섭 정리, 「해외논단: 푸틴의 스탈린 복권운동」, 『세계일보』, 2004년 10월 4일, 25면.

모리스 버만(Morris Berman), 심현식 옮김, 『미국문화의 몰락: 기업의 문화지배와 교양문화의 종말』, 황금가지, 2002.

데이비드 베레비(David Berreby), 정준형 옮김, 『우리와 그들, 무리짓기에 대한 착각』, 애코리브르, 2007.

윌리엄 블룸(William Blum), 조용진 옮김, 『미군과 CIA의 잊혀진 역사』, 녹두, 2003.

데이비드 브룩스(David Brooks), 형선호 옮김, 『보보스: 디지털 시대의 엘리트』, 동방미디어, 2001.

프랭크 브라운(Frank Brown), 「러시아가 이상하다: 전국에서 항의시위 잇따르고 크렘린의 경제정책은 오락가락」, 『뉴스위크 한국판』, 2005년 5월 11일, 44~47면.

데이비드 캘러헌(David Callahan), 강미경 옮김, 『치팅컬처: 거짓과 편법을 부추기는 문화』, 서돌, 2008.

니콜라스 카(Nicholas Carr), 임종기 옮김, 『빅스위치: Web2.0시대, 거대한 변화가 시작된다』, 동아시아, 2008.

새라 차일드리스 · 더크 존슨(Sarah Childress & Dirk Johnson), 「미국에서 확산되는 '증오 음악'」, 『뉴스위크 한국판』, 2004년 12월 8일, 55면.

마이크 치노이(Mike Chinoy), 박성준 · 홍성걸 옮김, 『북핵 롤러코스터: 전 CNN 전문기자가 쓴 북미협상 인사이드 스토리』, 시사인북, 2010.

에이미 추아(Amy Chua), 이순희 옮김, 『제국의 미래(Day of Empire)』, 비아북, 2008.

리처드 A. 클라크(Richard A. Clarke), 황해선 옮김, 『모든 적들에 맞서: 이라크 전쟁의 숨겨진 진실』, Human & Books, 2004a.

워렌 코헨(Warren I. Cohen), 김기근 옮김, 『추락하는 제국: 냉전 이후의 미국 외교』, 산지니, 2008.

앤 코울터(Ann Coulter), 이상돈 · 최일성 옮김, 『중상모략(Slander)』, 브레인북스, 2007.

Current Biography, 「Obama, Barack」, 『Current Biography』, 2005c.

Current Biography, 「Scott, H. Lee」, 『Current Biography』, 2006.

Current Biography, 「Blum, William」, 『Current Biography』, 2007.

Current Biography, 「Chen, Steve; Hurley, Chad; and Karim, Jawed」, 『Current Biography』, 2007a.

피터 드러커(Peter Drucker) 외, 이재규 옮김, 『미래의 공동체』, 21세기북스, 2001.

탐 엥겔하트(Tom Engelhardt), 강우성 · 정소영 옮김, 『미국, 변화인가 몰락인가: 미국의 비판적 지성들과 함께 한 블로그 인터뷰』, 창비, 2008.

존 페퍼(John Feffer), 「카트리나, 1년후」, 『문화일보』, 2006년 9월 5일, 30면.

니알 퍼거슨(Niall Ferguson), 김일영 · 강규형 옮김, 『콜로서스: 아메리카 제국 흥망사』, 21세기북스, 2010.

존 벨라미 포스터(John Bellamy Foster), 박종일 · 박선영 옮김, 『벌거벗은 제국주의: 전 지구적 지배를 추구하는 미국의 정책』, 인간사랑, 2008.

홀름 프리베(Holm Friebe) & 사샤 로보(Sascha Lobo), 두행숙 옮김, 『디지털 보헤미안: 창조의 시대를 여는 자』, 크리에디트, 2007.

밀튼 프리드먼(Milton Friedman), 안재욱 · 이은영 옮김, 『화려한 약속 우울한 성과: 노벨상 경제학자의 충고』, 나남출판, 2005.

한스 디터 겔페르트(Hans-Dieter Gelfert), 이미옥 옮김, 『전형적인 미국인: 미국과 미국인 제대로 알기』, 에코리브르, 2003.

수전 조지(Susan George), 김용규 · 이효석 옮김, 『하이재킹 아메리카: 미국 우파는 미국인의 사고를 어떻게 바꾸어놓았나」, 산지니, 2010.

Todd Gitlin, 『The Twilight of Common Dreams: Why America Is Wracked by Culture Wars』, New York: Metropolitan Books, 1995.

배리 글래스너(Barry Glassner), 연진희 옮김, 「공포의 문화」, 부광, 2005.

존 스틸 고든(John Steele Gordon), 안진환 · 황수민 옮김, 「부의 제국: 미국은 어떻게 세계 최강대국이 되었나」, 황금가지, 2007.

테드 할스테드(Ted Halstead) & 마이클 린드(Michael Lind), 최지우 옮김, 「정치의 미래: 디지털시대의 신정치 선언서」, 바다출판사, 2002.

Samuel P. Huntington, 『The Clash of Civilizations and the Remaking of World Order』, New York: Simon & Schuster, 1996.

새뮤얼 헌팅턴(Samuel P. Huntington), 이희재 옮김, 「문명의 충돌」, 김영사, 1997.

로버트 카플란(Robert D. Kaplan), 장병걸 옮김, 「무정부 시대가 오는가」, 코기토, 2001.

더글라스 켈너(Douglas Kellner), 김수정 · 정종희 옮김, 「미디어문화: 영화, 랩, MTV, 광고, 마돈나, 패션, 사이버펑크」, 새물결, 1997.

래리 킹(Larry King), 정미나 옮김, 「래리 킹, 원더풀 라이프」, 청년정신, 2009.

나오미 클라인(Naomi Klein), 정현경 · 김효명 옮김, 「NO LOGO: 브랜드파워의 진실」, 중앙 M&B, 2002.

찰스 리드비터(Charles Leadbeater), 이순희 옮김, 「집단지성이란 무엇인가: 우리는 나보다 똑똑하다」, 21세기북스, 2009.

스티븐 레빗(Steven D. Levitt) & 스티븐 더브너(Stephen J. Dubner), 안진환 옮김, 「슈퍼 괴짜경제학」, 웅진지식하우스, 2009.

베르나르 앙리 레비(Bernard-Henry Levy), 김병욱 옮김, 「아메리칸 버티고」, 황금부엉이, 2006.

마이클 린드(Michael Lind), 문정인 감수, 임종태 옮김, 「부시 메이드 인 텍사스: 신보수주의자와 남부 세력의 미국 정계 접수」, 동아일보사, 2003.

마이클 린드(Michael Lind), 「"미 정치에서는 교회의 역할이 중요"」, 「뉴스위크 한국판」, 2003a년 11월 5일, 126면.

수전 린(Susan Linn), 김승욱 옮김, 「TV 광고 아이들: 우리 아이들을 위협하는 키즈마케팅」, 들녘, 2006.

멜린다 리우 · 크리스천 캐릴(Melinda Liu & Christian Caryl), 「신민족주의로 촉발된 주도권 쟁탈전」, 「뉴스위크 한국판」, 2005년 4월 27일, 14~21면.

Martin N. Marger, 『Elites and Masses: An Introduction to Political Sociology』, New York: D. Van Nostrand, 1981)

엘리자베스 미첼(Elizabeth Mitchell), 지정남 옮김, 「부시 왕조의 복수」, 미래의창, 2001.

도미니크 모이시(Dominique Moisi), 유경희 옮김, 「감정의 지정학: 공포의 서양, 굴욕의 이슬람, 희망의 아시아」, 랜덤하우스, 2010.

마이클 무어(Michael Moore), 김현후 옮김, 「멍청한 백인들」, 나무와숲, 2002.

앤드루 모라비치크(Andrew Moravcsik), 「아무도 꾸지 않는 아메리칸 드림」, 「뉴스위크 한국판』, 2005년 2월 2일, 18~24면.

딕 모리스(Dick Morris), 이형진 · 문정숙 옮김, 『VOTE.com: 인터넷과 직접민주주의, 그리고
　　쌍방향대화』, 아르케, 2000.

엘리사 모지스(Elissa Moses), 홍정희 옮김, 『글로벌 틴에이저 대상 마케팅』, kmabook, 2001.

헬레나 노르베리-호지(Helena Norberg-Hodge), 이민아 옮김, 『허울뿐인 세계화』, 따님, 2000.

버락 오바마(Barack Obama), 이정식 옮김, 『내 아버지로부터의 꿈』, 랜덤하우스, 2007.

라즈 파텔(Raj Patel), 유지훈 옮김, 『식량전쟁: 배부른 제국과 굶주리는 세계』, 영림카디널,
　　2008.

로버트 영 펠튼(Robert Young Pelton), 윤길순 옮김, 『용병: 전쟁산업을 실행하는 그림자 전사
　　들』, 교양인, 2009.

존 퍼킨스(John Perkins), 김현정 옮김, 『경제저격수의 고백』, 황금가지, 2005.

케빈 필립스(Kevin P. Phillips), 이건 옮김, 『나쁜 돈』, 다산북스, 2009.

존 필저(John Pilger), 문현아 옮김, 『제국의 지배자들』, 책벌레, 2003.

존 포데스타(John Podesta), 김현대 옮김, 『진보의 힘』, 한겨레출판, 2010.

해미쉬 프링글(Hamish Pringle) & 마조리 톰슨(Marjorie Thompson), 김민주 · 송희령 옮김,
　　『공익마케팅: 영혼이 있는 브랜드 만들기』, 미래의창, 2003.

찰스 프리처드(Charles L. Pritchard), 김연철 · 서보혁 옮김, 『실패한 외교: 부시, 네오콘 그리
　　고 북핵위기』, 사계절, 2008.

로버트 라이시(Robert B. Reich), 형선호 옮김, 『슈퍼 자본주의』, 김영사, 2008.

제러미 리프킨(Jeremy Rifkin), 이희재 옮김, 『소유의 종말』, 민음사, 2001.

제러미 리프킨(Jeremy Rifkin), 이원기 옮김, 『유러피언 드림: 아메리칸 드림의 몰락과 세계의
　　미래』, 민음사, 2005.

폴 크레이그 로버츠(Paul Craig Roberts), 「미(美) 아웃소싱 폐해」, 『세계일보』, 2005년 4월
　　30일, A26면.

리처드 로티(Richard Rorty), 임옥희 옮김, 『미국 만들기: 20세기 미국에서의 좌파 사상』, 동문
　　선, 2003.

시어도어 로작(Theodore Roszak), 구홍표 옮김, 『세계여 경계하라: 재앙의 제국 미국의 승리주
　　의자들』, 필맥, 2004.

로버트 쉬어(Robert Scheer), 노승영 옮김, 『권력의 포르노그래피: 테러, 안보 그리고 거짓말』,
　　책보세, 2009.

하랄트 슈만(Harald Schumann), 크리스티아네 그레페(Christiane Grefe) & 마티아스 그레프
　　라트(Mathias Greffrath), 김무열 옮김, 『아탁: 세계화 비판론자들은 무엇을 원하는
　　가?』, 영림카디널, 2004.

로버트 서비스(Robert Service), 윤길순 옮김, 『스탈린, 강철 권력』, 교양인, 2007.

스비 샤피로(Svi Shapiro), 「조승희 사건, 교육과 죽음의 문화」, 『녹색평론』, 제96호(2007년 9~
　　10월), 167~174쪽.

엘렌 러펠 셸(Ellen Ruppel Shell), 정준희 옮김, 『완벽한 가격: 뇌를 충동질하는 최저가격의 불
　　편한 진실』, 랜덤하우스, 2010.

마이클 J. 실버스타인(Michael J. Silverstein)·닐 피스크(Neil Fiske), 보스턴컨설팅그룹 옮김, 『트레이딩 업: 소비의 새물결』, 세종서적, 2005.

앨런 슬로언(Allan Sloan), 「'소유권 사회' 비용은 고스란히 국민 몫」, 『뉴스위크 한국판』, 2004년 9월 15일, 47면.

다니엘 솔로브(Daniel J. Solove), 이승훈 옮김, 『인터넷세상과 평판의 미래』, 비즈니스맵, 2008.

수전 손택(Susan Sontag), 이재원 옮김, 『타인의 고통』, 이후 2004.

토머스 소웰(Thomas Sowell), 권화섭 정리, 「월마트 임금논쟁」, 『세계일보』, 2005년 5월 18일, A25면.

존 스페이드(Jon Spayde) & 제이 월재스퍼(Jay Walljasper), 원재길 옮김, 『틱낫한에서 촘스키까지: 더 실용적이고 창조적인 삶의 전망 61장』, 마음산책, 2004.

카스 R. 선스타인(Cass R. Sunstein), 박지우·송호창 옮김, 『왜 사회에는 이견이 필요한가』, 후마니타스, 2009.

제임스 서로위키(James Surowiecki), 홍대운·이창근 옮김, 『대중의 지혜: 시장과 사회를 움직이는 힘』, 랜덤하우스중앙, 2005.

윌리엄 K. 탭(William K. Tabb), 이강국 옮김, 『반세계화의 논리: 21세기의 세계화와 사회정의를 위한 논쟁과 투쟁』, 월간 말, 2001.

돈 탭스코트(Don Tapscott) & 앤서니 윌리엄스(Anthony Williams), 윤미나 옮김, 『위키노믹스』, 21세기북스, 2007.

레스터 C. 서로우(Lester C. Thurow), 유재훈 옮김, 『자본주의의 미래』, 고려원, 1997.

존 터먼(John Tirman), 이종인 옮김, 『미국이 세계를 망친 100가지 방법』, 재인, 2008.

데이비드 트렌드(David Trend), 고동현·양지현 옮김, 『문화민주주의: 정치, 미디어, 뉴테크놀로지』, 한울, 2001.

조 트리피(Joe Trippi), 윤정미·김정수 옮김, 『혁명은 TV로 중계되지 않는다』, 산해, 2006.

제임스 B. 트위첼(James B. Twitchell), 최기철 옮김, 『럭셔리 신드롬: 사치의 대중화, 소비의 마지막 선택』, 미래의창, 2003.

윌리엄 언더힐(William Underhill), 「영국판 월마트 '테스코'」, 『뉴스위크 한국판』, 2005년 4월 27일, 34~35면.

진 델 베키오(Gene Del Vecchio), 김세중 옮김, 『키즈마케팅: 아이들의 마음을 사로잡는 브랜드 전략 18가지』, 프리미엄북스, 2003.

닐 우드(Neal Wood), 홍기빈 옮김, 『미국의 종말에 관한 짧은 에세이: 거세된 민주주의, 괴물이된 자본주의』, 개마고원, 2004.

밥 우드워드(Bob Woodward), 김창영 옮김, 『공격 시나리오』, 따뜻한손, 2004.

하워드 진(Howard Zinn), 이아정 옮김, 『오만한 제국: 미국의 이데올로기로터 독립』, 당대, 2001a.

하워드 진(Howard Zinn), 이재원 옮김, 『불복종의 이유』, 이후, 2003.

슬라보예 지젝(Slavoj Zizek), 「아메리카 하위문화의 사막에 오신 것을 환영합니다, 또는 럼스펠드가 아부 그라이브에 관해 알고 있는 모르는 것」, 슬라보예 지젝·도정일 외, 『아부 그라이브에서 김선일까지』, 생각의나무, 2004, 18~28쪽.

간다 도시아키, 서금석 옮김, 『유튜브 혁명, UCC의 미래』, 위즈나인, 2007.

강김아리, 「미 최상위1% 소득/하위 40%보다 많아」, 『한겨레』, 2003년 9월 27일, 7면.

강김아리, 「"이라크 전쟁은 테러공포 밑천 부시 재선상품"」, 『한겨레』, 2004년 1월 16일자.

강김아리, 「'성조기 훼손 땐 처벌' 미 헌법 개정안 논란」, 『한겨레』, 2005년 6월 27일자.

강병태, 「나르시시즘 정치의 비극」, 『한국일보』, 2006년 1월 17일, 34면.

강인규, 『나는 스타벅스에서 불온한 상상을 한다: 미국, 미국문화 읽기』, 인물과사상사, 2008.

강인선, 「미대학교수 '좌파들 세상'」, 『조선일보』, 2002d년 9월 3일, A13면.

강인선, 「미 심장부 '공중테러 노이로제'」, 『조선일보』, 2005a년 5월 13일자.

강준만, 『한국인을 위한 교양사전』, 인물과사상사, 2004.

강준만, 『나의 정치학 사전』, 인물과사상사, 2005.

강준만, 『세계문화사전』, 인물과사상사, 2005a.

강준만, 『대중매체 법과 윤리(개정판)』, 인물과사상사, 2009a.

강진구, 「카트리나 재건 덕, 똘똘뭉친 뉴올리언스」, 『경향신문』, 2010년 8월 31일자.

강찬호, 「미국 버지니아주 '허리에 권총 차고 돌아다녀도 합법'」, 『중앙일보』, 2004a년 7월
　　　20일자.

강혜승 · 홍수영, 「한국 외면하는 '고급 두뇌'」, 『동아일보』, 2007년 11월 29일자.

고병권, 「미국의 서울대, 서울의 미국대」, 『한겨레』, 2005년 1월 17일자.

고병권, 「[민주화 20년, 지식인의 죽음]지식인이 사라진 시대의 지식투쟁」, 『경향신문』, 2007년
　　　6월 19일자.

고성호, 「"이런 복잡한 선거 처음 봐": 유럽감시단, 투개표 문제점 지적」, 『한국일보』, 2004년
　　　11월 4일, 7면.

고성호, 「'진화론 대 지적설계론' 논란」, 『한국일보』, 2005a년 5월 7일, 14면.

고성호, 「러 '독재의 추억' : 푸틴, 스탈린 복원 본격화」, 『한국일보』, 2005c년 4월 22일, A12면.

고종석, 『코드 훔치기: 한 저널리스트의 21세기 산책』, 마음산책, 2000.

고태성 · 정영오, 「WSJ 뉴욕판 발행… NYT와 전면전」, 『한국일보』, 2010년 4월 26일자.

고태성, 「뉴스위크 "부시는 가장 고립된 대통령": "독선적 성격, 알코올중독 극복과정서 형성"」,
　　　『한국일보』, 2005년 12월 13일자.

고태성, 「"불법이민도 미국인" LA 50만 시위」, 『한국일보』, 2006년 3월 27일자.

고태성, 「美상원 법사위 親이민법 통과 파란」, 『한국일보』, 2006a년 3월 29일자.

고태성, 「미(美)외교 신현실주의로 중심 이동」, 『한국일보』, 2006c년 2월 8일, 14면.

고태성, 「흑백보다 진한 '美 소수인종 갈등'」, 『한국일보』, 2007년 12월 15일자.

공종식, 「'두 개의 미국'을 다시 하나로」, 『동아일보』, 2007년 6월 11일자.

공종식, 「美 유력신문 '다운존스 매각' 사설 신경전」, 『동아일보』, 2007a년 8월 4일자.

공종식, 「또 발가벗겨진 미국… 영화 '시코' 의료보험체계 고발」, 『동아일보』, 2007b년 6월
　　　25일자.

공종식, 「NYT '적과의 동거' : 美네오콘 핵심논객 크리스톨 칼럼니스트로 영입해 충격」, 『동아
　　　일보』, 2008년 1월 15일자.

곽병찬, 「주목받은 종교강연 둘: 리영희 한양대 명예교수: "교회의 물신숭배 세속보다 더 물질화

돼 있습니다"」, 『한겨레』, 2003년 12월 4일, 24면.

구정은, 「'감옥국가 미국' 치부 드러낸 교도소 폭동」, 『경향신문』, 2009b년 8월 13일자.

국기연, 「美 "조직폭력배 天國"」, 『세계일보』, 2004c년 6월 14일자.

국기연, 「경제대국 미국의 그늘 노숙자」, 『세계일보』, 2004d년 8월 24일자.

국기연, 「정치신인 의회입성 '바늘구멍'」, 『세계일보』, 2005a년 2월 2일자.

국민일보, 「부시 '지적설계론' 논쟁 불지펴」, 『국민일보』, 2005년 8월 5일, 10면.

국민일보, 「송구한 마음으로 애도합니다(사설)」, 『국민일보』, 2007년 4월 19일, 22면.

권기태, 「'모든 적들에 맞서' …이라크전쟁 진실을 고발한다」, 『동아일보』, 2004년 5월 15일자.

권순택, 「美교수 72% "나는 진보파" …20년만에 2배로」, 『동아일보』, 2005년 3월 31일자.

권순택, 「[카트리나 덮친 美남부]생지옥 뉴올리언스… 복구 막막」, 『동아일보』, 2005a년 9월 3일자.

권순택, 「[美남부 대혼돈]약탈? 확보?…사진설명 인종차별 논란」, 『동아일보』, 2005b년 9월 8일자.

권순택, 「'성조기 훼손 처벌' 여론몰이: 미(美) 정치권에 부는 애국주의 바람」, 『동아일보』, 2005c년 6월 25일, A13면.

권순택, 「"美, 세계 비밀수용소 운영"…국제사면委 집행이사 재반박」, 『동아일보』, 2005d년 6월 7일자.

권순택, 「제방 붕괴 가능성 보고받고도 TV 나와 "아무도 예상 못했다"」, 『동아일보』, 2006년 3월 4일, 15면.

권용립, 「공화국 아메리카: 어느 정치문명의 초상」, 『당대비평』, 제17호(2001년 겨울), 14~45쪽.

권용립, 『미국의 정치문명』, 삼인, 2003.

권재현, 「"미(美)사회 공동체정신 상실 뉴올리언스 수치 불렀다"」, 『동아일보』, 2005년 9월 6일, A8면.

권재현, 「"21세기는 돌연변이 민족주의 시대"」, 『동아일보』, 2005a년 4월 27일, A19면.

권재현, 「神의 손을 물리쳐라… 만들어진 신'」, 『동아일보』, 2007년 7월 28일자.

김갑식, 「"종교관련 가계지출 연 4조 3692억원"」, 『동아일보』, 2002년 3월 19일, A16면.

김강석, 『미디어 대충돌: 한국 미디어의 권력이동』, 노마드북스, 2007.

김광호, 「미 대선 부재자투표용지 '엽기적'」, 『내일신문』, 2004a년 10월 28일, 7면.

김국현, 『웹 2.0 경제학』, 황금부엉이, 2006.

김기천, 「중국 교수 5000명 유학」, 『조선일보』, 2005년 1월 11일, A34면.

김기현, 「스탈린 부활…나치독일 물리친 전쟁영웅으로」, 『동아일보』, 2005년 5월 10일, A14면.

김동원, 「미 총기보유 1인당 1정꼴 2억5000만정…올 대선 '총기규제' 또 쟁점」, 『동아일보』, 2004a년 9월 16일, A10면.

김동원, 「서브프라임이 도대체 뭐기에?」, 『조선일보』, 2008년 2월 16일자.

김동춘, 『미국의 엔진, 전쟁과 시장』, 창비, 2004.

김만권, 『세상을 보는 열일곱개의 시선: 정치와 사회에 관한 철학에세이』, 개마고원, 2007.

김민구, 「머독의 WSJ 더 잘나가네」, 『조선일보』, 2008a년 12월 9일자.

김민웅, 『밀실의 제국: 전쟁국가 미국의 제국 수호 메커니즘』, 한겨레신문사, 2003.

김병철, 「美國 대형교회 지역사회 역할」, 『국민일보』, 2002년 9월 7일자.

김병철, 「[2000년 종교 교단·신도 조사] 美 보수교단 교세 확장… 자유주의 위축」, 『국민일보』, 2002a년 9월 23일자.

김보은, 「미 캔자스주 창조론 수업」, 『세계일보』, 2005년 11월 10일, 13면.

김봉억, 「전체 외국인 학자 중 9.4% 차지: 美 대학에 자리잡는 한국인 교수들」, 『교수신문』, 2010년 8월 31일자.

김봉중, 『미국은 과연 특별한 나라인가?: 미국의 정체성을 읽는 네 가지 역사적 코드』, 소나무, 2001.

김비환, 「21세기와 고전 (7) 로버트 노직 '아나키, 국가, 그리고 유토피아': '최소국가' 만이 자유를 보장한다」, 『조선일보』, 2007년 2월 10일, D11면.

김성호, 「보수의 일신, 진보의 우일신」, 『동아일보』, 2004a년 12월 10일, A7면.

김수현, 「[정의구현 사전] 서브프라임(sʌb-praim) 형용사」, 『한겨레 21』, 제688호(2007년 12월 6일).

김수혜, 「당신이 믿는 신… 그로부터 벗어날 수 있는가」, 『조선일보』, 2007년 7월 28일자.

김승련, 「'아웃소싱' 논쟁」, 『동아일보』, 2004a년 10월 4일, A12면.

김승련, 「부시의 흑인 표심잡기 '딩컨프로젝트' 카트리나 악재」, 『동아일보』, 2005년 9월 15일자.

김승련, 「범죄 줄이려면 흑인 낙태시켜라? 발언 파문」, 『동아일보』, 2005a년 10월 4일자.

김승련, 「흑-흑 논쟁 미(美) 시끌」, 『동아일보』, 2005b년 4월 28일, A15면.

김승련, 「럼즈펠드 경질…중간선거 참패 부시 "새 리더십 필요"」, 『동아일보』, 2006년 11월 10일, 1면.

김승일, 「워싱턴 "조폭범죄" 비상」, 『한국일보』, 2003a년 9월 26일, 16면.

김영명, 『한국의 정치변동』, 을유문화사, 2006.

김영화, 「"교회가 먼저 변해야 사회도 변화"」, 『한국일보』, 2002년 7월 26일, 23면.

김원배, 「"이젠 UCC 없이는 못살아"」, 『중앙일보』, 2006년 9월 18일, E3면.

김유진, 「"미군이 가짜영웅 만들기 주도"」, 『경향신문』, 2007년 4월 26일, 13면.

김재호, 「"끊임없는 시장개발이 월마트 성장비결": 리 스콧 월마트 회장 인터뷰」, 『조선일보』, 2005년 4월 20일, B3면.

김정우, 「"후세인때 고문보다 가혹"」, 『한국일보』, 2005년 1월 13일, A11면.

김종목, 「"무능하고 고지식한 부시가 북한을 핵 국가로 만들었다"」, 『경향신문』, 2010년 1월 30일자.

김종철, 『오바마의 미국, MB의 대한민국』, 시대의창, 2009.

김종혁, 「미국 '복음주의 교회' 전성시대: 신도 수만명에 기업식 운영…정치에도 적극 관여」, 『중앙일보』, 2005년 5월 25일, 17면.

김지석, 『미국을 파국으로 이끄는 세력에 대한 보고서: 부시 정권과 미국 보수파의 모든 것』, 교양인, 2004.

김진각, 「조기유학 '우르르' 유학수지 '와르르'」, 『한국일보』, 2004년 10월 7일, 8면.

김진우, 「[책과 삶]힘의 오만, 미국이 흔들린다」, 『경향신문』, 2008년 5월 24일자.

김진웅, 『반미』, 살림, 2003.

김철웅, 「중도는 대안이 아니다」, 『경향신문』, 2006년 11월 22일, 30면.

김학순, 「"누가 세상 만들었나" VS "지나친 대중 영합주의"」, 『경향신문』, 2007년 7월 28일자.

김학준, 「캐나다 월마트, 노조 생기자 폐업」, 『한겨레』, 2005년 5월 12일, 13면.

김학준, 「진화론 대 창조론」, 『한겨레』, 2005a년 12월 22일, 7면.

김현주, 『어? 미국이 왜 이래?: 김현주 교수의 미국통신』, 이회, 2002.

김희균, 「미, 중(中) 공포증 왜?: '크기' 중시하는 미국인 인구 · 영토에 두려움 느껴」, 『세계일보』, 2005년 5월 3일, A13면.

김희섭 · 탁상훈, 「한국의 유투브 꿈!: 국내 동영상 사이트들 '1조6000억짜리 희망'에 부풀다」, 『조선일보』, 2006년 10월 20일, B1면.

김희섭, 「"경제기사 짧게 쓰고 문화 · 스포츠 강화하라": 세계적 언론재벌 머독, 월스트리트저널 개편 나서」, 『조선일보』, 2008년 1월 23일자.

김희원, 「까르푸 한국 공략 재시동」, 『한국일보』, 2005년 5월 13일, A17면.

남경욱, 「해외선교 개신교–동북아 불교–북미 집중」, 『한국일보』, 2004년 12월 31일, A26면.

남정호, 「미 대학 '소수계 우대' 옛말」, 『중앙일보』, 2006년 3월 17일자.

남정호, 「슬슬 터지는 '조승희 후유증'」, 『중앙일보』, 2007년 5월 23일자.

남정호, 「미국은 '수퍼 부자' 시대: 0.01%인 1만5000명이 전체 소득 5% 차지」, 『중앙일보』, 2007a년 7월 18일자.

내일신문, 「우리 국민 53% 종교 있다」, 『내일신문』, 2003년 6월 17일, 18면.

노동일보, 「러시아인 "구관이 명관" 73%가 구소련 붕괴 유감」, 『노동일보』, 2000년 12월 27일, 7면.

노성열, 「"입대하면 성형수술 공짜"」, 『문화일보』, 2004년 7월 25일자.

동아일보, 「새 정부는 '고급 두뇌' 돌아오는 나라 만들어야(사설)」, 『동아일보』, 2007년 11월 30일자.

류재훈, 「미 백악관 · 상원 '불법체류자 양성화' 합의」, 『한겨레』, 2007년 5월 19일, 2면.

류재훈, 「공화 후보는 '폭스뉴스'를 좋아해」, 『한겨레』, 2007a년 8월 20일자.

류재훈, 「경제대국 미국은 건강 후진국?: 기대수명 세계 42위로 '뚝'…건강보험 미비 · 비만증가 탓」, 『한겨레』, 2007b년 8월 14일자.

류재훈, 「2008년 공화당 몰락의 전조들」, 『한겨레』, 2007c년 9월 10일자.

류재훈, 「서브프라임 대응 '글로벌 금융 공조' 가동」, 『한겨레』, 2007d년 12월 14일자.

류재훈, 「5년만에 '카트리나' 장례식 열렸지만…허리케인 상흔 여전…수만명 집없어 트레일러 생활」, 『한겨레』, 2010a년 8월 31일자.

리영희, 『스핑크스의 코: 리영희 에세이』, 까치, 1998.

모리 켄, 하연수 옮김, 『구글 · 아마존화 하는 사회』, 작가정신, 2008.

문창극, 『미국은 살아 있다: 문창극 특파원 미국 리포트』, 고려원, 1994.

민병두, 「펜타곤, 고교생까지 입대 홍보」, 『문화일보』, 2002년 12월 4일, 8면.

박광주, 「미군 신병모집 '당근' 작전」, 『문화일보』, 2000년 9월 7일, 9면.

박동수, 「지적설계론」, 『국민일보』, 2005년 8월 8일, 27면.

박민선, 「"외주 없이는 못 사는 부시 정부 민간기업 돈만 대는 현금지급기"」, 『조선일보』, 2007년 10월 23일, A21면.

박민희, 「"미, 30년전엔 이란 핵계획 지원"」, 『한겨레』, 2005년 3월 29일자.

박민희, 「미, 고문자행국에 테러용의자 넘겨」, 『한겨레』, 2005a년 5월 3일, 13면.

박민희, 「겉으론 폭정종식 속으론 무기판매」, 『한겨레』, 2005b년 5월 27일, 9면.

박민희, 「"이라크전 틀린 정보 때문" 시인: 부시 "전쟁 결정 책임 내게 있다"면서도」, 『한겨레』, 2005c년 12월 16일자.

박민희, 「"미 이라크 점령 석유 때문": 한스 블릭스 전 유엔무기사찰단장」, 『한겨레』, 2005d년 4월 8일, 15면.

박민희, 「이라크인 사망자는 집계조차 안돼」, 『한겨레』, 2005e년 10월 27일, 9면.

박병수, 「"서브프라임 사태, 최대 금융위기 번질수도": 현재 손실액 최대 4천억달러 추산」, 『한겨레』, 2007년 12월 12일자.

박신홍, 「LA 50만 명 이민법 반대 시위」, 『중앙일보』, 2006년 3월 28일자.

박영춘, 「[디자인의 발견]월마트 카트엔 특별한 유혹이 있다」, 『동아일보』, 2008년 2월 2일자.

박완규, 「"美 민주주의 빨간불"」, 『세계일보』, 2004a년 6월 10일자.

박종세, 「머독의 WSJ, 뉴욕서 NYT와 한판」, 『조선일보』, 2010년 4월 27일자.

박지희, 「미(美) 흑인 · 히스패닉 갈등 심화」, 『경향신문』, 2006년 10월 5일, 8면.

박찬수 외, 「지구촌 대중교통 테러 비상」, 『한겨레』, 2005년 7월 9일자.

박찬수 · 박민희, 「"인권유린 부시를 조사하라"」, 『한겨레』, 2005년 5월 27일, 9면.

박찬수, 「미 부자들 '진보 살리기'」, 『한겨레』, 2005년 8월 9일, 9면.

박찬수, 「보수로 가는 미국사회 ⑴ 보수의 새 거점-기독교 복음주의」, 『한겨레』, 2005a년 1월 3일자.

박찬수, 「보수로 가는 미국 사회⑵ 정책 · 미디어 무기로 '색깔공세' 선도」, 『한겨레』, 2005b년 1월 5일자.

박찬수, 「보수로 가는 미국 사회⑶ 편지로 뿌린 보수씨앗 '뿌리내린 40년'」, 『한겨레』, 2005c년 1월 12일자.

박찬수, 「보수로 가는 미국 사회⑷ 미국, 무력 써서라도 민주주의 '강제이식'」, 『한겨레』, 2005d년 1월 19일자.

박찬수, 「보수로 가는 미국 사회⑸ '신보수' 맞설 '새진보' 콘텐츠 개발 목청」, 『한겨레』, 2005e년 1월 27일자.

박찬수, 「미 '생명 창조론' 보수물결 타고 확산」, 『한겨레』, 2005f년 3월 22일, 20면.

박찬수, 「카트리나 1년…37만 떠돌이」, 『한겨레』, 2006년 8월 24일, 9면.

박찬수, 「불법체류자에 영주권 허용/미 상원 이민개혁법안 통과」, 『한겨레』, 2006a년 5월 27일, 7면.

박찬수, 「스타일 다른 한−미 대통령 기자회견」, 『관훈저널』, 통권113호(2009a년 겨울), 159~165쪽.

박현영, 「미국 인구 지도가 바뀐다」, 『중앙일보』, 2006년 1월 17일자.

박형준 · 이호갑, 「PMC, 전투말고 뭐든 하는 '제2의 군대' : 전쟁 비즈니스 대호황」, 『동아일보』, 2004년 10월 5일, A11면.

박홍규, 『아나키즘 이야기: 자유 · 자치 · 자연』, 이학사, 2004.

배명복, 「칼 로브를 꿈꾸는 사람들」, 『중앙일보』, 2004a년 12월 27일, 35면.

배영대, 「"한·중의 반일 표출이 되레 일본 교과서 도와줘": 민족주의 연구 대가 베네딕트 앤더슨」, 『중앙일보』, 2005년 4월 27일, 8면.

백성호, 「세계적 기독교 미래학자 레너드 스윗 인터뷰」, 『중앙일보』, 2007년 5월 31일자.

백승재, 「SCC, 인터넷을 휩쓸다」, 『조선일보』, 2007년 8월 23일자.

백일현, 「'WSJ '머독 스타일'로: 기사 짧게 … 정치면 늘려라' 방향 제시」, 『중앙일보』, 2007년 12월 15일자.

백지운, 「전지구화 시대 중국의 '인터넷 민족주의'」, 『황해문화』, 제48호(2005년 가을.

부형권, 「집권2기 부시 말솜씨도 늘었네」, 『동아일보』, 2005년 3월 23일, A17면.

부형권, 「"이라크전 '베트남 수렁'과 다르다"」, 『동아일보』, 2005a년 3월 21일, A16면.

새로운사회를여는연구원, 『신자유주의 이후의 한국경제』, 시대의창, 2009.

서경식, 「'집단적 죄'와 '국민적 책임'은 다르다」, 『한겨레』, 2007년 5월 26일자.

서울신문, 「"美신문 이념의 망치 거둘 때"」, 『서울신문』, 2004년 12월 1일자.

설원태, 「'승리의 열차' 타고 돌아온 스탈린?」, 『경향신문』, 2005c년 5월 10일, 12면.

설원태, 「[미디어 돋보기]美민주당 대선후보 토론회」, 『경향신문』, 2007년 7월 27일자.

손세호, 『하룻밤에 읽는 미국사』, 랜덤하우스, 2007.

손제민, 「러 스탈린 향수 되살아난다」, 『경향신문』, 2005년 5월 3일, 12면.

손제민, 「9·11이후 美 떠받친 군산학 복합체 '재난 자본주의'로 돌변」, 『경향신문』, 2007년 11월 20일자.

손제민, 「[어제의 오늘]2004년 미식축구스타 팻 틸만, 아프간 참전 중 사망」, 『경향신문』, 2010a년 4월 22일자.

손해용·정강현, 「'제3국' 영어유학 인기」, 『중앙일보』, 2004년 11월 2일, 10면.

송대수, 「중 유학생중 한국인 최다」, 『한국일보』, 2004년 10월 1일, A11면.

신광호, 「넥타이 영업사원 랄프 로렌, 패션계 전설 되기까지」, 『조선일보』, 2007년 10월 27일자.

신동주, 「美교도소 미어터진다」, 『세계일보』, 2005년 4월 26일자.

신예리, 「'가이오의 역설'을 아십니까」, 『중앙일보』, 2007년 12월 14일자.

신장섭·장하준, 장진호 옮김, 『주식회사 한국의 구조조정』, 창비, 2004.

신창호, 「앨 고어 '환경' 팔아 900억원 벌었다」, 『국민일보』, 2007년 12월 10일자.

신호철·채승희, 「서울대, '미국식 교육'의 전당인가」, 『시사저널』, 2005년 1월 25일, 12~16면.

신호철, 「한국 경제학계에 '한국경제' 학자 없다」, 『시사IN』, 제58호(2008년 10월 25일), 58면.

심상복, 「미군 '신병 모십니다'」, 『중앙일보』, 2005년 7월 26일자.

심상복, 「미국 '히스패닉' 파워 세진다」, 『중앙일보』, 2005a년 6월 13일, 18면.

안석호, 「미(美)는 지구촌 '8학군'」, 『세계일보』, 2003년 10월 6일, 8면.

안석호, 「카트리나 피해액 '9·11'의 10배」, 『세계일보』, 2005년 9월 15일, 10면.

안선희, 「'한국판 서브프라임' 규모 34조원: 한국은행 "전체 주택담보대출 12~13% 수준"」, 『한겨레』, 2007년 12월 13일자.

안수찬, 「"허리케인이 까발린 건 미국의 극단적 개인주의"」, 『한겨레』, 2005a년 9월 6일, 21면.

양성희, 「분수대/리버테리언」, 『중앙일보』, 2007년 3월 3일, 31면.

양철준, 「쓸 만하면 죄다 '아웃 오브 아프리카'」, 『한겨레21』, 2005년 3월 8일, 52~53면.

양홍주, 「특검 가는 부시시절 'CIA 가혹수사'」, 『한국일보』, 2009년 8월 26일자.

양홍주, 「美軍 민간인 사살 비디오 공개 파문: 2007년 이라크서… 헬기 조종사들, 오인 발포 알아챈 뒤에도 시신향해 농담까지」, 『한국일보』, 2010년 4월 7일자.

여건종, 「[사유와 성찰]마이클 무어, 현실참여 미디어의 힘」, 『경향신문』, 2010년 1월 1일자.

여시동, 「오바마의 매력」, 『조선일보』, 2008년 1월 12일자.

연합뉴스, 「[카트리나 1년]카트리나가 남긴 악몽과 후유증」, 『연합뉴스』, 2006년 8월 25일자.

연합뉴스, 「미 '이민개혁법안' 사실상 '폐기'」, 『한겨레』, 2007년 6월 29일, 14면.

염기석, 「자국만족도 美 1위」, 『세계일보』, 2004년 8월 6일자.

오병상, 「"미국 불법 이주 이렇게 하세요": 멕시코정부서 안내책 발간 논란」, 『중앙일보』, 2005년 1월 8일, 14면.

오성삼, 「'스터디 코리아' 프로젝트」, 『서울신문』, 2004년 12월 22일, 31면.

오애리, 「흥미로운 美정치인들」, 『문화일보』, 2004년 9월 4일자.

오애리, 「이라크전 미군사망 2000명 돌파」, 『문화일보』, 2005a년 10월 26일, 28면.

오애리, 「2차대전 종전 60년 기념잔치 '끝나지 않은 전쟁'」, 『문화일보』, 2005b년 5월 9일, 19면.

오치 미치오, 곽해선 옮김, 『와스프: 미국의 엘리트는 어떻게 만들어지는가』, 살림, 1999.

오화석, 「미국 전쟁비용 200조원 날렸다」, 『매일경제』, 2006년 3월 17일, A11면.

우메다 모치오, 이우광 옮김, 『웹 진화론: 세상을 바꿀 엄청난 변화가 시작됐다』, 재인, 2006.

우병현, 「참여 · 공유 · 개방 가치 구현 가능한 차세대 웹: UCC 열풍」, 『신문과 방송』, 제430호 (2006년 10월).

우석훈, 『한미 FTA 폭주를 멈춰라』, 녹색평론사, 2006.

우성규, 「"네오콘 대항마 키우자"…소로스 등 '진보 싱크탱크' 설립나서」, 『국민일보』, 2005a년 1월 13일자.

우성규, 「미(美)대선 기독교가 좌우 민주당 집권 힘들어져」, 『국민일보』, 2005b년 2월 5일, 10면.

우태희, 『오바마 시대의 세계를 움직이는 10대 파워』, 새로운제안, 2008.

유병선, 「강단좌파」, 『경향신문』, 2005년 4월 1일자.

유신모, 「CIA 고문 '아웃소싱' 의혹」, 『경향신문』, 2005a년 3월 8일, 12면.

유윤종, 「대도시 공립학교에 백인이 안보이네…美 인종분리의 시작?」, 『동아일보』, 2005년 10월 2일자.

윤성노, 「美 '인종 장벽' 여전히 높다」, 『경향신문』, 2005년 11월 7일자.

윤성노, 「"카트리나때 흑인이라 늑장대응 경찰은 우는 아이.노인에 총겨눠"」, 『경향신문』, 2005a년 12월 8일, 13면.

윤창수, 「미국인 48% "미국인, 포용력 결핍"」, 『서울신문』, 2006년 7월 6일자.

윤창희, 「아웃소싱 전문 인도 IT, 이젠 '니어소싱'」, 『중앙일보』, 2006년 11월 3일, E1면.

이건희, 『이건희 에세이: 생각 좀 하며 세상을 보자』, 동아일보사, 1997.

이경선, 「지역상인 아우성: 대형유통점 확산저지 비대위 발족」, 『국민일보』, 2005년 5월 10일, 1면.

이국배, 「미, UCC 광고 마케팅이 뜬다」, 『PD저널』, 2006년 10월 11일, 6면.

이국배, 「건강보험 개혁은 오바마의 분수령」, 『PD 저널』, 2009년 9월 23일자.

이규태, 「카트리나 한국정(韓國情)」, 『조선일보』, 2005년 9월 9일, A34면.

이기홍 · 하태원, 「'리버럴'이란 이름의 주홍글씨」, 『동아일보』, 2008년 10월 15일자.

이기홍, 「클린턴-폭스뉴스 '코드 편향' 공방」, 『동아일보』, 2006년 9월 29일, A21면.

이도운, 「2004 미(美)대선: 막판 혼탁⋯부정투표 논란」, 『서울신문』, 2004년 10월 29일, 10면.

이도운, 「美 상원의원 표준은 변호사 출신에 60대 백인남성」, 『서울신문』, 2004a년 11월 18일자.

이도운, 「'미국판 쓰나미' 흑인피해 컸던 이유는」, 『서울신문』, 2005년 9월 2일, 14면.

이도운, 「"인종문제 미(美)보다 앞선 나라없어": 라이스, 부시 구원투수로」, 『서울신문』, 2005a년 9월 15일, 10면.

이동준, 「흑색선전⋯투표방해⋯ 추(醜)한 미(美)」, 『한국일보』, 2004a년 11월 2일, 3면.

이동준, 「"피라미드 쌓기 치어리더도 한다" 이라크 포로학대 공판서 변호인 무죄주장 궤변」, 『한국일보』, 2005년 1월 12일, 13면.

이문열, 배영대 정리, 「보스턴 거주 소설가 이문열 '조승희 범죄' 분석」, 『중앙일보』, 2007년 4월 20일, 1면.

이미숙, 「'큰손' 소로스 부시때리기」, 『문화일보』, 2004a년 10월 30일자.

이미숙, 「부시의 '신앙심'이 세계를 긴장시킨다」, 『문화일보』, 2004b년 5월 2일자.

이미숙, 「최대 피해 흑인들 "인종차별 참사" 절규」, 『문화일보』, 2005a년 9월 3일, 3면.

이미숙, 「카트리나의 교훈」, 『문화일보』, 2005b년 9월 16일, 30면.

이민주, 「미국내 유학생 한국인이 최다: 10만 3394명 2년연속 1위*** 매년 10% 이상 증가」, 『한국일보』, 2008년 3월 6일자.

이본영, 「보수논객 후쿠야마, 네오콘 비판」, 『한겨레』, 2006년 2월 24일, 8면.

이본영, 「'서브프라임 바이러스' 일파만파⋯금융공황 올라 전세계 전전긍긍: 2007 지구촌 ⑨ 미국발 서브프라임 위기」, 『한겨레』, 2007a년 12월 27일자.

이본영, 「WSJ 대 NYT '뉴욕 혈투': 가격할인 등 물량공세 돌입」, 『한겨레』, 2010년 4월 2일자.

이상돈, 「내가 말한대로 해: 말 다르고 행동 다른 진보주의자들의 두 얼굴」, 『월간조선』, 2006년 4월, 494~495쪽.

이상일, 「미국인 타인종과 결혼 40년 만에 2→7% 급증」, 『중앙일보』, 2007년 4월 14일, 10면.

이상일, 「빌 게이츠의 '창조적 자본주의론': '입학 34년 만에 하버드 졸업장' 빌 게이츠」, 『중앙일보』, 2007a년 6월 10일자.

이석우, 「"인터넷이 사회균열 부추겨"」, 『서울신문』, 2005년 8월 18일, 12면.

이선민, 「2006 중간선거에 이어 2008 대선도 유튜브 바람」, 『미디어오늘』, 2007년 5월 10일자.

이세영, 「美 중간선거 여소 야대: 한인 14명 당선 '역대 최다'」, 『서울신문』, 2006년 11월 9일, 4면.

이승녕, 「"외국 인재 왜 막나"」, 『중앙일보』, 2005년 4월 29일, E4면.

이승녕, 「빌 게이츠 이어 배럿도 미국 이민정책 성토」, 『중앙일보』, 2005a년 5월 10일, E4면.

이승엽, 「"생명체의 복잡성, 진화론만으론 설명 못해"」, 『중앙일보』, 2005년 9월 9일, 33면.

이용수, 「미국은 멸망직전의 로마제국인가」, 『조선일보』, 2007년 7월 2일자.

이용수, 「브라운총리 "이제 변화위한 작업 시작하자": 10년 만에 새 주인 맞는 다우닝가 10번지」, 『조선일보』, 2007a년 6월 28일자.

이은주, 「카트리나가 흑인사회 깨운다'」, 『중앙일보』, 2005년 9월 10일자.

이인숙, 「美 '캐나다人 변장' 인기」, 『경향신문』, 2004년 12월 9일자.

이인식, 「디지털 모택동주의」, 『조선일보』, 2010년 3월 6일자.

이인열, 「'글로벌 소싱' 떴다」, 『조선일보』, 2004년 12월 30일, B3면.

이재성, 「미국박사 배출 외국대학 서울대 '1위'」, 『한겨레』, 2005년 1월 11일, 1면.

이정은, 「월마트 치부 폭로 비디오테이프 파문」, 『동아일보』, 2008년 4월 11일자.

이제훈, 「"자성의 뜻으로 32일간 금식하자": 이태식 주미대사 추모예배 발언」, 『한겨레』, 2007년
    4월 19일, 9면.

이지혜, 「유럽 "미 선거 결과는 사필귀정"」, 『내일신문』, 2006년 11월 9일, 8면.

이진, 「LA 50만 '反이민법 시위' …"밀입국 근로자 규제 강화 반대"」, 『동아일보』, 2006년 3월
    27일자.

이진영, 「"이것저것 배려하다 美교과서 망가진다"」, 『동아일보』, 2003년 5월 23일자.

이진희, 「미국서 박사 딴 외국인중 60% 잔류: 중국인 92% 최다… 한국인은 41%」, 『한국일보』,
    2010년 1월 28일자.

이철민, 「美 지식층 양극화: 전문직 VS 관리직」, 『조선일보』, 2004년 6월 17일, A19면.

이철현, 「미국 언론은 '공포 발전소' 인가」, 『시사저널』, 2005년 11월 1일, 32면.

이철희, 「수감자 고문금지 법안 체니-매케인 힘겨루기」, 『동아일보』, 2005년 11월 9일, A19면.

이철희, 「참을 수 없는 크리스마스의 가벼움: 움베르토 에코, 물신주의 세태 비판」, 『동아일보』,
    2005a년 11월 28일, A17면.

이철희, 「이라크전 사망자 '슬픈 카운트다운'」, 『동아일보』, 2005b년 10월 26일, A16면.

이청솔, 「추악한 'CIA 심문 보고서' 美 발칵」, 『경향신문』, 2009a년 8월 26일자.

이태규, 「'21세기 흑인 대이동' 막 올라: 허리케인 이재민 100만명 집단이주 예상」, 『한국일보』,
    2005a년 9월 6일자.

이태규, 「미, 세계 고등교육 지배 끝났나」, 『한국일보』, 2004년 12월 23일, A12면.

이태형, 「기업체 전략 도입 미 대형교회 성장」, 『국민일보』, 2003년 10월 4일, 21면.

이태훈, 「미국 '신도금시대'」, 『조선일보』, 2007년 7월 16일자.

이하원, 「"거주지 보다 인종 우선한 흑백통합 학교배정은 잘못": 美 대법원 5대4 판결 民主대선
    후보들은 비난」, 『조선일보』, 2007년 6월 30일자.

이한수, 「서울대·연대·고대 사회과학 교수 86% 미국박사」, 『조선일보』, 2005a년 1월 19일,
    A13면.

이한우, 「"이제는 자유보다 안전이 최고의 가치": 독일 사회학자 소프스키 이메일 대담」, 『조선
    일보』, 2006년 1월 1일, A11면.

이향휘, 「미 시민단체 반(反)월마트 광고」, 『매일경제』, 2005년 4월 23일, A8면.

이현주, 『숨겨진 미국: 미국인들도 모르는 미국 속 이야기』, 가쎄, 2010.

이호갑, 「'백인이 하면 식량찾기, 흑인이 하면 약탈이냐' 차별 성토」, 『동아일보』, 2005년 9월
    6일자.

이효준, 「'아무나 살해' 낳은 스나이퍼 문화」, 『중앙일보』, 2002년 10월 10일자.

임병선, 「수사기관 뺨치는 페덱스」, 『서울신문』, 2005년 5월 28일, 9면.

임병선, 「美 중간선거 여소야대: 선거소송 봇물 이룰 듯」, 『서울신문』, 2006년 11월 9일, 3면.

임옥희, 「역자 후기」, 리처드 로티, 임옥희 옮김, 『미국 만들기: 20세기 미국에서의 좌파 사상』,

동문선, 2003, 203~208쪽.

임종업, 「유유면 상종? 상종이면 유유!」, 『한겨레』, 2007년 2월 9일, 책 · 지성섹션 12~13면.

임지선, 「웹2.0도 모르겠는데 웹3.0?」, 『한겨레 21』, 2007년 8월 9일자.

장대익, 「진화론 흠집내기…사이비 과학의 전형」, 『중앙일보』, 2005년 9월 9일, 33면.

장수한, 『그래도, 희망의 역사: 나와 세상을 바꾸는 역사 읽기』, 동녘, 2009.

장연화 · 조택수, 「미 원정출산 무더기 체포」, 『중앙일보』, 2003년 9월 20일, 1면.

장인철, 「머독, WSJ도 '손아귀에' 글로벌 미디어전쟁 불붙다」, 『한국일보』, 2007년 8월 2일자.

장학만, 「미(美) 최대노조 AFL-CIO 분열 위기」, 『한국일보』, 2005년 6월 14일, 17면.

장학만, 「"미, 신분 세습사회 변질」, 『한국일보』, 2005a년 1월 27일, A13면.

장행훈, 「미국 민주주의의 위기」, 『내일신문』, 2004년 10월 28일, 23면.

장호순, 『미국 헌법과 인권의 역사: 민주주의와 인권을 신장시킨 명판결』, 개마고원, 1998.

전병근, 「미국 '소수 아닌 소수계' 비백인 처음 1억명 넘어」, 『조선일보』, 2007년 5월 18일자.

전영우, 『광고, 상품, 쇼핑의 노예들: 미국인들이 원하는 것』, 청년사, 2006.

전예현, 「월마트 코리아 '프리메라리가식 빅뱅' : 산티아고 로세스 월마트 코리아 사장」, 『내일신 문』, 2005년 4월 20일, 15면.

정대필, 「한국문화의 세계화 이제 유튜브가?: 유튜브 한국어 서비스 시작」, 『신문과 방송』, 제 447호(2008년 3월).

정동식, 「미(美)대선 '악몽의 시나리오'」, 『경향신문』, 2004년 10월 18일자.

정동식, 「로브 "부시는 무식하지 않다"」, 『경향신문』, 2005년 4월 22일, 8면.

정동식, 「경비행기 한대에 워싱턴 떨었다」, 『경향신문』, 2005a년 5월 13일자.

정미경, 「미(美) 기업 뺨치는 교회 늘고 있다」, 『동아일보』, 2005a년 5월 16일, A18면.

정미경, 「美자선단체 150만개 난립…기부금도 부익부 빈익빈」, 『동아일보』, 2005b년 6월 22일자.

정미경, 「월마트 매장설립 옥신각신 뉴욕시」, 『동아일보』, 2005년 4월 8일, A16면.

정병선, 「'황제' 푸틴」, 『조선일보』, 2005년 5월 11일, A18면.

정병준, 「미국유학 전성시대 끝나나」, 『매일경제』, 2004년 12월 23일, A9면.

정용환, 「조문사절 사양한 미국 "이민자도 미국인…한국이 나서면 곤란"」, 『중앙일보』, 2007년 4월 19일, 2면.

정우량, 「자유와 민주주의 십자군 원정에 나선 부시」, 월간 『인물과 사상』, 2005년 3월, 98~110쪽.

정원수, 「히스패닉의 미국」, 『한국일보』, 2004년 3월 24일, A18면.

정인환, 「'친구 아니면 적' 찢긴 민심 꿰매야」, 『한겨레』, 2004년 11월 3일, 13면.

정인환, 「부시, 9 · 11 정치적 활용만 골몰」, 『한겨레』, 2004a년 10월 16일자.

정인환, 「사람 쏘는 게 재미있다」, 『한겨레』, 2005b년 2월 5일, 11면.

정재웅, 「[WP, 역대 정치가문 소개] "美 정가엔 족벌주의가 판친다"」, 『국민일보』, 2005년 1월 25일자.

조민근, 「미국 인구 3억 명 넘었다」, 『중앙일보』, 2006년 10월 18일, 17면.

조영신, 「진보언론과 보수언론」, 『미디어오늘』, 2006년 11월 1일, 15면.

조영신, 「기존 언론의 '마지막 발악'?」, 『미디어오늘』, 2007년 5월 10일자.

조용탁, 「국내 대학원생은 줄고 있다」, 『뉴스위크 한국판』, 2004년 11월 24일, 62면.

조찬제, 「전쟁, 거짓말 그리고 비디오테이프」, 『경향신문』, 2010년 4월 15일자.

조풍연, 「유학수지 적자 '눈덩이'」, 『세계일보』, 2004년 10월 7일, 8면.

조현욱, 「[분수대] 공포의 문화」, 『중앙일보』, 2008년 6월 4일자.

조홍식, 「미국이라는 이름의 후진국」, 『한겨레 21』, 2005년 9월 27일, 102면.

조홍민, 「일상어가 된 '서브프라임' … '변변찮다' '망치다' 뜻」, 『경향신문』, 2008년 1월 7일자.

조효제, 「블레어의 교훈」, 『한겨레』, 2007년 6월 15일자.

주성원, 「미국의 선거제도가 궁금하세요?」, 『동아일보』, 2004a년 11월 5일, A15면.

중앙일보 특별취재팀, 「['新제국' 미국은 어디로] 5. 외국인은 싫다」, 『중앙일보』, 2003d년 10월
    1일자.

중앙일보 특별취재팀, 「['新제국' 미국은 어디로] 8. '제국' 인력의 양성소」, 『중앙일보』, 2003j년
    10월 10일자.

중앙일보 특별취재팀, 「['新제국' 미국은 어디로] 11. 링구아 프랑카(세계어) - 영어」, 『중앙일
    보』, 2003k년 10월 21일자.

차예지, 「미국 이민2세 '類類相婚': 히스패닉·아시아계, 다른 인종과 결혼 급감」, 『한국일보』,
    2009년 3월 10일자.

채인택, 「"보수엔 철퇴, 진보엔 솜방망이": 미국 보수의 디바, 뉴욕타임스 이중잣대 꼬집어」, 『중
    앙일보』, 2007년 6월 30일자.

천영식, 「美민주당 11.7중간선거 압승: 美 중산층, 공화당에 등 돌려」, 『문화일보』, 2006년 11월
    9일, 5면.

천지우, 「멕시코 대통령 흑인비하 구설수」, 『국민일보』, 2005a년 5월 16일, 10면.

천지우, 「미국은 무식한 나라?… 뉴스위크 '시사 상식·교양수준 낙제'」, 『국민일보』, 2007년
    6월 25일자.

최규민, 「"부자들 세금 더 내!": 워런 버핏 '쓴소리'」, 『조선일보』, 2007년 6월 28일자.

최민영, 「미(美) 최대 노조연합체 깨졌다」, 『경향신문』, 2005a년 7월 27일, 12면.

최승은·김정명, 『미국 명백한 운명인가, 독선과 착각인가』, 리수, 2008.

최연진, 「세계 최대 UCC 사이트 '유튜브' 창업자 스티브 챈」, 『한국일보』, 2008년 3월 12일자.

최영해·이세형, 「조승희 동영상-선언문 범행당일 방송사에 발송 "벤츠-코냑-금목걸이로도 부
    족한가"」, 『동아일보』, 2007년 4월 20일, 1면.

최우규, 「프로추어, 인터넷을 접수하다」, 『경향신문』, 2006년 12월 25일, 13면.

최우석, 「김정일 빗대 미 '귀족노조' 비판」, 『조선일보』, 2006년 3월 3일, A16면.

최원석, 「미국의 미래, 히스패닉이 말한다」, 『조선일보』, 2006년 9월 5일, A16면.

최정무, 「이중국적과 탈혈연, 탈문화, 탈영토 공동체」, 『황해문화』, 제40호(2003년 가을), 213~
    217쪽.

최철호, 「미(美) '성조기 훼손금지' 다시 논쟁」, 『대한매일』, 1999b년 6월 26일, 11면.

최형두, 「'각주 몸값 올리기'가 이유」, 『문화일보』, 2004a년 11월 4일, 8면.

최형두, 「미 변호사도 해외 아웃소싱」, 『문화일보』, 2004b년 10월 15일, 19면.

최형두, 「美 상위 1%가 총자산 33% 차지」, 『문화일보』, 2006년 4월 7일자.

최형두, 「美 기업 CEO들 보수 근로자 임금의 475배」, 『문화일보』, 2006a년 1월 24일자.

최형두, 「불법체류자 엄벌 '反이민법' 美정치권 논란 가열」, 『문화일보』, 2006b년 3월 28일자.

최형두, 「노동인력의 5%… 허드렛일 도맡아」, 『문화일보』, 2006c년 3월 30일자.

츠츠미 미카, 고정아 옮김, 『빈곤대국 아메리카』, 문학수첩, 2008.

츠츠미 미카, 이유철 옮김, 『아메리카 약자혁명: 미국에 아직 희망이 남아 있는 이유』, 메이데이, 2009.

태원준, 「美 國歌투어 펼치는 까닭은」, 『국민일보』, 2006년 3월 17일자.

하영춘, 「미국 CEO 보수는 부시 연봉의 30배… 영국 22배·일본 11배 압도」, 『한국경제』, 2006년 1월 24일자.

한국언론재단, 『보도비평: 한·미신문의 취재원 이용 관행』, 한국언론재단, 2001.

한국일보, 「美 개인武裝 세계최고 국가」, 『한국일보』, 2003a년 7월 10일자.

한국일보, 「독일 이중플레이?」, 『한국일보』, 2006년 3월 4일, 12면.

한기욱, 「부시의 자유 찬미」, 『한겨레』, 2005년 1월 29일, 27면.

한상근, 「서브 프라임 정치」, 『한국일보』, 2008년 2월 4일자.

한용걸, 「카트리나 구호금은 눈먼 돈?」, 『세계일보』, 2006년 2월 15일, 12면.

한용걸, 「미국 성조기 훼손금지 개헌안 부결」, 『세계일보』, 2006a년 6월 29일, 12면.

한윤정, 「'레드' 물든 아메리카여! 환상을 깨라」, 『경향신문』, 2005년 2월 5일자.

한윤정, 「"난 인류를 겨눈 저격수였다"」, 『경향신문』, 2005a년 4월 9일자.

한창만, 「"블레어 2시간 강연에 50만달러 돈벼락 너무해": 중국 언론들 "알맹이도 감동도 없어" 혹평」, 『한국일보』, 2007년 11월 10일자.

함석진, 「[유레카] 집단지성」, 『한겨레』, 2007년 6월 8일자.

함재봉, 『탈근대와 유교: 한국정치담론의 모색』, 나남출판, 1998.

허광준, 「미국인이 사담 후세인을 여전히 미워하는 까닭」, 『시사IN』, 제47호(2008년 8월 9일), 85면.

허문명, 「촘스키가 비싸게 팔리는 한국」, 『동아일보』, 2008년 11월 6일자.

허용범, 「관재(官災)와 인재(人災) 입은 뉴올리언스」, 『조선일보』, 2005a년 9월 9일, A34면.

홍권희, 「미 직선제 도입론 '솔솔'」, 『동아일보』, 2004년 11월 8일, A15면.

홍권희, 「뉴요커 150만명 영어 못한다」, 『동아일보』, 2005년 1월 21일, A17면.

홍권희, 「NYT "진화론을 추락시키지 말라"」, 『동아일보』, 2005a년 1월 25일, A14면.

홍석우, 「푸틴 연방 부활 꿈꾸나」, 『한국일보』, 2005년 4월 27일, 14면.

홍은택, 「美 상위 20%가 富의 83% 점유」, 『동아일보』, 2003a년 1월 24일자.

홍은택, 『블루 아메리카를 찾아서』, 창비, 2005.

홍훈, 「근대 경제학 내의 자유주의: 비판적인 관점에서 본 그 의미와 한계」, 『사회비평』, 제8호 (1992년 9월).

황유석, 「미(美) 자유확산 '스탄국'은 예외?」, 『한국일보』, 2005년 5월 18일, 16면.

황유석, 「"2,000명의 젊은이가…" 침묵의 워싱턴」, 『한국일보』, 2005a년 10월 27일, A14면.

황장석, 「부시, 텍사스 촌티 벗나」, 『서울신문』, 2005년 3월 23일, 14면.

황장석, 「빈곤의 덫: 중남미·아프리카 '두뇌 엑소더스' 대졸이상 83% 해외로 빠져나가」, 『서울신문』, 2005a년 3월 24일, 14면.